ヨハネス・ブーゲンハーゲン

もうひとりの宗教改革者

伊勢田奈緒

Johannes Bugenhagen

日本評論社

はじめに

一五一七年、マルティン・ルターが当時の教会の腐敗を批判し、「九五箇条の提題」を発表したことから始まった宗教改革運動から、二〇一七年の今年は五〇〇年という節目の年となった。今、ドイツを中心に西欧のキリスト教界、神学学会では、五〇〇年を迎えて活発にキリスト教及び教会の歩みやルター研究の再検討が行われ、また日本においても、プロテスタント教会、キリスト教の学会などで、特に宗教改革の意義について再確認が行われている。

本書は、著者が今までに紀要や学会で発表してきた、主にルターの運動に関わる論文をまとめたものである。

第1部は、「ルターとともに歩いたブーゲンハーゲン」が辿った宗教改革への道」と題した。ここではルターを熱烈に支持し、ルターの神学的教説を用いて、実際に各地の教会の改革や教会規則の作成や福音主義に基づく学校の創設などを行い、実務面で評価された、ルターの友であるブーゲンハーゲンについて考察した。ブーゲンハーゲンは、実践面での活躍はルターを通して知られている。しかし、彼についての研究は、日本においてはほとんどなされていない。本書では、ブーゲンハーゲンの宗教改革者としての実務面の足跡というよりは、真理と神の義を追求し続けた彼の生き方に焦点をあてた。特に、師であり友であったルターの死後、シュマルカルデン戦争とルター派の分裂の危機の中にあって、ルターの思想を堅持しつつ、ヴィッテンベルクをいかに守るか、という究極の選択を迫られた彼の苦悩、格闘について論じた。また、第1部の末尾には、「ブーゲンハーゲンからクリスチャン三世への書簡」と「ルターに向けたブーゲンハーゲンによる告別説教」を史料として収録した。歴史を動かすほどの宗教改革運動の最中、真理と平和を求めつつも理想と現実の狭間にあって苦闘する一宗教改革者の姿の中に、生きた歴史の一端を垣間見ることができると考える。

また、第2部では「ルターの運動の影響」と題して、ルターの運動がどのように広がり、どのように影響を与えたかを、ポーランドやネーデルラントの宗教改革から、教育や音楽から、さらに民衆本『ティル・オイレンシュピーゲル』との関係からと、さまざまな観点から考察した。ルターの運動の影響を多岐にわたる視点から論じていることで、宗教改革研究者だけでなく、一六世紀における歴史、文化、社会を学びたい方々の一助となればと願っている。

この本が宗教改革五〇〇年の年に発行できることを嬉しく思うと共に、この本を読んでくださる方々に心から感謝する。

二〇一七年一〇月

著者

目次

ヨハネス・ブーゲンハーゲン

もうひとりの宗教改革者

ブーゲンハーゲン／ルターと宗教改革：関連年表

ブーゲンハーゲン

一四八五　ヴォリン／ポンメルン（Wollin / Pommern）に市参事会員の子として生まれる

一五〇二　グライフスヴァルト（Greifswald）大学入学

一五〇四　トレプトウ（Treptow）市の学校長となる

一五〇五　教会公証人（Notar）となる

一五〇九　修道士、司祭、トレプトウのマリア教会の代理司祭、司祭団の一員となる

ルターと宗教改革

一四六三　ヘルマン・ボーテ生まれる

一四八三　マルティン・ルター生まれる

一四九七　メランヒトン生まれる

一五〇〇　カール五世生まれる

一五〇一　ルター、エルフルト大学入学

一五〇二　ヴィッテンベルク大学創設される

一五〇三　デンマーク王クリスチャン三世生まれる

一五〇四　ヘッセン方伯フィリップ生まれる

一五〇五　ルター、アウグスティヌス隠修士会のエアフルト修道院に入る

一五〇九　ジャン・カルヴァン生まれる

一五一〇頃　『ティル・オイレンシュピーゲル』刊

一五一二～一五一九　エラスムスの影響を受ける
一五一七　ベルブーク（Belburg）修道院学校聖書講師となる
一五一八　ポンメルン侯ボギスラウ（Bogislaw）の依頼により、『ポンメルン史』上梓する
一五二〇　ルター『教会のバビロン虜囚・序曲』に触れ、宗教改革へ転向。ルターからラテン語版『キリスト者の自由』贈られる
一五二一　ルターのヴォルムス出発前（四月一二日）、ヴィッテンベルクに到着、同大学学生となる（四月二九日）
同郷人のために詩編釈義開始
学生の身分で教師となり、詩編講義を始める
一五二二　ヴォルブルガと結婚
イザヤ書講義
一五二三　ヴィッテンベルク市牧師となり、終生その職にとどまる

一五一二　ルター、ヴィッテンベルク大学聖書学教授となる
一五一七　九五箇条の提題
一五一八～一五一九　ポンメルン侯嗣子バルニム（Barnim）、ヴィッテンベルク大学で学ぶ
一五一九　カール一世、皇帝に当選し、神聖ローマ皇帝カール五世と称する
ルター、ライプチヒ討論
一五二〇　ルター、『キリスト者の自由』他、三大書執筆
一五二一　ルター、破門される
ポンメルン侯ボギスラウ一〇世、ルターの説教を聞く（一五二三年以降、宗教改革を保護）
ルター、ヴォルスでの尋問
ルター、ヴァルトブルク城に保護される
ルター、帝国追放
クリスチャン三世、ドイツへ遊学（ヴィッテンベルク大学）
一五二一～一五二二　ヴィッテンベルク騒動
一五二二　ルター、ヴィッテンベルク帰還
ヴィッテンベルク教会規定
一五二三　ヴィッテンベルク礼拝改革
ライスニク教会規定
ブリュッセルにてルター派最初の殉教者が出る

ブーゲンハーゲン

一五二四～一五二七　多数の聖書講解を公にする
ハンブルク、聖ニコライ教会よりの招聘に対する回答

一五二五　『キリスト教信仰と正しい善き業について』執筆（ハンブルク市へ献呈）

一五二六　ブーツァー（Bucer）の聖餐論に反論

一五二七　ペストのため、ヴィッテンベルク大学がイエナへ疎開（ブーゲンハーゲンはルターと共にヴィッテンベルクにとどまる）

ルターと宗教改革

一五二四　ドイツ農民戦争
最初の賛美歌集『八歌集』刊

一五二五　ドイツ騎士団領プロイセン、公領となる
フリードリヒ賢公亡くなる
ヨハン堅忍公、選帝侯となる
ルター、農民戦争関係文書執筆
ルター、カタリーナ・ボラと結婚
クリスチャン三世、ザクセン選帝侯マグヌス一世の娘ドロテアと結婚

一五二六　シュパイヤー帝国会議、ヴォルムス勅令の実施を延期
ルター、『ドイツミサと礼拝の順序』
ルター、『天来の予言者らを駁す』
ヘッセンで宗教改革、初の福音主義「教会法」

一五二七　ペスト流行中、ルター家に、ブーゲンハーゲン一家が一時滞在する（夏の間）
オーデンセ国会、デンマークのルター派容認
スウェーデンで宗教改革
ルター、トルガウにてメランヒトン、ブーゲンハーゲン等と討議

一五二八	ハンブルクより招聘される 「ブラウンシュヴァイク教会規定」採択される ハンブルクで元ベルブクの修道院長ボルドワン（Boldewan）を協力者として活動
一五二九	「ハンブルク教会規定」採択 ヨハネ・ラテン語学校の設立（ハンブルク）
一五三〇	「ゲッティンゲン教会規定」に参加 リューベックに一年半滞在（教会と学校のため「教会規定」、「杯の盗人に反対して」など刊行
一五三一〜一五三二	ゼスト、リューネブルクなどの教会規定に参加
一五三二	ザクセン選帝侯領の総牧師長・監督に任ぜられる
一五三三	神学博士
一五三四	トレプトウでのポンメルン議会に参加、「ポンメルン教会規定」作成 リューベック（低ドイツ語訳）聖書公刊
一五三五	ポンメルン教会巡察制度

一五二七〜一五二九	ザクセン選帝侯領の教会巡察
一五二九	第二回シュパイエル帝国議会、一五二六年決定破棄、「抗議書（プロテスタティオ）」提出 ルター、マールブルク宗教会議出席
一五三〇	ルター、メランヒトンと協力して「トルガウ信条」作成 アウグスブルク帝国議会 福音主義者の間でシュマルカルデン同盟成立
一五三一	グライフスヴァルトの宗教改革
一五三二	ルター、病気で苦しむ ザクセン選帝侯ヨハン堅忍公没
一五三三	ヴィッテンベルク大学改革、討論の再導入
一五三四	ルター、ドイツ語・旧新約聖書完訳出版 デンマーク、伯爵戦争始まる（〜一五三六終結） ミュンスターの再洗礼派、市掌握 ポンメルン福音主義を受容
一五三五	ミュンスター・再洗礼派事件 ルター、創世記講義（〜一五四五） ルター、神学部長（〜一五四六）

ブーゲンハーゲン

一五三六	ヴィッテンベルクにおいて、ブーツァー、カピト（Capito）等と懇談
一五三七〜一五三九	デンマーク（一五四一、再度行く） クリスチャン三世と懇意となる デンマーク宗教改革尽力 コペンハーゲン大学の福音主義化 コペンハーゲン大学初代学長に任ぜられる
一五四二	レンツブルク、リーベ教会規定
一五四三	ブラウンシュヴァイク・ヴォルフェンビュッテル教会規定
一五四四	ヒルデスハイム教会規定
一五四六	スペイン軍占領後も、ブーゲンハーゲンはヴィッテンベルクにとどまる

ルターと宗教改革

一五三六	カール五世、対仏戦争（〜一五三八）
一五三七	ルター、「シュマルカルデン条項」作成 ルター、福音主義者の会議に出席するためにシュマルカルデンに行く クリスチャン三世、戴冠式
一五三八	ザクセン・アルベルト侯領宗教改革 ブランデンブルク宗教改革
一五三九	ヘッセン方伯フィリップの重婚に勧告
一五四一	カールシュタット没
一五四二	ルター、アムスドルフをナウムブルクの監督に任職 カール五世、対仏戦争（〜一五四四）
一五四五	トリエント公会議（〜一五六三）
一五四六	ルター没 シュマルカルデン戦争（〜一五四七）、モーリッツ、ザクセン選帝侯となる スペイン軍、ヴィッテンベルクを占領、ヴィッテン

一五四七　ヴィッテンベルク大学にて、『ヨナ書』を講義
一五五〇　『ヨナ書講解』発行、クリスチャン三世に献呈
一五五七　ヴィッテンベルク市教会の説教職を辞す
一五五八　ブーゲンハーゲン没

ベルク大学閉鎖
一五四七　ヴィッテンベルク大学再開
シュマルカルデン同盟敗北、ザクセン選帝侯とヘッセン方伯捕縛される
一五四八　アウグスブルク帝国議会：仮信条協定
一五四九　アディオフォラ論争
一五五〇　ネーデルラント、異端審問所設置
一五五二　パッサウ条約にてザクセン公モーリッツ、カール五世にアウグスブルク信仰告白を承認させる
一五五三　モーリッツ没
一五五五　アウグスブルク和平条約（ルター派の承認）
一五五八　イエナ大学設立

ホルシュタイン
リューベック
ポンメルン
ダンツィヒ
ブラウンシュヴァイク＝リューネブルク
メクレンブルク
ブレーメン
ブランデンブルク
ワルシャワ
マグデブルク
ポーランド
ヴィッテンベルク
ネーデルラント
ヘッセン
ライプチヒ
クラクフ
マインツ
プラハ
ヴォルムス
ニュルンベルク
ボヘミア
レーゲンスブルク
バイエルン
アウグスブルク
フランス
オーストリア
ヴェネツィア共和国
ハンガリー
スイス

宗教改革当時のドイツ

第1部

ルターとともに歩いたブーゲンハーゲンが辿った宗教改革への道

第1章

宗教改革者ブーゲンハーゲンの目指した教育改革

ブーゲンハーゲン自身の生き方を支えたもの

はじめに

ヨハネス・ブーゲンハーゲン（Johannes Bugenhagen：1485–1558）は宗教改革者であると同時に教育改革者でもあったマルティン・ルターの良き協力者であり、ルターの思想を全面的に受け入れ、それを実践していった人物である。彼についての従来の研究においては、神学では彼を教会形成者として、また教育史学では宗教改革の時代に学校規則作りなど学校制度の組織化発展に貢献した者として取り扱われてきた。[*1] 本章ではブーゲンハーゲンがルターに出会う以前もそれ以後も、生涯を通じて教育に関わり続けた理由を考察したい。結論からいえば、それは彼自身の「真の善き業《わざ》」への飽くなき追求心にあり、それは究極的には「キリスト者としていかに生きるべきか」の切なる彼自身の問いにあると考えられる。このことを本章では彼の教育改革を考察しながら、解明していきたい。

1　ブーゲンハーゲンがマルティン・ルターに出会うまで

ブーゲンハーゲンは一四八五年六月二四日、ポンメルン公国[*2]のヴォリンで、市参事会員ゲルハルト・ブーゲンハーゲンの子として生まれた。彼はバプテスマのヨハネにちなんでヨハネスと名づけられた。敬虔な家庭環境の中で成長したが、彼は幼年時代を「私は若い頃から聖書を愛していた。しかし、私は反キリストの暗闇の下にあり、聖書の使い方を知らなかった[*3]」と振り返っている。ヴォリンで受けた初等教育では文法を学び賛美歌を習った。

一五〇二年に生家を離れ、同年一月二四日、ポンメルン公国のグライフスヴァルト大学[*4]（Greifswald）に入学した。当時、同大学はスコラ哲学が主流であったものの、人文主義が急速に浸透してきていた。ブーゲンハーゲンはドイツ人人文主義者として有名なヘルマン・フォン・ブッシェ（Hermann von dem Busche）に学び、スコラ哲学と人文主義の影響を受けたと考えられる。しかし彼の関心は、聖書研究と教父研究にあり、それに伴いラテン語やギリシア語も習得した。

一五〇四年に卒業したブーゲンハーゲンは、同年秋に、トレプトウ市（Treptow）のポレモーンストラトール会の

＊1　一九九三年刊行の *Beyond Charity: Reformation Initiatives for the Poor* においてリンドベルク（Carter Lindberg）は従来、お決まりのブーゲンハーゲンに対する評価を嘆いていたが、最近、彼の聖書釈義の研究もなされてきている。

＊2　現在はポーランドに所属する。生国にちなんで「ポンメルン博士」と呼ばれる。

＊3　Vogt, Karl August Traugott, *Johannes Bugenhagen Pomeranus*, Friderichs, Elberfeld, 1867, p. 4.

＊4　同大学はヨーロッパでは古い大学の一つで、一四五六年に、神聖ローマ帝国とローマ教皇の勧めによってドイツで四番目に建てられた。大学は神学、哲学、医学、法律の四分野に分かれていた。

ベルブーク修道院（Belburg）が庇護権を持つ市のラテン語学校の校長となった。以後、約一七年間に及ぶ教師生活を送ることになる。このラテン語学校での経験は、その後の彼の一連の教育改革や教育観に大きく影響したことは間違いない。彼はトレプトウのラテン語学校赴任後まもなく、聖書の授業を受け持った。[*5] 授業ではカテキズム（教理問答書）の入門、使徒信条、十戒、詩編、マタイによる福音書、テモテへの手紙などを講義した。彼は一七年間、生徒や修道士たちに神の言葉を理解させ、真のキリスト者の信心を吹き込もうと努めた。[*6] この時点で、すでに彼は教師としての才能とすぐれた指導力があったと思われる。

彼が教師となって五年後の一五〇九年に、一つの転機が訪れた。彼の聖書の授業を受けた友人たちの希望もあり、彼はカミンの司教から司祭の叙任を受けたのである。彼はトレプトウの聖マリア教会（St. Mary）において、以後、代理司祭として定期的な説教とミサの儀式を司ることになり、司祭団の一員となったのである。当時の彼はエラスムスによる聖書釈義をもとに説教をしており、人文主義者エラスムスに傾注していた時代といえる。

次に、ヴィッテンベルクでルターによって「九五箇条の提題」が出された一五一七年に、ブーゲンハーゲンにまた転機となることが起こった。ベルブーク修道院長となったヨハン・ボルデヴァン[*7]の依頼で、同修道院の聖書講義と教父研究に携わることになったのである。ラテン語学校では教育者として、教会では牧会者として務めを果たしてきた彼は、さらに神学する者となったのである。この頃から、彼は教会のあり方とキリスト者の生き方について真剣に問い始める。とはいえ、ルターの思想を知るまでは、彼はあくまでも倫理的改革者だったのであり、教会の教義そのものの改革を考えるに至ってはいなかった。彼は一五一七年六月一九日の説教の中でベルブーク修道院の聖職者たちを叱責し、同時代の人たちの宗教生活の形式主義を批判した。そしてキリスト者として隣人愛の行為を実践する生活を勧めている。[*8] 彼が、修道士や聖職者たちの聖書とキリストの教えに関する無理解を激しく指摘するのは、彼らへの愛ゆえであったと考えられる。さらに彼は聖書の中の教会と、現実の腐敗した教会とのギャップを痛感し、ベルブークでの教育プログラムを通して、彼らの精神的改革を行おうとしていたと思われる。[*9]

また、一五一七年から一五一八年にかけて、ザクセン選帝侯フリードリヒ賢侯が家系史を編纂するにあたって、ブーゲンハーゲンは『ポンメルン史』の編纂を担当した。[*10] この作業を通して、彼は修道士や修道女の不道徳や無知を改めて知り、その罪を重く受け止めている。しかし当時の彼は、キリスト者の生き方とは、ルターの提唱するキリストによる信仰のみの生き方ではなく、善き業と人の能力、資質や功績によるものだと理解していた。[*11] 彼は良い教育者、良いキリスト者であろうとし、聖書の中に善き業を真剣に求めていたと思われる。そして、自分自身の善き業に信頼し、善き業である義に憧れていたとみられる。のちに、この時代を彼自身、「過ちの時代」[*12]と記している。

ところでマルティン・ルターの「九五箇条の提題」による教会への革命的呼びかけは、ドイツを中心にヨーロッパ中を駆け巡り、まもなく彼の教説や書物はポンメルンにも伝えられた。当時、ヴィッテンベルク大学で学んでい

＊5　ブーゲンハーゲンの授業は評判が良く、学生は遠くリボニアやヴェストファーリアからもやってきたという。

＊6　Graepp, L. W., *Johannes Bugenhagen*, C. Bertelsmann Verlag, Gütersloh, 1897, p. 171.

＊7　ボルデヴァンは改革精神を熱く持った人物で修道士の教育に力を入れるためブーゲンハーゲンに協力を依頼した。

＊8　Meinhof, H., *Dr. Pommer Bugenhagen und sein Wirken*, Halle, 1890, p. 5.

＊9　Vogt, Karl August Traugott, op. cit., p. 16.

＊10　これはフリードリヒ賢公が宮廷牧師シュパラティンに依頼し、ポンメルン関係の史料をボギスラウ一〇世に相談し、彼の秘書の推薦によってブーゲンハーゲンに委嘱することになったものだった。

＊11　「私、ヨハン・ブーゲンハーゲンは人々が贖宥状に群がっていた頃、私は一人のカトリック教徒で、ベルブークの聖職者たちに説教をしていました。熱心に自分が真のキリスト者でありたいかと話していましたが、私は明らかに、まだ間違っていたのです」(Ibid., p. 27)。

＊12　Ibid., p. 27.

たペーター・スアーヴェ[*13]（Peter Suawe）とボギスラウ一〇世の息子バルニム[*14]（Barnim）によって、ルターについての情報は直接ポンメルンに入ってきたのである。しかし、初めの二、三年はルターの教説は広まらず、ブーゲンハーゲンはルターの改革の呼びかけと自分自身の問いかけ——贖宥状や教会への批判——を同一視していなかった。ところが、彼のそれまでのキリスト教思想を変えるほど決定的で衝撃的な出来事が起こる。一五二〇年一〇月の終わり頃、マリア教会の主任司祭オットー・スルトウ（Otto Slutow）の家に招かれた際、彼はそこでライプチヒから送られてきた同年八月に刊行されたルターの『教会のバビロン虜囚・序曲』に出会ったのである。それは三大宗教改革文書の一つといわれる書物であり、ルターがローマ・カトリック教会のサクラメント論を根本的に批判したものであった。この時、スルトウに意見を求められたブーゲンハーゲンは、キリストが死なれてからたくさんの異端者が出たが、この本の著者ほどの異端者は今までいなかったと感想を述べた。しかし数日後、彼の同僚たちの集まりで、「全世界が完全に目が見えなくなっていますが、この男だけが真の真理を見ています[*15]」と言い改めた。これが、ブーゲンハーゲンがルターの教説を支持する者となる転向——福音主義への回心——のきっかけだとされている。さらに、これを機に彼の周りに福音主義の輪ができ、トレプトウがポンメルン公国の宗教改革の出発点となった[*16]。

以後、彼はルターの著作を熱心に読み始め、特に自分の問題にしてきた、（また、生涯の問題となる）キリスト者の生活における信仰と善き業の適切な関係を理解しようと努めた。そこで、彼は直接、ルターに手紙を書いて教えを請うた。キリスト者の生き方の指針を尋ねたのである。それに対して、ルターから同年一一月中旬発行の『キリスト者の自由』が届き、「あなたは、わたしが生き方についてあなたに指示できると書いておられます。確かにキリスト者は規則や命令を必要としません。なぜなら、信仰の霊はキリスト者を、神が欲し、兄弟愛が要求するすべてのことへ導くからです。だから、次の事を読みなさい。すべての人が福音を信じるのではない。信仰はただ心の中で感じられるのです[*17]」と一筆添えられていた。この書物が彼に与えた影響はかなり大きかったと思われる[*18]。なぜなら、彼は何もかもなげうって一五二一年三月中旬、トレプトウからヴィッテンベルクのルターのもとへ旅立ったからである。それだけ、彼は「キリスト者の生き方」についての思いが強かったともいえよう。しかし、彼がヴィッテンベルクに到着したのは、ルターがヴォルムス帝国議会の召喚に応じて出頭する（同年四月二日）直前の時期であった。

2　ルターと出会った後

上記のような経緯で、ブーゲンハーゲンはルターおよびルターの教説を絶対的に支持するようになる。その後の彼は、一五二〇年代前半に自分のそれまでのキリスト教観を再構築し、一五二〇年代後半からルターの教説を実践していくことになる。

彼はヴィッテンベルク大学に学生として登録したが、同郷のポンメルン出身者に対して自室[*19]で詩編の講義を行うようになる。やがてこの講義は好評を博し、メランヒトンの懇願もあって一五二一年一一月三日から大学で講義をすることになった。入学して間もない彼は、学生の身分のまま大学の教師として講義を担当することになり[*20]、早く

*13　スアーヴェは後にポンメルンの宗教改革の指導者となる。
*14　バルニムは後にポンメルンを治め、教会改革、学校改革を行った。
*15　Cramer, Daniel, *Das Grosse Pomrische Kirchen Chronicon*, Barthelt, Stettin, 1628, p. 43.
*16　Heyden, Hellmuth, *Kirchengeschichte Pommerns*, 2nd, ed, Köln-Braunsfeld, 1957, I, p. 202.
*17　Vogt, Otto（Hg.）, *Dr. Johannes Bugenhagens Briefwechsel*, Stettin, 1888, p. 8.
*18　ルターの『キリスト者の自由』についてのブーゲンハーゲンの記録はないようである。

もヴィッテンベルクの改革者の仲間入りをすることになったのである。

ところで当時のヴィッテンベルクは、ルター不在[*21]の中で起こった騒動のさなかにあった。ブーゲンハーゲンはカールシュタット（Andreas Karlstadt: 1480?–1541）などの急進派に対して保守的で慎重な態度を示し、彼らの急進的な改革には一切関わらなかった。特に一五二二年、熱狂主義者たちが学校の教師や人々に、内在する精神には形式的教育は不必要だと説いて回った時、彼は、一教育者として教育の効果を重視し、キリスト者がこれから生きていくために教育が必要であるという冷静な判断から、急進派に断固として反対した。そして学校に残っている学生たちを励まし、彼は講義を続けた[*22]。その後、ヴァルトブルクから急遽帰還したルター自らが説教を行ったことでヴィッテンベルク市は平静を取り戻し、ルターを中心とした改革者たちによって徐々に改革が進められていくことになった。そしてブーゲンハーゲンは、ルターの後押しもあって、一五二三年一〇月、ヴィッテンベルク市教会の主任牧師に任命された。こうして彼は、ルターの強力な片腕となり、ヴィッテンベルクを中心に、宗教改革に基づいてザクセン選帝侯領内の教会を福音主義教会として形成していくために、制度づくりや組織化に全力を注いでいくことになる。また、彼はルターの告悔父であり、「しばしば［ブーゲンハーゲンに］慰められた[*23]」とルターが評するほど、ルターから信頼され、その精神的支えとなった。

この頃、すでにブーゲンハーゲンは実践家としての能力を発揮している。すなわち、彼は混乱の中にあったヴィッテンベルク市の学校に再び生徒たちを呼び集め、学校の再建に大いに力を尽くし、また大学の講義も休むことなく続けた。一五二七年には、ヴィッテンベルクでペストが大流行し、大学は一時イエナへ移ることになったが、彼はヴィッテンベルクに残っている学生たちを相手に講義を続けた。

一五二五年には彼は聖餐論争にも関与し、ルターの主張する現在説――聖餐式におけるパンの中にキリストの肉体が、ぶどう酒の中にキリストの血が実在しているとする説――を支持した。

一五二〇年代後半以降が、彼の実践力が花開いた時期であった。すなわち、福音主義に基づいたヴィッテンベルク市の再生と同時に聖書の低地ドイツ語訳に取り組み、また北・低ドイツ、デンマーク、ノルウェー、リーフラント、ポンメルンなどの教育改革を含む宗教改革、具体的には福音主義的な教会形成と学校規則、また制度の整備、組織化に尽力していった。ルターの死後、シュマルカルデン戦争のあった一五四六年以降は、歴史の流れの中で福音主義を守るため、彼は妥協の道をとらざるをえなくなった。そのため、一五五二年から一五五六年に至るまで、彼は純粋ルター主義者たちによる非難や批判にさらされたが、ルターの教えを守りつつ、ヴィッテンベルク教会において「世の終わり」に備えるように、会衆に呼びかけ続けた。[*24] そして彼は一五五七年ヴィッテンベルクの説教職を退き、翌一五五八年、七三年の生涯を閉じた。

＊19　ブーゲンハーゲンの部屋はメランヒトン家の一室だった。メランヒトン（Philipp Melanchton: 1497–1560）は、チュービンゲン大学講師を経て、ヴィッテンベルク大学のギリシア語、神学教授となった。メランヒトンはここでルターと知り合い、ルターの宗教改革運動の最大の理論的協力者となって終生交友した。『神学綱要』で最初の組織的プロテスタント神学の基礎をおき、さらにその信仰告白を起草した。ルター没後、後継者とされる。しかし、その立場は微妙で、エラスムスやロイヒリンの聖書的人文主義と宗教改革の中間ともいわれ、ローマ教会との共通の土台を設定しようと努め、改革派との間でも融和的で、正教会の指導者たちとも接触した。

＊20　Volk, Ernst, *Dr. Pommer, Johannes Bugenhagen*, Verlag der Lutherischen Buchhandlung, Harms, 1999, p. 57.

＊21　ルターは、教皇レオ一〇世の教勅によって破門され、またヴォルムス国会喚問ののちヴァルトブルク城にかくまわれていた。

＊22　ブーゲンハーゲンのこの態度は、後にメランヒトンからもルターからも感謝された。

＊23　Heyden, H., Bugenhagen im Schriftum Luthers, in: Rautenberg, Werner, *Johann Bugenhagen, Beiträge zu seinem 400. Todestag*, Evangelische Verlagsanstalt, Berlin, 1958, p. 40, 41.

＊24　Lohrmann, Martin J., *Bugenhagen's Jonah*, Lutheran University Press, Minneapolis, 2012, p. 16.

3　ブーゲンハーゲンのキリスト教倫理観と教育観

「善き業」への思い

福音主義に転向する前、ブーゲンハーゲンのキリスト観はスコラ学と人文主義に基づくものであり、彼の関心は聖書研究と教父研究にあった。若い学生たちに神の言葉を理解させるためにそれが必要だと考えていたからであろう。当時、彼は特に、救いはほとんど神の恩恵によってなされるものの、人間の側からの働きかけもある程度は認めなければならないと主張する人文主義者エラスムスの考え方に賛同していた。ゆえに、彼は学生たちに「行って学び、それを行いなさい」という隣人への愛の行為を積極的に勧めていた。つまり、彼はラテン語学校の生徒や修道院学校の学生たちに、「善き業」と人の努力による生活を通して、いかに生きるべきかを説いていたのである。しかし、ルターに出会ってからは、教会においても教育の現場においても、聖書をとおして神の御言葉による魂の救いを教え導いていった。そして真の信仰は善き業を伴うが、善き業によって義とされるのではないことを示そうと努めた。

このように、キリスト者の生き方における善き業の役割の理解が、ルターに出会う前と出会ってからとでは、急激に変化を遂げた[*25]ブーゲンハーゲンだったが、しかし彼の考え方を特徴づけていたのは、共同体の中の一人ひとりが幸福であることへの関心であり、それは一貫して失われることはなかった。つまり、彼は教育の場において、学校という共同体の中の生徒・学生一人ひとりの生涯にわたる幸福を願っていたのである。彼は、以前は、「神の言葉よりも、告解、償いの行為、善き業を尊重して」いたが、そのことに対して、誰もそれを咎めず、「自分も自らの知恵に信頼して」いたと告白している。人文主義との決別は、ルターの教説に出会った後に書かれた彼の詩編講解に記されている。哲学者は救いをこの地上の生の快適さによって考え、そして、それは自分たちの能力によって達成できる徳を守ることだとするが、すべての救い、幸福の創造者である神はこれに反対し、この地上のすべての不信仰なことに対する諦め、それは詩編一編二節にあるように「主の教えを愛しその教えを昼も夜も口ずさむ人」、つまり、ただ神の御言葉のみを信頼することだとした。そのうえで、ゆえに詩編一編一節の「いかに幸いなことか、神に逆らう者の計らいに従って歩まず、罪ある者の道にとどまらず、傲慢な者と共に座らず」でいう幸いな人とは、私たちのために人となられた主キリストだけであるとした。そして、キリストは私たちが幸いな人になることができるようにするために、キリストに在るすべての者のために必要な神の戒めの重荷を、昼も夜も絶えず負っておられるのだとしている。[*26] 彼の根幹を成す、共同体の成員一人ひとりを大事にしようとする方針は、彼が後に作成する教会規定のいずれにも、貧困者を窮乏から救うことを明記している点や、また貧困の家庭の子どもたちにも初等教育を受けることを可能にする目的で創設された共同基金[*27]について明記している点からもうかがうことができる。

彼は「善き業」を、ルターが『善き業について』（一五二〇年刊行）において説いた「信仰のみ、キリストの恵の

＊25　一五二一年九月にヴィッテンベルクの改革者となって初めて刊行されたポンメルンの友人に宛てた『聖霊に対する罪』で、信仰による義を通してすべての罪は赦されること、そしてキリストの恩寵にのみ救いを求めなければ聖霊が救いに導く働きをすることはないことを説きながらポンメルンの宗教改革者を励ましている（Holfelder, Hans Hermann, Evangelica veritas und iudicium dei,（1521）, in: *Tentatio Et Consolatio: Studien Zu Bugenhagens "Interpretatio in Librum Psalmorum"*（*Arbeiten Zur Kirchengeschichte*）, Walter de Gruyter, Berlin, 1974, p. 89）。

＊26　Rogge, J., *Johannes Bugenhagen.* Quellen. Ausgewählte Texte aus der Geschichte der christlichen Kirche, hrsg. v. H. Ristow u. W. Schultz, Heft 30-II, 1962, pp. 48–58.

＊27　ヴィッテンベルクにおける貧困者のための基金は、一五二七年にブーゲンハーゲンの監督の下に創設されている。

み」という教えをさらに現実に即して解釈して理解した。たとえば、彼は十戒の第一戒（「わたしのほかに神があってはならない」）の説教において「……第一戒は信仰を、すなわち、わたしのみを神として持つようにと要求する。それは、神のために断食せよとは命令せず、他の神々を持つなと命ずる。……誰もこれらのことを生まれながらにして理解しない。したがって、自然をこえる恩寵が心に来て、われわれが神を父と認めることが必要である。それはキリストがもたらす恩寵によって生じるのである。私のなしえないことを、神はなしたもう。わたしの生命は飲食にはなくて神のみ手と力の中にある。われわれは福音を聞いても、すぐに一切を行うのではない。赦したまえと祈らねばならない。第一戒によって神への信仰が呼び起こされるのである[*28]」と述べている。そこで「われわれは福音を聞いても、すぐに一切を行うのではない。赦したまえと祈らねばならない」と説いているのは、彼が理解する「真の善き業」とは信仰のみ、恵みのみを信じ、さらに、自己自身が悔い改め、祈ることによって成されると考えていたのである。

ブーゲンハーゲンの教育観の背景と教育の実践

ブーゲンハーゲンは信仰をキリストへの信頼として解し、唯一「キリストはわれわれの義」であり、キリストは「われらの師」であるとし、「神の言葉は、正しく、世に神の誉れを説き明かし、イエス・キリストを通して人々は救われる[*29]」とした。こうした信仰理解は「信仰のみ」を提唱するルターに全面的に依拠していたが、彼はまた、教育についても同様にルターの考え方を受け入れている。

まず、彼の教育に関する考え方の背景を考えてみよう。人は誰しも自分自身の学校経験をもとに教育を語るのではないだろうか。ルター自身も、マンスフェルトおよびアイゼナッハのラテン語学校での約一〇年間、マグデブルクの修道院学校での一年間を経て、大学で学んでいる[*30]。そうした学校経験に基づいて、教育における「喜んで遊びながら」学ぶことの必要性、また少年ばかりでなく少女の教育の必要性、さらに教員も男性だけでなく女性も必要であるということを考えていた。教育の実践に関するルターの考え方の背後には、宗教改革的神学の徹底としての「神の教育」[*31]があった。ブーゲンハーゲンは、自分自身が学校で受けた教育と、教員として教えた経験とに鑑みて、ルターの上記の考えを受容したと考えられる。次にブーゲンハーゲンが現実に行った教育の改革の背景を考えてみよう。

ルターの宗教改革運動はルターの神学上の新しい考えに始まり、それが次第にヨーロッパ社会の政治や経済の変動へと広がっていき、ヨーロッパの教育体制にも大きな影響を与えていった。プロテスタンティズムがドイツの諸地方にさらに伝播していくためには、学校教育を福音主義に基づいて新たに立て直していくことが必要であった。このような中でブーゲンハーゲンが教育改革に乗り出し、彼の本領を発揮した。振り返れば、彼はヴィッテンベルクの騒動のさなかにあっても、またペストの流行でヴィッテンベルク大学がイエナに移った時にも、教育活動を守り継続した。彼には教育者としての自負と信念があり、教育の本来あるべき姿を追い求める熱い思いがあったと考えられる。

＊28　Ibid., pp. 60–64.

＊29　Vogt, Karl August Traugott, op. cit., p. 95.

＊30　ルターは第一に、徹底的な暗記の無味乾燥さ、またこれに伴う体罰に対する陰気な印象、第一に、アイゼナッハの教師の生徒に対する配慮が記憶に残っていたようである。

＊31　ルターは子どもを教育することとは、神の命令に従うことであり、また感謝を表現することであるとし、「あなた自身がどれだけ神から善きものを与えられてきたか、そして今もこれからも、無償で与えられているか」と語り、ゆえに息子や娘の教育を通して神に仕えることによってこれらの贈り物に応えることを説いた（Walch, Georg（Hrsg.）, *Dr. Martin Luthers Sämtliche Schriften*, XLVI, Lutherischer Concordia-Verlag, St. Louis, 1883, p. 254）。

彼が教育の改革を含む宗教改革を行ったハンザ同盟[*32]の諸地域では、特にラテン語学校や商業に従事している子弟が通う、読み、書き、計算、初歩ラテン語を教える世俗的民衆教育機関が発達していた。しかしながら、学校は、学問やいかに生きるかを学ぶ機関ではなく、生活や仕事で実質的に役立つ技術を身につけ、訓練する機関となっていた。また本来、学校は中世以来、聖職者階級の構成員を養成する場であったが、ローマ教会の聖職者階級そのものが崩れ始める中でその養成機関である学校も衰え、また学問への意欲も失われていた。そして、学校教育を担っていた聖職者階級が手を引いたら、だれが学校教育を率いていくのかということが懸念されるような危機的状況に陥っていた。おまけに、カールシュタットなどの急進的改革者は、神との神秘的な交わりを強く主張するあまり、信仰において学問など不要であるとする極端な考えをもつありさまで、ますます学校教育が軽んじられる状況が生じていた。

ルターは子どもに教育を受ける権利を認め、まず両親が、次いでその委託のもとで都市が、教育の義務を負うという基本に立った教育を進めようと呼びかけ、また学校が設立されても、子どもに教育を受けさせることに不熱心な親たちに教育の重要性を訴えた[*33]。一方、メランヒトンは、ヴィッテンベルク大学をはじめとする大学改革において、人文主義の主張する人格形成の教育を中心に据えて、ギムナジウム教育を進めた。ルターら改革者は、一五二〇年代には教育の衰退について非常な危機感を感じたが、一五三〇年代に入ると、学校再生を図るために、具体的構想である学校規則を作成し、具体的にそれを実践していった。その中心にいて手腕を発揮したのがブーゲンハーゲンであった。

ルターはヴィッテンベルクにあって、各地へ散った学生や同僚を手紙で指導し、説教者を派遣し、あるいは著作をもって指導をしたものの、自ら前面に出て行って宗教改革運動を指導したわけではなかった。それに対しブーゲンハーゲンは、自ら諸都市へ出向き、学校改革を含む都市改革運動に取り組んだ[*34]。彼の取組みの特徴は、あらかじめ進んでいた改革運動に対して、市参事会と協力しながらそれを組織化し、行政に組み込み、制度化していくという点にあった。彼の手になる教会規定には、いずれも共通点がみられる。まず、規定のほぼ三分の一が教育改革にあてられており、続いて礼拝規定、教職規定、そして最後に貧民救済規定が定められていた。カトリック教会法が教職規定と裁判規定に大部分をさいているのと比べると、いかに彼がキリストによって罪赦された者により、愛の秩序の形成に心血を注いでいたかが察せられる。

ブーゲンハーゲンが考える教育の究極的目的について

ルターと同様、ブーゲンハーゲンも一人ひとりの子どもの教育を現在だけでなく、その将来をも視野に入れて構想していた。彼は現在の子どもは将来、その都市をそれぞれの賜物を生かして繁栄させる存在だと考え、共同体の中ですべての者に教育を受けさせることが不可欠だと考えていた。また、既述したとおり、彼は共同体の中の一人ひとりの一生の幸福を考えていた。さらに彼は、洗礼を受けた者がキリスト者としていかに生きるべきかを学ぶと

＊32　ハンザ同盟の中核を占める北ドイツの都市は、神聖ローマ帝国の中で皇帝に直接忠誠を誓う帝国都市であり、相互に独立性と平等性を保つ緩やかな同盟だったが、経済的連合にとどまらず、時には政治的・軍事的連合として機能した。しかし同盟の中央機構は存在せず、同盟の決定の拘束力も弱かったので、政策においてはそれぞれの都市の利害が優先された。リューベック、ハンブルク、ブレーメンなどかつてのハンザ同盟の中心都市は「自由ハンザ都市」を称した。

＊33　ルターは一五二四年にドイツ全市の参事会員にあてて、「キリスト教的学校の設立について」、一五三〇年には「人々は子どもたちを学校へ通うべきであるという説教」を通して呼びかけた。

＊34　ブーゲンハーゲンは組織力に恵まれ、一五二八年、招かれてブラウンシュヴァイクに出かけていき、教会規定を設けつつこれを指導し、続いて一五二九年ハンブルク、一五三〇年リューベック、一五三四年には生まれ故郷ポンメルン、さらには一五三七年と一五三九年にはデンマーク、一五四二年にはシュレスヴィッヒ・ホルシュタインと、ドイツ諸都市や北欧諸国の改革に取り組んでいった。

ころが学校であると理解していた。二〇世紀の神学者ボンヘッファー（Dietrich Bonhoefer: 1906–1945）は、「安価な恵みはわれわれの教会の宿敵である」とし、「安価な恵みとは投げ売りされた赦し・慰め・聖礼典」、「教説・原理・体系としての恵み」、「罪の義認」、「自分自身で手に入れた恵み」、「悔い改め抜きの赦しの宣教」等であり、「安価な恵みは服従をぬきにした恵み、十字架を抜きにした恵みであり、生ける人となったイエス・キリストを抜きにした恵みである」とドイツ教会の安価な恵みに安住していたあり方を痛烈に批判したが、ブーゲンハーゲンは安っぽく神の恵みや罪の赦しについて語るのではなく、律法と福音の関係を理解し、キリストに従って生きることを真剣に問い、ボンヘッファーがいう「高価な恵み」を受けるために闘い続けたといえよう。そして彼はそのために、キリスト教信仰の基本を教え、洗礼後の信仰を守るための教育を受けさせること、また、すべての者に教育を受けさせるために、特に共同基金規定を整えることに力を注いだ。

ブーゲンハーゲンの教会規定とそれに基づく教会形成、また学校改革の活動は、まさにルターの改革思想の具現化と考えられる。[*35] 少し、教会規定について述べよう。ブーゲンハーゲンが最初に改革に乗り出した都市はブラウンシュヴァイクであった。彼は一五二八年にブラウンシュヴァイク市参事会の牧師であったH・ヴィンケル（Heinrich Winkel）により「市のすべての教会の共通の牧師、説教者」に任ぜられ、同市で説教者、聖書解釈者、牧会者、教育者、法律問題の助言者、共同審理者、組織設計者として多方面の活動をしたが、とりわけ彼が精力的に取り組み、またそれ以降の彼の活動の核となった仕事は、教会規定作りであった。以下、少し具体的にみておきたい。

ブラウンシュヴァイクでは、まず彼が教会規定を作成し、それを市参事会員、市参事会員に選ばれうる一四のギルドの長たち、五市の行政区民の二八人の代表等による確認を経て、一五二八年九月六日、全市の教会でこの規定を導入することになった。次に彼はハンブルクに向かうことになった。同年七月にハンブルク市参事会から宗教改革のための教会規定の導入の依頼がきていて、ルターが彼を推薦していたのである。同年一〇月、彼はハンブルク教会規定の作成に取りかかったが、ブラウンシュヴァイク教会規定を単純にそのまま使用するわけにはいかず、三分の一程度の採用にとどめた。彼のハンブルク滞在は翌年の六月九日までの約八ヶ月だったが、その間、教会規定作成とともに、説教、ヨハネ・ラテン語学校の設立、カトリック教会から福音主義への変化に伴う教会生活、社会生活の諸問題への助言なども行った。

以上の経緯の中でできた教会規定であるが、この教会規定には三つの神学的基本路線がある。第一に神の言葉の宣教、第二に教会員の教育、第三にキリスト教的愛を根底とする貧困者救済である。彼はブラウンシュヴァイク教会規定の序文に、子どもたちのために良い学校を設立すること、神の言葉を人々に純粋に提供し、教養ある人々にラテン語の講義や聖書の釈義もできる説教者を採用すること、またそのような説教者や教会の奉仕者が支え、貧困者を支える共同基金を教会の財産やその他の寄進によって創設することを明記した。彼は神学と実践をうまく一体化させる能力があったのである。

彼の教会規定の特徴は、それを単に各教会だけのものにとどめるのではなく、都市全体の中で教会が十分機能できるように作成されていたことである。すなわち、ブラウンシュヴァイクの規定にしろ、ハンブルクの規定にしろ、その市全体の統一的な福音主義教会の形成を念頭に置き、そのためのキリスト教に基づく規定となっていたということである。ゆえに、彼が手がけた教会規定は、宣教、教育、社会福祉の三つについての規則から成り、治安、行政、司法、外交を担当している俗権とともに、キリスト教の精神に基づいた総合的な都市作りを図るものとなっていたといえる。

彼の工夫は、第一に、ルターも提唱していることであるが、すべての人に初等教育を受ける機会を与えることで

＊35　ブーゲンハーゲンが低ドイツ地方の境であるブラウンシュヴァイクからノルウェーに及ぶ地域において福音主義教会の形成に貢献した時期は、一五二八年から一五四四年に及ぶ。

あった。福音主義では、万人は神の下に平等であり、人間の現在の救済はキリストにおいて明らかにされた神の意志、つまり福音を信ずることによってのみ成立するが、神の意志を直接知るためには聖書を読めることが先決であり、そのためにすべての人が行ける学校を用意しなければならないとした。つまり、ラテン語を学べない者でも自国語で基本的な教育を受けられる学校を創立することが必要だったのである。また初等教育に関しても、ルターと同様に、男子の学校と女子の学校を創設することを提案した。男女を分けた理由は後で述べるが、それまでの教育に関して男女に差があったことや、当時の男子と女子では、教育にかけられる期間が異なるという点などがあげられよう。

第二に、男子の学校はルターの教育プランに即したものであれば、従来の制度や施設を採用した。学校長は市参事会あるいは聖職者から選ぶことにした。[*36] カリキュラムについては、ハンブルク規定では教師は生徒にキリスト者であることの意味や賛美歌を教えることとし、リューベック規定ではカテキズム（教理問答書）や新約聖書の一部、賛美歌を学ぶこととした。またブラウンシュヴァイク規定では、十戒、信条、主の祈り、二つのサクラメント、賛美歌を学ぶこととした。もちろん、彼らにキリスト教の基本的なことを学ばせるとともに、読み書きも学ばせることになっていた。男子校では宗教教育が基本であり、初等教育の究極的プログラムの目標は洗礼を受けている者としての理解と、またキリスト者として生きるための準備をすることであった。

第三に、彼が特に着手したのはすべての女子に教育を受けさせることであった。もちろん、女子教育には制限があって、ラテン語学校や大学は門戸を開いていなかった。しかし、彼は女子の初等教育の確立を主張した。彼が男子の学校教育にもまして女子の学校教育を重視したのは、当時、女子への教育が一般的ではなかったからである。女子が正式な教育を受けるための主な手段といえば、女子修道院へ行くか、宮廷で女官として仕えるかのいずれかであった。

彼は、ドイツのそれぞれの市や村に、少なくとも一校は女子のための学校が必要だとした。[*37] また女子の学校の教師は女性でも男性でもよいが、女性の方が望ましいと考えていた。しかし、あくまでも大事なことは、女性であれ男性であれ、教師は聖書を愛し、それに親しみ、生徒たちの面倒をよくみることができる人物を望んでいた。[*38] 彼自身もそのような教師であったにちがいない。彼は教師職というものを非常に大事な専門職と考え、一五四三年のブラウンシュヴァイク－ヴォルフェンビュッテルの学校規定において、教師の給与は授業料に加えて共同金庫から決まった額を支払うべきだとし、適切な報酬であること、そしてその確保を目指していた。女子教育の教育課程の最終目標は、彼女たちが字を読めるようになることであった。この目的達成のため、彼はカリキュラムを作成した

＊36　これは一五二五年の農民戦争を経て当局側に学校の設立、維持を求めた結果だと考えられる。またブーゲンハーゲンは給与体系を作ったが、教師の給与は生徒による授業料で、共同金庫からの資金は収入を補うために使うとしている。校長、校長の助手は校舎内に住居を提供することになっていた。

＊37　もし人口が多い町なら一箇所以上必要だとした。たとえば、ブラウンシュヴァイクには四校、ハンブルクには各教区に一校、リューベックには三校は必要だとした。その学校の所在地についても言及し、町や村の中央の便利な所に位置することを示唆し、それは少女たちが困難なく学校を行き来できるからだとしている。このような生徒たちへの安全の配慮は、ブーゲンハーゲンの教員経験から発したものだと考えられる。彼は、女子の学校の教師は女性でも男性でもよいが、女性の方が好ましいと考えていた。

＊38　教師の採用と解雇は男子と同様、市参事会あるいは市の代表が行うとしている。教師の給与は男子の学校と同様の額とし、教師の住居は無料とし、一般的には学校内に寄宿することとしている。教師の給与は生徒の授業料でまかなうこととしているが、教師は短期間で生徒に知識を身につけさせるので、生徒の親にはできるだけ授業料を多く支払うようにと促している。実際に、ブーゲンハーゲンが主張するように女子の学校の方が多く授業料が支払われていた。彼は、女子の多くは男子に比べて短期間しか学校に通わないゆえに、両親は短期間なら授業料を支払うことが可能だろうと考えたのであろう。授業料は年四回、支払われた。なお、一五四三年のブラウンシュヴァイク－ヴォルフェンビュッテルの学校規定においては、彼は刷新を図り、教師の給与は授業料に加えて共同金庫から決まった額を支払うべきだとした。

が、少年と同様に、基本的には宗教教育に重点をおいた。少女たちが、十戒、信条、主の祈りを書き、理解し、洗礼と聖餐の意味を学ぶことを期待した。ブラウンシュヴァイク－ヴォルフェンビュッテルの学校規定ではこれらの導入としてルターの小教理問答を学ばせることにも言及している。[*39] 少女たちには新約聖書からの信仰、愛、忍耐、十字架などについての聖句を覚えることを課した。また詩編を読んだり、暗唱したりすることも勧め、一方、教訓的な歴史的出来事などを勉強するように示唆した。最後に讃美歌を覚えることもカリキュラムの重要な要素だった。音楽教育がとりわけ強調されるのは「音楽を神の賜物」の一つとして大事にしたルターの音楽尊重をブーゲンハーゲンも支持したことによるものであろう。ブーゲンハーゲンは少女たちが将来、キリスト者として生きるために、このような学びは役立つことであると信じた。初等教育を終了した時に、彼女たちが学校で学んだことを心に刻みつけていることが大事だと考え、覚えさせることに重点を置いた。

以上のように、女子のための学校カリキュラムは少年たちよりもより広範囲であった。これは、少年たちの多くは初等教育の終えてもさらに勉強できる期間や機会があるが、少女たちは初等教育以外、学ぶ機会はないと考えたからである。ゆえに彼は、少女たちに主としてキリスト教教育に関するカリキュラムを詰め込もうとしたのであろう。

ブーゲンハーゲンはすべての者に教育が必要なことを強調する一方、一般大衆の現状を把握してもいた。彼はいかなる職業の者も、いかなる家族構成であっても、また性別も、貧富の差も関係なく教育を受けられる道を拓こうとしていたが、他方で、初等教育を超える教育に関しては、個人の能力や、将来にさらなる教育が必要か否かによって異なると考えていた。ゆえに、将来、家庭の主婦になる女性たちには聖職者や法律家のための勉強は必要ないのだと認識していた。[*40] 彼は女子の学校では、神の言葉を習得し、迷信を信じない、意固地な人間ではない、人の役に立ち、有能で、明るく、親しみやすく、従順で、敬虔な妻であり母となる生徒を育てることを構想していた。そして彼女たちが敬虔な生活の中で、しっかり家事をして、子どもを育てられることを期待した。そのようにして育てられた子どもたちはやがて、洗礼を受け、良き市民となり、さらにその子どももよく育てられるといったように教育の祝福は続くことになると考えていた。たとえ、そのような効果が個々人で達成できなくても、少女たちの教育は支援すべきだとした。なぜなら、それは神の御心であると信じていたからである。彼が初等教育は男子も女子も必要であるとした根底には、ルターの万人祭司の考え方とともに、学校教育の本来の意味についての十分な理解があった。

彼は、洗礼を受けた者に信仰を守るための教育を受けさせるべきだと強く主張した。これは彼が生涯、自分自身に問うていた「キリスト者としていかに生きるべきか」に関わってくる。ブーゲンハーゲンの各教会規定によれば、子どもが誕生したら、洗礼（幼児洗礼のこと）を受けさせることが定められている。彼は、洗礼を受けた子ども

＊39　小教理問答は、当初、各家庭の壁に貼られることを期待して七枚組のポスターの形で印刷された。宗教改革者たちは二世紀から五世紀まで盛んに行われた、カテケーシスを導入し、人々を、子どもたちを教育する必要を強く感じ、福音主義に基づくカテキズムが多く出された。ブーゲンハーゲンのものもあるが、ルターは早くからその必要性を感じ、「小教理問答」を一五二九年に出版している。これは文字どおり平易な言葉の問答形式で書かれ、若い人、民衆に確かな福音と信仰による生活を教えるためであった。

＊40　ブーゲンハーゲンは、少女たちは一年か多くて二年、提案したカリキュラムを習得できればよいと主張した。毎日の学習時間は学校の規定により異なっている。たとえば、ブラウンシュヴァイクやハンブルクの学校規則では一日一時間か二時間を学習時間としたが、リューベックではもっと多く学ぶことを許可した。ブラウンシュヴァイク－ヴォルフェンビュッテルでは朝二時間、午後二時間とした。その日の残りの時間は復習の時間にあて、また、主婦になるため、母の手伝いをしたり、また、遊ぶ時間にあてた。これはブーゲンハーゲンが教育プログラムには自由時間も効果的だと考えていたからであろう。ルターは学校だけが子どもを適切に育て、家庭の中の仕事を治めることができると主張したが、ブーゲンハーゲンは、ルターの主張に大部分は賛同し、女子を学校に通わせることの効果を記述している。

はキリストに従う者とならなければならないと理解していた。その洗礼を受けた子どもが神の恵みの下に、善いことと悪いことの判断ができず、人の判断で悪魔に導かれた時、悪い慣習、悪い行動などから回心させなくてはならないのであるから、教育は、悪魔の働きと闘う手段としてあり、教育を通して子どもたちが神の言葉の真実を教えられ、キリストに従う者となれると考えていたのである。彼にとって洗礼と教育は、密接な関係があり、キリスト者の生活に大きく影響するものだと考えていた。彼は、子どもはキリスト教に基づく教育を通して正しい倫理観を持ち、信仰を維持し、一人の人間として成長していけるのだと信じていたと考えられる。さらに親が子どもへの教育を怠ったら、また教育機関が壊れていたら、子どもは生き方を誤ったり、神の言葉を誤ってしまうであろうと考え、またルターと同様、そういった教育を考える際、効果的な教育システムとは教会と国家を支える俗権の指導者が必要だと考えていた。

ブーゲンハーゲンはオールラウンドな視点から学校規定を考え、メランヒトンのようにラテン語学校だけを取り扱う学校規定にとどまらず、ドイツ語の少年学校、少女学校、さらにレクトリウム――すなわち、大学予備校――、そして大学に至るまでの非常に普遍的な教育を構想し、学校規則を作った。もちろん、彼が実際に従事していたラテン語学校についての学校規定は非常に詳しいものではあるが、しかし、注目すべき点は、彼は一人ひとりが大学を通して教育過程を追い求めることが重要だと考えているわけではなかったことである。生徒が定期的に、特に一二歳と一六歳の時、自分の学校生活を続けるか、辞めるかを試す試験をすることを提唱している。[*41] これは既述したとおり、彼が最も才能がある者だけが大学へ進めばよいと考えていたからであろう。彼の構想の中では能力だけが上級学校へ進学する基準であり、貧困者の学生も能力があれば無料で学校へ行けることを許可していた。[*42] 彼は繰り返し、教師に対して学生が学問を必要としているか、能力があるかを見分け、学生の幸福のために自分の仕事に励むように主張した。[*43]

以上、述べてきたようにブーゲンハーゲンが考える教育の究極的目的は洗礼を受けた子どもがキリスト教の教えを学び、信仰を身につけることであった。そして、彼はそのようなキリスト教教育によって、一人の人間が将来、共同体の中でキリスト教信仰の下、幸福に生きていくことができると確信していたのである。

総　括

本章では、宗教改革運動の中で、全生涯を通じて教育に関わったブーゲンハーゲンの歩みをみながら、彼の教育観を支え、彼が追求していたテーマ「キリスト者としての生き方」がルターに出会うことによってどのように変わり、また彼の教育の改革をどのように進めていったかを考察した。

ブーゲンハーゲンのヴィッテンベルク市における主任牧師としての経験と一九歳でトレプトウ学校長になって以来、ヴィッテンベルク大学、コペンハーゲン大学などの教育機関に長い年月、携わった経験は、他の宗教改革者とは異なる彼だけのバックグラウンドであったといえよう。その経験から得たものは、語り尽くせないほど大きなものだったと考えられる。教会の改革とともに学校の改革を行うことができたその原動力は、彼が常に、キリスト者としての信仰生活を守りつつ、いかに生きるべきかという目に見えない問題を追い求めてきたことにあると考えられる。そしてそれが、目に見える形として、彼の経験と相まって、大きな働きをなしえたのではないだろうか。もちろん、ブーゲンハーゲンが働いたのは都市が中心であり、限定されたものであったかもしれない。しかし、その

＊41　Sehling, E., *Die evangelischen Kirchenordnungen des XVI. Jahrhunderts*, V, Leipzig, 1913, p. 498.

＊42　Sehling, E., *Die evangelischen Kirchenordnungen des XVI. Jahrhunderts*, IV, Leipzig, 1911, p. 333.

＊43　Ibid., p. 368.

ことによって都市出身の若者が改革運動の原動力になり、またその都市を指導していく力になったに違いない。また文字が読めない者が読めるようになって福音主義の信仰が広く流布していくためには学校の果たす役割は大きかったことも事実であろう。現在も北ドイツ、北欧はルター派の教会が圧倒的であるが、これは彼の学校改革を含む教会改革の貢献によるところも大きいと考えられる。しかし、繰り返すことになるが、ブーゲンハーゲンの学校教育へのあふれる情熱は、彼の中の真の善き業への追求とキリスト者としての生き方への問いから生まれたのであり、それが彼の力となって、彼はキリスト教信仰の基本を学び、洗礼後の信仰を生涯、続けられることがすべての人の幸福への道であると信じ、教育改革活動に生涯をかけて関わり続けたと考察する。

――愛の実践を伴う信仰こそ　大切です。――

ガラテヤの信徒への手紙五章六節

第2章 ブーゲンハーゲンの苦悩

デンマーク王クリスチャン三世に宛てた書簡から

はじめに

前章でみたように、宗教改革者ヨハネス・ブーゲンハーゲンは、ルターの推薦によって一五二三年にヴィッテンベルク市教会の主任牧師に任命され、ヴィッテンベルクを中心としてザクセン選帝侯領内の教会をルターの説く福音主義教会に改革することに全力を注いだ。一五二〇年代後半に入ると、彼のそれまでの努力と経験が実を結び、彼の実践力はその開花期を迎えた。しかしその後、一五四六年のルターの死とそれに続くシュマルカルデン戦争を境に、彼は最も困難で不遇な時を生きることになった。良き理解者を失った彼は、福音主義を守るためとはいえ、カトリック側との妥協の道をとらざるをえなくなった。彼のこの苦渋の選択は囂々たる非難を浴びた。その時の苦悩について、彼は一五五〇年にデンマーク王クリスチャン三世（Christian III: 1503–1559）に宛てた書簡にしたためている。当時、公的であれ私的であれ、遠方にいる者との代表的なコミュニケーション手段は書簡であった。本章では、この書簡を通して、シュマルカルデン戦争の中で苦悩するブーゲンハーゲンの証言を検討し、考察を加えたい。なお、本章のテーマについての先行研究は、筆者の知るかぎり存在しない。

1　ブーゲンハーゲンとクリスチャン三世との出会い

まず、クリスチャン三世がブーゲンハーゲンと懇意になるまでの経過を述べておこう。

宗教改革の時代、デンマーク王クリスチャン三世は、イングランドのエドワード六世が試みたように、福音主義の考えを重視し、宗教の改革を通して国家を統治しようとした王であった。彼は一五〇三年、父フレゼリクが主に居住していたゴットルフ城で生まれた。彼が一〇歳の時にドイツ人である母アンナ・フォン・ブランデンブルクが死去し、その四年後に父はポンメルン出身のソフィー・ア・ポンメルンと再婚した。クリスチャン三世自身も、一五二五年にザクセン＝ラウエンブルク公マグヌス一世の娘ドロテアと結婚している。このように実母と妻がドイツ人であり、しかも継母がブーゲンハーゲンと同郷のポンメルン出身ということも、彼らが親交を深める要因の一つであったかもしれない。

クリスチャン三世は、最初の家庭教師であるヴォルフガング・フォン・ウーテンホーフとヨハン・ランツァウがルター派であったために、信仰的にも彼らから深い影響を受けた。彼らの勧めにより、一五二一年にクリスチャン三世はドイツへ遊学し、ヴォルムス帝国議会でマルティン・ルターの喚問での弁明を聴き、感銘を受けたという。また、クリスチャン三世は自らのルター派の立場を隠さなかったので、カトリックに対する彼の辛辣な批判は、カトリックが多数を占めるデンマーク王国参事会や父王との衝突を生んだ。彼はカトリックの司教の反対にもかかわらず、統治下にあるシュレスヴィッヒ公国においてルター派の布教に尽力した。

一五三三年四月、父王の死去に際し、後継者争いが起きた。すなわち、参事会の多数派である聖職者や貴族は、ルター派を支持するクリスチャン三世の国王即位を拒否し、彼の異母弟ハンスを擁立しようとしたため、参事会は国王選出を延期した。翌一五三四年にはオルデンブルク伯クリストファーがリューベックなどの支援を受け、クリスチャン二世の復位を名目に挙兵し、伯爵戦争が始まった。二年間の攻防戦後、ヨハン・ランツァウの活躍などがあり、一五三六年七月二九日にコペンハーゲンが降伏し伯爵戦争は終結した。なお、伯爵戦争という名称はクリストファー伯に由来する。

戦争に勝利したクリスチャン三世は、同年八月一二日の司教逮捕を皮切りに宗教改革を推し進めていった。一〇月には聖職者抜きで諸侯会議を開催し、教会領の没収、ノルウェーの一地方化、息子フレゼリクを後継と認める即位憲章を承認させた。この改革に大きく貢献したのがブーゲンハーゲンであった。クリスチャン三世がデンマークにおける宗教改革を成功させようとザクセン選帝侯ヨハン・フリードリヒ一世[*1]に適任者の推薦を依頼した際にザクセン選帝侯が推薦したのがブーゲンハーゲンだったのである。

ブーゲンハーゲンがクリスチャン三世に正式に出会ったのは一五三七年八月一二日のコペンハーゲンの聖母教会での戴冠式においてであった。戴冠式は従来、カトリックの大司教がとりしきる儀式であったが、この時は、ラテン語ではなくドイツ語を使い、デンマーク人ではなくヴィッテンベルク市教会牧師によるプロテスタントの様式に則ったまったく新しい形式で行われた。これはデンマークが福音主義の国家として新しく立っていくことへの決意

＊1　Johann Friedrich（I.）: 1503–1554（在位一五三二―一五四七）は、マルティン・ルターと友好関係にあり、ヘッセン方伯フィリップとともにシュマルカルデン同盟の盟主となった。しかし、一五四六年のシュマルカルデン戦争を経て、一五四七年に神聖ローマ皇帝カール五世にミュールベルクの戦いで敗れて選帝侯位と所領を奪われ、又従弟でヴェッティン家の別系統（アルブレヒト系）に属するモーリッツに与えられた。しかし、モーリッツの勢力拡大を恐れたカール五世は、ヨハン・フリードリヒの息子たちにテューリンゲンの各地の方伯として領土を与えて、ヴェッティン家の統一を阻んだ。

表明であったといえよう。クリスチャン三世は一五三六年八月、コペンハーゲン入城から一週間も経たないうちに大改革を断行し、同年一〇月、議会にて国家の宗教をルターの教えに基づいた福音主義のものにすることを正式に宣言した。ルターもブーゲンハーゲンもこのことに賛辞を述べたが、その一方で王に教会の財産を拒絶しないように助言した。[*2]

ブーゲンハーゲンがデンマークを離れてから彼が亡くなるまで、彼らは書簡を交換し続けることになるが、その交流の直接のきっかけとなったのは、この時の出会いであった。しかし、彼らの最初の出会いはクリスチャン三世が一八歳だった一五二一年、ヴィッテンベルク大学においてであった。また、一五二九年には父フリードリヒ一世とクリスチャン三世[*3]がフレンスブルク・フランチェスコ会修道院における熱狂主義者M・ホフマンとの討論会の指導をブーゲンハーゲンに要請していることから、その当時から知己になっていたようである。

上記の戴冠式において再会した三四歳の王と五二歳のブーゲンハーゲンは、お互いに非常に懐かしかったことであろう。前述したように、当時、王が再婚した相手がブーゲンハーゲンの母国の王女であったこともお互いの印象を良いものとしたことであろう。また、一五二六年にホルシュタイン公およびシュレスヴィッヒ公に就任していたクリスチャン三世は、ブーゲンハーゲンの北ドイツでの教会形成や教育改革などのめざましい働きを十分知っていたと考えられる。このことも王が彼に信頼を寄せた要因といえよう。

戴冠式を終えると、まず九月二日に、ブーゲンハーゲンが中心となってとりまとめた教会法が公布された。同時にブーゲンハーゲンは七名のルター派の牧師を監督とする聖職按手式を挙行した。彼が構想したこの監督職は、各個教会の自立を目指すためのものであり、また牧師たちの説教における教理や生活、牧会方法などを監督する職であった。ブーゲンハーゲンは、この七名の牧師監督団を中心にしてデンマークにおける宗教改革を執行しようとした。

さらに、彼は王から要請を受けてコペンハーゲン大学の再建を行った。同大学は一四七九年、クリスチャン一世の時に創設されたが、その当時、ドイツ、フランス、イタリアなどに（特に新しい思想を学べるヴィッテンベルク大学に）留学する者が多く、また、デンマークでは内戦がうち続いたこともあって、自国の大学で学ぶ者が少なかったのである。しかし、新しい教会に新しい聖職者を要請する必要が出てきたこともあって、プロテスタント教会の牧師を養成する神学校として、コペンハーゲン大学を再興する必要があった。一五三七年九月九日、大学再建の儀式は王や市の行政官たちが参加して行われた。その後、彼の約二年間の滞在の後、一五三九年六月一〇日には、教会規則も採用されることになった。デンマークの宗教改革は国王主導のもと、無駄な血を流さず実施ができたが、この改革にはブーゲンハーゲンが非常に尽力したことは確かなことである。王のブーゲンハーゲンに対する信頼は厚く、王は彼のデンマーク永住を望んだ。王は一五四一年にはブーゲンハーゲンにシュレスヴィッヒの監督を要請し、またルターやヨーナスも説得にあたったが、彼は固辞した。さらに翌年、王は彼にコペンハーゲン大学の学長就任を要請したが、彼はこれも辞退した。

このように、二人はルターの改革思想を通して出会い、デンマークの宗教改革を通して王の厚い信頼の下で、お互いの友好関係を築いていったことがわかる。

＊2　この時、ブーゲンハーゲンは「教会の建物、説教者、学校、貧民、教会や学校の扶助料、年間の緊急巡察の必要、婚姻に関する裁判、救貧学生のために、多くの蓄えが必要である」（Vogt, Otto（Hg.）, *Dr. Johannes Bugenhagens Briefwechsel*, stettin, 1888, p. 142）と王に示唆しているが、このような丁寧な実践的な助言をしてくれるところをすでに知っていて、ザクセン公の推薦のかたちを借りて、彼の派遣を依頼したのであろう。

＊3　当時、クリスチャン三世はシュレスヴィヒ・ホルシュタイン侯領における王の代理であった。

2　ブーゲンハーゲンにとっての一五四六年以降

一五二〇年代から一五三〇年代にかけて、ブーゲンハーゲンはルターを公私両面で支えながら、福音主義を伝えるために精力的に活動した。それは彼が最も活躍した時代であった。しかし、すでにふれたように、その彼の歩みも、一五四六年――ルターの死とシュマルカルデン戦争勃発――以降は不本意な、あるいは困難な出来事が続き、後退を余儀なくされたように思われる。彼は福音主義を守るため、やむなく妥協の道をとらざるをえないことにもなった。ここでは、彼の身に起こったそうした不幸ともいうべき出来事――ルターの死とシュマルカルデン戦争、そしてインテリム――について考えてみよう。

ルターの死とルターとの関係

ブーゲンハーゲンがルターを知ったのは「九五箇条の提題」から三年を経た時だった。当時、彼はポンメルンにおけるトレプトウ・ベルブクの修道院学校での教育とともに聖書講義と教父研究に携わり、神学研究に熱心にとりかかっていた。彼は一五二〇年一〇月頃、トレプトウのマリア教会の主任司祭O・スルトウ主催の教職員たちの集まりで、ルターの『教会のバビロン虜囚・序曲』を紹介されたのをきっかけに、ルターの教え、信仰義認の神学に心酔するようになった。[*4] 翌年三月、彼はトレプトウでの小学校長とベルブク修道院の講師の職を辞し、すべてを捨ててポンメルンを去り、ヴィッテンベルク大学に入学した。この思い切った行動から、当時の彼がいかにルターの考えに心奪われたかをうかがい知ることができる。

ブーゲンハーゲンがヴィッテンベルクに到着したのは、ちょうど、ルターがヴォルムス帝国会議に出発する直前だった。ルターの教えを請おうとしてヴィッテンベルクにやって来た彼だったが、ルターはヴォルムス帝国会議の後、ヴァルトブルク城に身を潜めたため、ルターが一五二二年三月にヴィッテンベルクに戻ってくるまで会うことが叶わなかった。しかし、第1章で述べたように、ブーゲンハーゲンはメランヒトンからの信頼を得て、一五二〇年一一月から学生の身分のまま、大学の教師として講義を担当することになり、ヴィッテンベルクの神学研究者の仲間として活動することになった。その中にあって、彼はヴィッテンベルクの騒動と、その後のルターの地に足のついた教会改革を、直接に経験することができた。この時期、彼はカールシュタットなどの急進派の改革の行き過ぎに否定的であったという。[*5]

一五二三年一〇月、ブーゲンハーゲンは、ルターがザクセン公ヨハンに推薦したことにより、ヴィッテンベルク市の主任牧師となり、一五三二年からは総牧師長、監督として活躍することになる。これ以降、彼は亡くなる前年の一五五七年までその職に就いていた。ルターとの関係は公私ともに親交が深く、家族ぐるみのつきあいであった。彼はルターの結婚式を挙行したり、また、ルターの代わりに説教や講義を行ったりもした。また、教授陣の一員としてルターとともにヴィッテンベルク大学を支え、福音主義の神学研究や聖書翻訳にも協同してあたった。さらに、ルターが死去した際に、葬儀の説教も務めたのも彼であった。

このように、ブーゲンハーゲンは最も崇拝するルターに信頼されて重用され、公私共々支え合って宗教改革の仕事を成し遂げようとしていた。ゆえに、敬愛するルターの死は、彼にとって宗教改革の旗手を失ったというにとどまらず、羊飼いを失った迷える羊のような心持ちであったであろう。良き友であり同志である者を失う喪失感を痛

＊4　ブーゲンハーゲンは、一五二〇年一二月、直接、ルターにキリスト者としての生き方の指針について尋ねる書簡を送った。この時、ルターから返信とともに著書『キリスト者の自由』が送られてきている。第1章の1を参照。
＊5　メランヒトンはこの時の彼を「その時、ブーゲンハーゲンは町の一致と平和のために自己を抑制しつつ、確固不動さをもって働いた」と評している。

いほど味わったことは想像に難くない。

ルターの死後、ブーゲンハーゲンはルター派の筆頭であったメランヒトンとともに、これからルター派教会をまとめていかなければならない立場となった。よくいわれていることであるが、穏和なメランヒトンは教会統率力に欠け、指導者としての影響力ないし感化力も弱かった。ローマ教会に妥協的で、のちにルターの説く恩恵のみの立場ではなく神人協力を唱えることになったメランヒトンに従う者たちがフィリップ派を形成した。さらにブーゲンハーゲンはシュマルカルデン戦争へと身を投じていくことになり、彼は最も苦しく厳しい状況の中に身をおくことになった。

シュマルカルデン戦争とインテリム

シュマルカルデン戦争はルターの死の直後の一五四六年の夏に起こり、翌年四月に終結している。ここでシュマルカルデン戦争の意味を考えてみよう。

一五三〇年に皇帝カール五世はアウグスブルク帝国議会を召集した。彼の目的はなによりも帝国内の諸侯の宗教の問題を平和的に解決することであり、彼はプロテスタントに対し、彼らの神学的立場を帝国議会において説明することを求めた。それに応じて、ルター、メランヒトン、ブーゲンハーゲン、ヨーナスらによるカトリック慣習の批判をヴィッテンベルク派を代表してメランヒトンがまとめたものが、『アウグスブルク信仰告白』（Confessio Augustana）であった。これはカトリック側との和解を意識したものであったので、カトリック側に反論の余地を与えることになった。他方、ツヴィングリ派は自己の立場を譲らず、『信仰の理由』（Fidei Ratio）を提出し、南独都市からはブーツァーが起草した『四都市信仰告白』[*6]が提出された。一方、ルターもメランヒトンが行った譲歩を認めなかった。こうしてプロテスタント側も分裂の危機に陥ったが、一五三一年にルター派諸侯・帝国都市はヘッセン方伯フィリップの主唱のもと、シュマルカルデン同盟[*7]を結んで帝国の権威に対抗することになった。それに対し、ローマ・カトリック教会を支持、擁護する皇帝側は、政治、経済、社会の諸問題の権利の保護を主張した。[*8]

翌年、トルコ軍の侵攻という帝国全体の危機が生じ、皇帝は宗教上の相違にある程度目をつぶらなければならず、ニュルンベルク和約で、一時的にプロテスタント教徒に信教の自由を許した。[*9] この機に、プロテスタントは急速に新しい地域を支配下に収めていった。そして、一五三七年二月にシュマルカルデン同盟会議を開催することとなった。ザクセン選帝侯はその会議で福音主義の正しい信仰を主張するための信仰条項の起草をルターに命じ、ルターは同盟会議に先立つ同年一月に、『シュマルカルデン条項』を献呈した。これは同盟会議で承認を受け、一五三八年に公にされた。この条項は著しく反カトリック的傾向を帯びたものであった。[*10]

一方、カール五世は、公会議を開催して教会の分裂を収め、行政面での改革を進めるという希望を捨てず、クレ

＊6　四都市は、シュトラスブルク、コンスタンツ、リンダウ、メミンゲン。

＊7　シュマルカルデン同盟は一五三一年に結成され、主として宗教問題、すなわち、神の言葉の説教の自由、福音的教理とそれにかかわる教会的、信仰的な事柄の改革の自由を主張した。シュマルカルデン同盟に加盟する条件は『アウグスブルク信仰告白』を承認することと同盟全員の賛成を得ることであった。しかし、上記の『四都市信仰告白』と『アウグスブルク信仰告白』は一致するとみなされ、これを承認することが同盟加入の条件の一つとされた。バイエルン、オーストリアなどの南ドイツ、フランケン、シュヴァーベンなど南西ドイツに広がり、さらにフランス、イングランド、デンマークまで拡大していった。やがて、中央ヨーロッパの国際同盟の色彩を強め、抗争はローマ・カトリック教会、同教会を支持する皇帝カール五世とハプスブルク家に対するシュマルカルデン同盟という構造となった。

＊8　シュマルカルデン同盟の主張が主に宗教問題であったのに対し、ローマ・カトリック教会を支持する皇帝、領邦君主、選帝侯による「反シュマルカルデン同盟」側は、政治、経済、社会の諸問題についての権利の保護を主張した。

＊9　カール五世はカトリック教会とプロテスタント教会の一致を試み、ヴォルムスや、レーゲンスブルクの宗教会談を開いたが、両者の見解の相違は非常に大きく、調停は成功しなかった。

メンス七世（在位一五二三―一五三四）に公会議の召集を求めたが、叶わなかった。その後、カール五世は公会議の見込みが当分ないことを悟り、次に再合同のために一五四〇年以来、アーゲノー、ヴォルムス、レーゲンスブルクなどで、両派による会談を開催したが、双方の歩み寄りは見られなかった。カール五世は和解への道をあきらめ、プロテスタントはその軍事力と政治力を弱めない限り公会議に参加させることはできないと判断した。そこで、カール五世は徐々にプロテスタント抑圧の計画を進めていくことになる。

カール五世は力によってプロテスタント勢力を弱め、公会議を最終採決者と認めさせようとした。彼は公会議でキリスト教世界の再一致のために必要な調整をしつつ、プロテスタントからもカトリックからも非難されている教会の悪弊を是正できると考え、プロテスタント勢力の分断工作を進めた。ところで、この頃、シュマルカルデン同盟の盟主ヘッセン方伯フィリップ（Philip I: 1504–1567）の重婚問題というスキャンダルが起こり、それをきっかけにして皇帝にとって都合の良いことに、プロテスタント側に亀裂が生じる事態となった。重婚は帝国法で禁止されていて、重婚者の領土・財産の没収が定められていた。重婚禁止違反を機にシュマルカルデン同盟の結束が緩んでいったのである。皇帝に抵抗するシュマルカルデン同盟の勢力を強化するはずであったフランス、イングランド、デンマーク、スウェーデンとの折衝も水泡に帰してしまった。さらに、クレメンス七世の後継者パウル三世（在位一五三四―一五四九）が皇帝に説得され、ついに一五四五年トリエント公会議を開くことができたのである。しかし、これにシュマルカルデン同盟諸侯は出席しなかった。このことを口実にした皇帝側からの武力行使で勃発したのがシュマルカルデン戦争であった。

実際の戦いの前に、皇帝は、ヘッセン方伯フィリップの婿で、ザクセン選帝侯ヨハン・フリードリヒの従兄弟であるモーリッツ（Moritz: 1521–1553）が選帝侯と争い、フィリップと仲違いをしていたことにつけ込み、モーリッツにフィリップとヨハン・フリードリヒとの戦いに勝利したら、選帝侯の栄誉を与えることを約するという裏工作を行っていた。このモーリッツの同盟脱落に加え、福音主義教会側の指導者たちが起こしたさまざまな問題や、ブラウンシュヴァイクのヴォルフェンビュッテルの裏切りなどもあり、もともと戦争の準備が整っていなかったシュマルカルデン同盟側は、同盟内の不信、反感、不和の渦巻く中、皇帝軍に敗れ、事実上シュマルカルデン同盟は崩壊した。

しかし、戦争には勝利したものの、カール五世は不安だったようである。[*11]それは、特にプロテスタント勢力を打倒したにもかかわらず、教皇との関係を悪化させてしまったからである。彼はアウグスブルク帝国議会にて、カトリックを全領土に再建しようとし、さらにルター派に対し、インテリム——すなわち暫定協定[*12]——を一五四八年に可決させたが、ローマ教皇庁はこれを認めなかった。インテリムは皇帝の委託を受けた委員会の手で作成されたも

＊10　『シュマルカルデン条項』は三部からなり、第一部はカトリック教徒もプロテスタント教徒も問題なしに信ずることのできるキリスト教の根本的な信仰箇条として「神的権威に関する高貴な条項」を記したものである。第二部は「イエス・キリストの使命と行為、すなわち、私たちの救いに関わる条項」についてと題して、まずキリストによって義とさられるという、いわゆるSola fideの教えをあげて、教皇とその教会との対抗しなければならない態度を表明し、次に教会のミサとこれに伴う巡礼、遺物崇拝などを排撃している。第三に修道院における教育および礼拝を非難し、第四に教皇の神権を論責し、一般にカトリック教会に対するもっとも強い論争を成している。第三部は、プロテスタント的信仰の立場、罪、律法、悔い改め、福音に基づく洗礼および聖餐などを説き、また鍵、懺悔、聖別および任職、聖職者の結婚、教会、善行、誓約、人間的戒規などについて語っている。

＊11　シュマルカルデン戦争を起こす前に、カール五世はハンガリーのマリアに宛てて「私はヘッセンとザクセンに対し戦争を開始する決意を固めました。この両国は、ブラウンシュヴァイク公とその領土を攻撃し、人々の平和を乱したのです。こう申したからといって、そのために問題は宗教問題であるという事実がいつまでも見過ごされてはなりませんが、ともかくこれは、ルター派を分断させるかもしれないのです」と記している（Lanz, Karl, *Correspondenz des Kaisers Karl V.*, II, F. A. Brockhaus, Leipzig, 1845, pp. 486–488）。

ので、内容的には、多少修正されたカトリック信仰の教えといってもいいようなものであったが、一般信徒の二種聖餐式や司祭の結婚を認めるなど、プロテスタントに対する譲歩も含んでいたため、カトリック諸侯は暫定協定が自分たちに適用されることを拒否し、ローマ教皇もこれを否認したのである。一方、プロテスタント側でも、マグデブルクの反抗的なルター派の者たちが[*13]激しく皇帝に抵抗するに至った。他方、このインテリムに妥協したのが、メランヒトンやブーゲンハーゲンたち、ヴィッテンベルクの神学者たちだった。その理由づけはアディオフォラ理論であった。「アディオフォラ」とは神の言葉によって命じられもせず、禁じられもせず、それ自体善でも悪でもない非本質的なものとしての儀式や慣習のことを指す。カトリック教会のある礼典や習慣、具体的には堅信、終油、化体説を抜きにしたミサ、聖人崇敬がアディオフォラとされた。彼らヴィッテンベルクの神学者たちは、インテリムの強制する諸事項、特に礼拝形式はアディオフォラであるから、それに従うことは差し支えないとしたのである。しかし、これに反発したのが純正ルター派、すなわち、マグデブルクの神学者たちだった。彼らはルター亡き後、純粋な教義の確定に必死になるあまり、ルターの説くキリスト者の自由な霊的本質を見失ってしまっていた。一方、メランヒトンやブーゲンハーゲンらフィリップ派の中でも、インテリムに関わるアディオフォラや聖餐をめぐる議論、あるいは救いのために人はいかなる意味で協力するのかといった議論が噴出した。彼らはこの混乱をおさめるため、ローマ教会との共通の土台を模索したり、改革に対して融和的な立場をとろうとしていたのだが、純正ルター派と理解し合うことはできず、両者の間で対立が生まれることになったのである。純正ルター派は、インテリムに対する具体的行動として、マグデブルクの告白によって抵抗の正当性を主張した[*14]。

以上のように、一五四六年前後のブーゲンハーゲンをとりまく状況は、ルターの死、シュマルカルデン同盟内の結束の弱体化、ルター主義の立場をとる福音主義者たちの分裂、皇帝とローマ教皇・カトリック諸侯、福音主義者たちの不和など、最善の道を模索するには非常に困難で苦渋に満ちたものであったことが想像できるのである。

3　書簡[*15]を通して

以上、これまで示してきたことを背景に、一五四六年以後、彼がどのような思いをもって過ごしたかを、ブーゲンハーゲンがデンマーク王クリスチャン三世へ宛てた一五五〇年一〇月一日付の書簡によって検証していきたい。

両者の交換書簡[*16]は、クリスチャン三世からブーゲンハーゲン宛てが四〇通、ブーゲンハーゲンからクリスチャン三世宛てが五〇通あるとされており、この数からも彼らの親交の深さをうかがい知ることができる。

彼らの初期の書簡は、互いの要求を伝え合う公的な内容であったようである。たとえば、土からの自国デンマークへの説教者の派遣要請や、大学の教授候補の推薦の依頼に、ブーゲンハーゲンが応えるものであったり、ブーゲンハーゲンが王にデンマーク人の才能のある神学博士の人材を求めるものであったりした。また、ブーゲンハーゲンは王の書簡によってデンマークでの福音主義の広がりの進捗状況を得ることもできた。それが次第に私的な内容

＊12　そのメンバーには、ナウムブルクの司教フルーク、マインツの補佐司教ヘルディング、そして戦争の時に中立を保ったブランデンブルク選帝侯の宮廷神学者で、ルター派の中でも多くの人々から敵視されていたヨハン・アグリコラがいた。

＊13　アムスドルフやフラキウス等、純正ルター派と呼ばれる者。

＊14　このインテリムは、プロテスタント側から反発を受け、また、プロテスタント内部での抗争を生み、それだけでなく、カトリックからは教会に対する公的の干渉であるとの反発があって、一五五二年に停止された。

＊15　Bugenhagen, Johann, *Epistola Apologetica ad Daniae et Norvegiae Regem, Gloriosissimae memoriae, Christianum III &c., Contra Scriptores adiaphoristicos, aliosque Obtrectatores,*（*the first of October, 1550*）, Heylius & Liebezeitius, 1709.

＊16　Dingel, Irene, Rhein, Stefan（Hrsg.）, *Der späte Bugenhagen*, Evangelische Verlagsanstalt, Leipzig, 2011, p. 238.

を含む書簡へと変化していった。ブーゲンハーゲンは個人的に、ザクセン選帝侯アウグストと結婚してドイツで暮らす王の娘アンナについての近況を知らせたり、新しい神学書について紹介したり、ドイツや周辺の国々における教会と政治の状況なども知らせた。また、ヴィッテンベルクの市教会の牧師館で彼はデンマーク出身の学生の面倒をよくみていたようで、そのことを王に報告している。このようなやりとりを通して、彼らの間には公私にわたる親しい関係が出来上がっていたことがわかる。

しかし、一五四六年を機にルター派の分裂が鮮明となってきた頃を境に、彼らの関係がうまくいかなくなったことが推測される。デンマークはシュマルカルデン同盟に属していたが、しかし、シュマルカルデン戦争後のインテリムの時期に、クリスチャン三世は福音主義の旗手であったヴィッテンベルクの学者たちの分裂や、ヴィッテンベルクに残った学者たちのあいまいさに戸惑っていたと考えられる。もちろん、ブーゲンハーゲン自身も非常に動揺していたことは否めない。

ここで、一五五〇年一〇月一日付のブーゲンハーゲンによる書簡が何のために書かれたのかを考察してみよう。最も考えられる理由は、当時、ヴィッテンベルク大学の神学者たちについて流布していた誹謗中傷を、当然、王も耳にしていると彼は考えていたのであろう。この書簡は王のブーゲンハーゲンに対する不信を払拭してもらうために、その弁明をする目的で書かれたのではないかということである。まず、手紙の第一声はヨハネによる福音書八章四四節から文言を引いて、悪魔について述べている。すなわち、「あなたたちは、悪魔である父から出た者であって、その父の欲望を満たしたいと思っている。悪魔は最初から人殺しであって、真理をよりどころとしていない。彼の内には真理がないからだ。悪魔が偽りを言う時は、その本性から言っている。自分が偽り者であり、偽りの父だからである」と。彼が悪魔と考えていたのは、シュマルカルデン戦争が終わりインテリムの下、かつての同労者、純正ルター派である。彼はさらに、「……そして、皇帝は約束に基づいて、われわれと和睦しました。約束、すなわちアウグスブルク信仰告白に従い、その信仰告白に反することを行わず、寸毫も変更しないこと」であると記す。

繰り返すが、ブーゲンハーゲンのいう悪魔とは、皇帝軍の兵士でもカトリック側の聖職者たちでもなく、純正ルター派の人たちであり、ブーゲンハーゲンを「アディオフォラ・ライター」[*17]と呼んでいた者たちである。彼は、インテリムを受け入れて皇帝と妥協したのはあくまでも平和的に解決しようとしたからであって、カトリック信仰に偏向したわけではないことを強調している。ブーゲンハーゲンは、純正ルター派の者たちが、ブーゲンハーゲン等について、「……彼らは、公然と世界中で公然と多くの文章を書いていますが、その内容たるや、キリストの僕であるわれわれ神学者は為政者からお金を受けとり、キリストの福音の裏切り者になっていて、すべての良い秩序を見下し、信仰から悪魔の教義、反キリストの礼拝へと離反している」と批判していることを記している。いかに純粋ルター派の者たちの侮辱が激しかったかを、懸命に王に理解してもらおうとしていることが読みとれるのである。さらに「……偽善者たちは公刊した著作において、われわれ、とりわけ私に、キリストの名と義において誓わせようとするのです。彼らは自らキリストの裁きの座に着き、私の良心を裁き、『私の主キリストの御前で公正な判断を誓います』と私に言わせて、キリストの裁きを下します。彼らはほかにも多くのことを言っています。曰く、ポンメルン氏／博士は真実と彼自身の良心とに反している……」と記している。ブーゲンハーゲンは彼らに

＊17　「アディオフォラ・ライター」とは、フラキウス、アムスドルフなどがザクセンのアルベルティン系の神学者たちを悪い意味で使っていた。当時、ヴィッティン家の領土はエルネスティン系とアルベルティン系に分割されていた。エルネスティン家の始祖である兄の選帝侯エルンストはザクセン゠ヴィッテンベルク公国と選帝侯位、およびテューリンゲン方伯領を確保し、アルベルティン家の始祖である弟のアルブレヒト三世はマイセン辺境伯領を与えられていた。一六世紀に選帝侯位および領土の大半を没収されるまではエルネスティン家がアルベルティン家に対し圧倒的な優位を誇っていた。しかし、エルネスティン家の領土は皇帝与党であるアルベルティン系のザクセン公モーリッツに譲渡させられた。

いたことが推察できる。彼の自尊心はどれほど傷つけられていたであろうか。

果たして、ブーゲンハーゲンは、ルターの教説を棄てるまで偏向したのであろうか。確かに、ルターの後継者であったメランヒトンは一五二七年までにはルターの人間の自由の否定に共感を失い、救いは人間の意志の協力的行為によってのみ可能であるという結論に達しており、一五三五年までには救いのための代価としてではないにせよ、救いの不可欠な証拠としての善行を強調するようになっていた。また、主の晩餐についてメランヒトンは、ルターの主張はあまりにもキリストの身体的現存を強調しすぎているように感じていた。そして、ルターの存命中こそルターとの決裂までには至らなかったものの、ルターの死後、一五四八年のアディオフォラ論争、聖餐論、救いに対して人はどう協同するか等々、次々に問題にした。それに対し、ブーゲンハーゲンはあくまでも信仰による義認の教えを福音とするルターの教説を堅持し、またキリストの身体的現存を依然として主張してきた。彼はルターの教説を棄てているわけではなかった。またメランヒトンの思想を支持しているのでもなかった。ブーゲンハーゲンはルターの教説を棄てる云々よりも、争いを見たくなく、また起こしたくもないという彼の平和への切なる思いが勝っていたと推察する。

ブーゲンハーゲンはおそらく、インテリムが出されて以降、自分の行動を弁明できず、悶々としながらもヴィッテンベルクでの自分の務めを粛々と果たしていたと考えられる。彼は常にヴィッテンベルクとともに歩んできた。すなわち、ヴィッテンベルクの市教会の牧師を務め、ヴィッテンベルク大学で教員生活を送り、そしてルターとともにこの町で宗教改革の促進を願いつつ歩み生きてきた。彼にとっては、愛するヴィッテンベルクを守ることが最優先だったと考えられる。他方、彼は、ルターの保護者として立場を同じくするザクセン選帝侯との関わりが強かった。[*18] ゆえに、シュマルカルデン戦争終結にあたり、ザクセン選帝侯が退位せざるをえない事態となった際には、ブーゲンハーゲンは選帝侯を裏切ったような責めを感じたことも否めない。他方、アムスドルフやフラキウス等、「ポンメルン氏」と名指しされたうえで、「キリストの裁きを下す」とまで言われるほど、激しい個人攻撃を受けてマグデブルクの純正ルター派の人たちには、彼がカール五世に服従したと映り、赦せないものとなったのは当然であったであろう。

ヴィッテンベルクは皇帝側の手に落ち、住民の不安は募った。一五五〇年にブーゲンハーゲンはヨナ書の注解をしているが、彼の心境は、まさに、四章一〇節以下の聖句そのものであったことであろう。すなわち、「お前は自分で労することも育てることもなく、一夜にして生じ、一夜にして滅びたこのとうごまの木さえ惜しんでいる。それならば、どうしてわたしがこの大いなる都ニネベを惜しまずにいられるだろうか。そこには一二万以上の右も左もわきまえぬ人間と、無数の家畜がいる」ということである。これは神がヨナにニネベの町について答えた言葉で

＊18　フリードリヒ賢公はエルネスト系の出でヴィッテン家のアルブレヒトと協同でザクセンを統治した。彼はヴィッテンベルク大学を創設し、ルターの強力なパトロンであった。フリードリヒ賢公が一五二五年に亡くなった後、弟のヨハン一世が後を継いだが、すでに熱心なルター派の信徒で、教会に対する自らの権威を行使して、領内の教会にルター派の宗教信条を採用し、カトリックの宗教信条を守る聖職者を追放し、ルターの考案した典礼を行わせた。ヨハンは一五三一年、宗教改革に反対するカール五世の圧迫に対抗して共同でプロテスタントの大義を守るため、他のプロテスタント諸侯と一緒にシュマルカルデン同盟を結成した。一五三二年に彼が亡くなると、選帝侯位はその長男のヨハン・フリードリヒに受け継がれた。ヨハン・フリードリヒは父と同様にシュマルカルデン同盟の指導的諸侯の一人であり、一五四二年にナウムブルク司教領を占拠し、マイセン司教領とヒルデスハイム司教領を攻撃して同司教領の世俗財産を強奪した。ザクセン選帝侯領ではカトリック信仰は厳しく弾圧され、カトリックの教会や修道院は略奪の対象になった。しかし、ヨハン・フリードリヒは一五四七年四月二四日、エルベ河畔のミュールベルクの戦いで皇帝カール五世に敗れ、捕虜となった。五月一九日のヴィッテンベルクの降伏文書の調印により、ヨハン・フリードリヒはザクセン選帝侯位およびザクセン゠ヴィッテンベルク公国を、皇帝与党であるアルベルティン系のザクセン公モーリッツに譲渡させられた。しかし、ヨハン・フリードリヒは生涯、福音信仰は揺るがなかったという。

あるが、ブーゲンハーゲンにとって、右も左もわきまえぬ人間のいるニネベは、まさにヴィッテンベルクの状況そのものであったことであろう。

皇帝側の手に落ちつつあったヴィッテンベルク大学は閉鎖された。マグデブルクへ逃げた純正ルター派の学者たちのように、ブーゲンハーゲンには逃げる道もあった。しかし、彼はヴィッテンベルクに残り、住民を励まし、慰める務めを果たす道を選んだ。この当時、彼は複数の小冊子に戦争の記録を書いている。そしてヴィッテンベルクの住民に、説教をとおして、個人的な安全を求めて逃げるのではなく、プロテスタントの将来を深く思い、留まるように求めている。とにかく、当時のヴィッテンベルクは、大学も町も、皇帝の手に渡らんとする緊急事態にあったことは否めなかった。

戦争に勝利したカール五世はアウグスブルクに帝国諸侯、都市代表者を集め、ルター派を異端とする暫定協定の受諾を迫った。この時、マグデブルクだけが協定の受諾を拒否したため、皇帝はモーリッツを派遣して同市を包囲させた。[*19] このような経緯があり、ヴィッテンベルク大学の神学者たちに対してマグデブルクの神学者たちが「たとえ、ヴィッテンベルクの学校が何千になろうと、われわれは悪となる彼らを許すよりも、罰することが正しいのだ。なぜなら、彼らのうちの若者[*21]は誤った意見に惑わされ、福音に反する教えにゆがめられているからである。そして彼らが故国に戻ったとき、彼らは他のキリスト教教会をすべて破壊するからである」と評しているのも当然であろう。このヴィッテンベルクへの反駁にブーゲンハーゲンは彼らを「偽り」と「神への冒瀆」に手を染めた偽善者だとクリスチャン三世に告げている。おそらく、彼にとって何よりも大事なヴィッテンベルクが侮辱されたことへの怒りと悔しさを、良き理解者、良き友と信じる王に訴えているものと解せよう。しかも、この時、自分たちを攻撃してきたのは、ヴィッテンベルクのかつての同労者であり、なおさら彼には辛いことだということも王は理解してくれると思ったのであろう。心を許せる者として、彼は王に思いの丈を言葉にして発したのであろう。彼は自分のその時の心境を「……私は、われわれの中の敬虔で博学で賢明な者たちが長い間試されてきた、沈黙や忍耐について知るように努めています」とし、詩編三九編「わたしは言いました。『わたしの道を守ろう、舌で誤りを起こさぬように。神に逆らう者が目の前にいるとき、私の口に、轡をはめておこう』。わたしは沈黙を守り、善い事からもじっとして、私の悲しみは再び始まる」やローマの信徒への手紙一二章九節「主は『復讐は私のすること、私が報復する』と言われる」という言葉をあげて、神を信じつつ、彼のこれからの決意を示している。そして、彼はマグデブルクの者たちが、今自分たちの行っていることの愚かさに気づき、そして神の裁きを恐れてくれたらと綴っている。しかし、同時に彼らに、ルカによる福音書二三章三四節の「父よ、おゆるしください。自分がなにをしているのか知らないのです」という聖書箇所をあげて、彼らが自分たちの過ちに気づいたら、神への赦しを願うことが記されている。また自分は、マタイによる福音書五章一一節「人々に悪口を浴びせられた時、喜びなさい……あなたがたの前の預言者たちも、同じように迫害されたのだから」という言葉に自分を鼓舞している。しかし、一方、彼は世間の評判についての嘆きも訴え、「世間は本当に私のことを聞いてくれはしない」と記した。そして、そのうえで、クリスチャン三世に「私は陛下に申し上げたい」と切り出し、彼の今の調和と一致について述べる。これが彼の見出した今の彼の打開点であった。

＊19　しかし、自身プロテスタントだったモーリッツは皇帝のやり方を許容できなかった。そこで、マグデブルクが降伏したかのようにみせかけて包囲を解き、フランス王アンリ二世とシャンボール条約を結んで逆にアウグスブルクのカール五世を攻撃した。皇帝はインスブルックに逃亡し、弟のフェルディナント一世にモーリッツとの和平交渉を委ねた。一五五二年八月、パッサウでルター派を容認する旨の和平交渉が結ばれた。これは一五五五年のアウグスブルクの和議の原型となった。

＊20　ブーゲンハーゲンたちを指す。

＊21　ヴィッテンベルクで学ぶ学生たちを指す。

この「調和と一致」について、ブーゲンハーゲンがクリスチャン三世に知ってもらいたかったことは、二点挙げることができよう。まず、彼にはルターとともに歩んできたヴィッテンベルクへの愛があった。そしてヴィッテンベルク大学とその大学の福音主義に基づく建学の精神を保持していきたいという強い思いがあった。彼はもちろん、シュマルカルデン戦争では、真の宗教のため正義の戦争としてプロテスタントを擁護した。しかし戦後は、ルターやヴィッテンベルクとは対立的であったモーリッツが新しくザクセン選帝侯になったことに対して、対立ではなく、和解、「調和と一致」で臨んだ。事実、彼は皇帝に味方し、ザクセン選帝侯位と広大な領地を得たモーリッツを受け入れたが、それはモーリッツがヴィッテンベルク大学の再開を保証したからであり、それによって大学においてルターの改革の精神をこれからも自由に伝えられることを優先したからであった。[*22]

第二に、アディオフォラについての非難についての回答である。ブーゲンハーゲンは、一五四九年、インテリム採用のための感謝の礼拝を行った。インテリムでは、古い七つのサクラメントを守り、古い礼拝様式に戻り、聖火を再び点し、司祭服を着用し、聖餐における高挙を再び執行する条項であった。もちろん、カトリック信仰に逆戻りしたような彼の行為を、かつての同労者たちが非難したのは当然であろう。その様子について彼は書簡の中で、こう記している。「……彼らは騒ぎ立てます。『あなたはライプチヒのインテリムに答えなければならない！』と」。そして彼はこれに対して「私は答える必要も、それに反対か賛成かを答える必要もない」ときっぱりと答えている。彼は、かつてのヴィッテンベルク騒動の際に急進的な改革が引き起こした悲惨さを思い起こし、また、宗教の名の下に引き起こされた力による戦争の残酷さの体験をもとに、この争いによる騒動の解決策を模索してきたと考えられる。そしてついに彼が出した答えは、「反対か賛成か」という不一致、不調和よりも、妥協しながらも調和へと進む道だったのである。そして彼は王に、最後に今の自分の心境を一冊の書物『ヨナ書講解』に託す旨を告げる。これは「今や、あなたは沈黙し、教会の苦痛に答えようともしないのだ」という批判を浴びている中で、彼が出した答えだった。彼は、ヴィッテンベルク市は陥落したけれども、大学は再開することができ、そこで、

「……私たちはそこに書かれた教義を、神聖ローマ帝国の内外を問わず、キリスト者の教会に所属しているすべての人々の救いのために、公の場で教えています」と堂々と語っている。そして、トリエント公会議について、「神の冒瀆者としてキリストの前に立っていた」とし、彼らは「聖なる聖書」にないことに従っていて、「傲慢と厚顔と誤りを基に、信仰に反する立場」に立っていると批判し、プロテスタントに強制するローマ・カトリック教会の試みを非難して、ブーゲンハーゲンはあくまでも福音主義を貫くことを表明している。そして彼は「閣下は私の書いた注解書をお読みになれば……おわかりになるでしょう」として、「キリストは地獄のすべての門に抗して、教会を守ろうとしています」と結んでいる。

以上、ブーゲンハーゲンの書簡について検証してきた。この書簡には、ほかならぬクリスチャン三世には自分のことを理解してもらいたいという切なる思いがまずあった。そのうえで、シュマルカルデン戦争からインテリムに至るまでの彼の行動についての批判や中傷を念頭に、自分の行動があくまでも調和と一致を貫き、ヴィッテンベルクを守るためであったことを訴えることも意図していた。繰り返すが、彼にとって大事なことは、ルターとともに宗教改革運動を進めてきたヴィッテンベルクの町を、大学を、教会を守ることであった。一五二二年に熱狂主義者たちが学校の教師や人々に、内在する精神には形式的教育は不必要だと説いて回ったとき、彼は、一教育者として教育の効果を説き、キリスト者がこれから生きていくために教育が必要であると主張して急進派に反対し、学校に残っている学生たちを励まし、大学で講義を続けた。[*23]

＊22　モーリッツはブーゲンハーゲンに、純粋な福音を教え、教皇派の進展を許さず、誤った福音を罰することを保証するとともに、ヴィッテンベルク大学の改善を約束したのだった。

ヴィッテンベルク市は、ルターがヴァルトブルク城から急遽帰還し、彼自身の説教によって平静を取り戻すことができ、彼を中心とする改革者たちによって漸次的に改革が行われていくことになった。ブーゲンハーゲンはヴィッテンベルク市の学校に再び生徒たちを呼び集め、学校の再建に大いに力を発揮し、大学の講義も休むことなく続けた。一五二七年、ヴィッテンベルクでペストが流行し、大学が一時イエナへ移ったときも、彼はヴィッテンベルクに残っている学生たちのために講義をし続けた。その間の経緯については、第1章でも述べたとおりである。その後、彼はヴィッテンベルクでの大学の再開に尽力し、ちょうどその頃カール五世の圧力に対して宗教改革陣営の団結のために開催されたマールブルク会談（一五二九年）や、アウグスブルクの帝国議会（一五三〇年）の際にも、彼はヴィッテンベルクを離れなかった。彼の友人J・ヨーナスが評したように「牧師ポンメルンは留まった、それは学校を守り、教会を牧する者が［ヴィッテンベルクに］誰かいるためであった」。

彼はさまざまな箇所で教会形成のために尽くしたが、それはあくまでもヴィッテンベルク市の主任牧師として、大学の教員としてその務めを果たそうとしたものであったと考える。

総　括

本章では、ブーゲンハーゲンが彼と長く親交があり、お互いに信頼しあっていたとみられるデンマーク王クリスチャン三世に宛てた書簡を通して、彼の当時の心境を考察した。一五五〇年に執筆されたこの書簡は、ルターの死によって大きな喪失感を味わう中、シュマルカルデン戦争によってヴィッテンベルクが皇帝側の手に落ちるという屈辱感と敗北感、さらにルター派内の分裂による心痛、また皇帝のインテリムの強制の中、同労者だった者たちから「妥協した」者と非難された彼の孤独感と孤立感が読みとれるものであった。この書簡はルターの死から四年、そしてシュマルカルデン戦争終結から三年も経て書かれたものである。にもかかわらず、彼が精神的になかなか立ち直ることができずにいることが読みとれるのは、その苦しみ、辛さがはかりしれないものだったからであろう。そして今、「調和と一致」という解決の光をみた彼は、最も信頼を寄せる王に自分の立場、そして自分の思いをなんとか知らせたかったのであろう。なお、この書簡はルター派の分裂時の歴史的証言としてもまぎれもなく重要な史料であると考えられる。

次章では、さらにインテリムの時のブーゲンハーゲンの心境を理解するために、彼の『ヨナ書講解』を研究史料として用いて、考察を進めたい。

＊23　後にメランヒトンもルターも、ブーゲンハーゲンの態度に感謝した。

第3章 ブーゲンハーゲンがヨナ書から学んだこと

ルターの「ヨナ書」から学び、さらに発展させたブーゲンハーゲンの「ヨナ書」理解

はじめに

すでにみてきたように、宗教改革者ヨハネス・ブーゲンハーゲンの人生最大の危機の時代は、ルターが亡くなり、ルター派の指導的立場にあって苦しんだ時期であった。その時に彼を危機から救ったのはまさに聖書であり、なかんずく「ヨナ書」であったと考えられる。

ドイツで起こった宗教改革運動は、統一的指導者であったマルティン・ルターの死後、その方向性を見失ったように思われる。そして、当時、シュマルカルデン同盟の盟主で最も強力なルター派支持者のひとりであったヘッセン方伯フィリップの重婚問題、ザクセン公モーリッツの同盟脱会、さらに、カトリック信奉者である皇帝とプロテスタント側との対立からなるシュマルカルデン戦争勃発と、めまぐるしく移り変わる国際情勢が宗教問題と絡み合うなかで、宗教改革運動は疾風怒濤の中に投げ込まれていった。すなわち、改革運動は、最初の宗教改革者たちが目指していた神の言葉に基づく純粋な宗教の改革運動とは異なり、世俗的な、また暴力的な方向へと進んでいくこ

となった。そのため、メランヒトンやブーゲンハーゲンら福音主義の聖職者は、ただ純粋に信仰の問題、教会の問題に専念することはできず、一段と政治的、国際的な利害関係だけでなく、福音主義の内部対立も加わった非常に困難な状況の中で、もう一度、福音主義を指導していく立場である自分たちの使命を見直さなければ、前へ進めない事態に陥った。

一五四七年、前年からのシュマルカルデン戦争は同盟側の敗北に終わった。このとき、常にルターの教説を信奉し、真の宗教のための正義の戦争として同盟を擁護していたブーゲンハーゲンが選んだ道は、モーリッツの要請に応え、アウグスブルク仮信条協定の採用を受け入れることであった。しかし、この彼の行動によって、彼は裏切者として、ヨハン・フリードリヒ伯選帝侯（Johann Friedrich: 1503–1554）、マティアス・フラキウス・イリリクス（Matthias Flacius Illyricus: 1520–1575）をはじめ、かつてのルター派の友人たちの非難を浴びることになった。こうした一連の出来事で精神的に疲労困憊した彼は、本書第2章で紹介したように、その悲痛な心の内を、忠実な友人であるデンマーク王クリスチャン三世宛ての書簡にしたためた。その書簡に添えられたのが『ヨナ書講解』であった。自分のこれからの指針を求めて、彼はヨナ書に基づいて何が信仰において正しいかを考え、聖書の言葉と格闘した。ブーゲンハーゲンの当時の心情を知るうえでも、また彼が、ルターの教説である「信仰のみ」、「信仰義認」についての断固たる姿勢をもって牧会者として生きようとしたことを知るうえでも、『ヨナ書講解』は重要な書であると考えられる。

本章では、この『ヨナ書講解』を、ブーゲンハーゲンが師と仰ぐマルティン・ルターの『ヨナ書講解』と比較しながら、彼が、ヨナ書からいかにして自分自身を取り戻し、再び自分の使命を見出すことを学びとっていったのかを考察したい。なお、先行研究についてはLohrmann, Martin J., *Bugenhagen's Jonah*, Lutheran Univ. Press, 2012. があり、これはブーゲンハーゲンの『ヨナ書講解』についての研究書であるが、本章では、ルターの『ヨナ書講解』を学んだブーゲンハーゲンがさらに彼独自のヨナ書解釈に至る過程に注目して考察する。

1　『ヨナ書講解』について

シュマルカルデン戦争は一五四七年四月、ミュールベルクの戦いでザクセン選帝侯が捕らわれて選帝侯位がモーリッツ公に渡され、同年五月に皇帝側の勝利で終結した。ヴィッテンベルク大学は同年一〇月から授業を再開し、ブーゲンハーゲンは、直ちにヴィッテンベルクの現状を踏まえつつ、ヴィッテンベルク市の人々や学生たちに自分のこれまでの、そしてこれからのスタンスを理解してもらおうと、教会では説教を、また大学では聖書講義を通して、覚悟をもって語り始めた。

大学での講義の再開に際し、まず彼が選んだのがヨナ書の講義であった。[*1] そして、この講義をまとめたものが、一五五〇年にヴィッテンベルクのクロイツァーから出版された。ブーゲンハーゲンはこの書において、ヨナ書の中のニネベの人々の悔い改めを通して、真のキリスト者の悔い改めについて述べ、また、教皇派に対して、「信仰のみ」、「神の義」を貫く彼の立場を示そうとしている。彼は序文で、自分がヨナ書を選んだ理由について、ヨナ書の中に神の隠された知恵と真理を学べるからであるとしている。[*2] ブーゲンハーゲンは、ルターと同様、聖書の人であり、人の生全体の中で、聖書の指針を、神から教えられる生きた声として理解していた。ヨナ書はテキストとしては短いものであるが、彼は聖書全巻の中心となる流れの中から、ヨナ書を読んだと考えられる。たとえば、イエスがヨナを挙げてヨナのしるしに言及した、新約聖書マタイによる福音書一二章三八～四一節「すると、何人かの律法学者とファリサイ派の人々がイエスに『先生、しるしを見せてください』と言った。イエスはお答えになった。『よこしまで神に背いた時代の者たちはしるしを欲しがるが、預言者ヨナのしるしのほかには、しるしは与えられない。つまり、ヨナが三日三晩、大魚の腹の中にいたように、人の子も三日三晩、大地の中にいることになる。ニネベの人たちは裁きの時、今の時代の者たちと一緒に立ち上がり、彼らを罪に定めるであろう。ニネベの人々はヨナの説教を聞いて悔いあらためたからである。ここに、ヨナにまさるものがある」を挙げたり、ルカによる福音書一一章二九～三〇節でヨナがニネベの人々のしるしになったように、イエスが今の人々のしるしになったことを挙げて、旧約から新約への流れの中でヨナ書の説き明かしを行っている。ブーゲンハーゲンはヨナが一つの説教によって、悪にまみれたニネベの町を悔い改めさせたことに驚きをもちつつ、さらにそのニネベの人々の悔い改めについて注目している。出版された『ヨナ書講解』は総頁数四二四頁。最初の八頁の導入に続いて七七頁のヨナ書の忠実な聖書釈義があり、次に三〇三頁を割いてヨナ書三章についての彼の解釈が語られ、最後に一六世紀早期のローマ・カトリック教会の儀式について記した補遺という構成になっている。ヨナ書を繙《ひもと》きながらも、全体的な中心テーマを成しているのはルターの教説、「信仰義認」である。同時に、一五四八年五月にアウグスブルクの帝国議会で成立したアウグスブルク仮信条――プロテスタントに対して聖職者の妻帯と二種聖餐を暫定的に認めたものの、信仰内容や礼拝はカトリック的であった――に対する彼のとった行動とその思いについて、そしてシュマルカルデン戦争に関わった者の悔い改めへの招き、礼拝様式の伝統とこれまでの教会の歩みについて真摯に吟味している。さらに、彼はローマ・カトリック教会の試みをウルトラモンタニズム（教皇至上主義）とみなして非難した。彼は同時代の状況にしっかり向き合ってヨナ書を説き明かし、これからのことを論じている。

＊1　クリスチャン三世への書簡に、大学は一〇月二四日に再開し、ヨナ書の講義を始めたと記している（Vogt, Otto (Hg.), *Dr. Johannes Bugenhagens Briefwechsel*, Stettin, 1888. Reprint. 1992, p. 412 (no. 206, Nov. 29, 1547)）。

＊2　*Scriptorum Publice Propositorum A Professoribus in Academia VVitebergensi, Ab anno 1540, usque ad annum 1553, TOMUS PRIMUS*, Haered Georgij Rhau, Wittenberg, 1560, c (194).

2　ブーゲンハーゲンがルターの『ヨナ書講解』から学んだこと

『ヨナ書講解』については前述のように、すでに師であるルターが出版したものがあった。にもかかわらず、なぜブーゲンハーゲンはこの書をあえて出そうとしたのであろうか。ルターとブーゲンハーゲンの『ヨナ書講解』を比較しながら、彼がヨナ書から何を学んだのかを考察したい。

ブーゲンハーゲンは、ルターの教説に鼓舞されて一五二一年に故国ポンメルンからヴィッテンベルクへ赴いて以来、ルターの死の一五四六年に至るまでの二五年間、ルターから多くのことを学んだ。そして神学研究、教育活動、牧会にとどまらず、自身の人生に関わるすべてにおいて、はかりしれないほどの影響を受けた。このことは、ブーゲンハーゲンの『ヨナ書講解』を通してみても、よくわかることである。

ブーゲンハーゲンは『ヨナ書講解』を公にするにあたって、トリエント公会議とアウグスブルク仮信条を念頭におき、ルターの聖書解釈、神学、礼拝改革に注意を向けながら、師の教えを固守しつつ、それに自らの考え方を増し加えていったと考えられる。ルターもブーゲンハーゲンも、彼らの意図する宗教改革思想に対する人々の無理解ゆえに非難され、そのために両者とも思い悩んだ。彼らは、この状況についてやり場のない空しさを感じ、その思いを、ヨナの心情に重ねていったのであろうと推察する。

まず、ルターの『ヨナ書講解』が執筆された背景をみてみよう。この書は一五二五年に書かれ、ラテン語とドイツ語の二つの原語で、一五二六年ヴィッテンベルクのミハエル・ロッターによって出版された。[*3] ブーゲンハーゲンは、当然、ルターのこの書を読んだはずである。ルターの『ヨナ書講解』が出された時期は、農民戦争が勃発し、鎮圧されていくさなかであり、同時に熱狂主義との対立の時期にあたる。それまで、ルターに対抗する勢力といえば、ローマ・カトリック教会であり、教皇派であり、その争点は宗教上の事柄であった。しかし、さらに、この頃よりルターは政治的、社会的問題に直面することになった。ヨナ書を通して、この直面する問題の解決への糸口を見出そうとした理由については、彼は「ヨナはこの問題にぴったり合致しており、見事ですぐれた慰めを与える信仰の模範となっていて、全世界に対して神の慈愛の偉大で驚くべきしるしを背負っているからである」と記している。

　農民戦争は、ルターの宗教改革運動が浸透していく過程で、つまり一五二四年五月にルターの宗教改革に刺激されてドイツ西南のシュチューリンゲンで勃発した。この暴動が続いていた翌年の春、上部シュワーベンで「キリスト者同盟」が結成された。まもなく同盟は、全シュワーベン[*4]農民の主要な要求をまとめた「一二箇条の要求」を発表した。この要求は、聖書の言葉を引用して、その要求の正当性の是非を神学者に問うという福音主義の傾向を含んでいた。その最後の条項に、一五名の神学者の名前が列挙され、その筆頭にルターの名前が挙げられていたことからも、いかに農民たちがルターに期待していたかが推察できよう。

　ルターは農民たちからの呼びかけに対して、『農民の一二箇条に対する平和勧告』を書き、農民たちについて、彼らはキリストの教えに従って主張し行動していると言ってはいるが、実際はキリストの教えにまったく従っていないと指摘しつつ、耐えること、十字架がキリスト者の権利であることを説いた。しかし、ルターのこの書が出る前の一五二五年四月に、シュワーベンの農民は蜂起したのだった。まさに、「そこには、一二万以上の右も左もわきまえぬ人間と、無数の家畜がいるのだから」（ヨナ書四章）と神が指摘されているように、右も左もわきまえない

＊3　ルター、マルティン（岸千年訳）『ルターの預言者ヨナ講解』グロリヤ出版、一九八二年、一頁。

＊4　ドイツ南部の歴史地名で現在のバーデンヴュルテンベルク州の南部、バイエルン州の南西部およびスイス東部とアルザスを含んだ地域である。地名は一世紀頃居住したスエビ族に基づくが、この地名が一般化したのは一一世紀以降で、それ以前は西ゲルマンのアラマンニ族にちなんでアラマニエンまたはアレマニエンと呼ばれた。

農民たちは城、教会、町、村などを襲い、略奪、放火をして荒れ狂っていったのである。そして各地に波及していくこの急激な展開は、ルターにとってはおそらく想定外の事態であった。彼は『農民の殺人・強盗団に抗して』と題して著書を発表し、この中で、農民が統治権力に抗して略奪や殺害をなしていることを激しく非難し、同時に、領主側が剣をとってこれを鎮圧すべきことを主張した。結局、農民側は諸侯と司教たちの防衛軍に敗れて、約一〇万人があちこちで虐殺され、生き残った者も長期にわたって賠償金を支払わされることになったのである。この一連の事件によって、ルターへの農民大衆の支持は失われた。そして、残念なことに南ドイツの多くの地で、農民に対する諸侯の勝利は、カトリック教会による対抗改革の勝利に結びつくことにもなったのである。

農民戦争はルターに二重の困難を背負わせることになる出来事であった。すなわち、ルターによる宗教改革運動の呼びかけに応えたドイツ国民の大部分を占めていた農民たちが動乱、反乱、暴動を引き起こしたことが、反ルター派にルターを攻撃する格好の材料を与えることとなったこと、またルターと農民たちの間に離反、対立が生じたこと、である。一方、ルターは深い悔悛の念をいだいていたと推察される。彼は『ヨナ書講解』において、ヨナを通して「しかしヨナは、またはるかに的からはずれていて、人を見捨てることによって過ちをおかした。なぜなら、ニネベに神の恵みがあることは不可能と考え、ひたすら神の怒りを待ち望んだとき、神の恵みは最も強くあったからである。そして、民衆は神のことばを聞かず、またこれを受けとめもしないとヨナが考えたとき、民衆は最大の謙虚をもって、最高に恵みを与えられるので、何びとに対してもさばくべきでなく、また何びとに対しても、望みを失うべきではないということ、そして、ユダヤ人が人間的な考え方をしたように、神の恵みに対して場所とか目的とか、時間とか尺度とか、人物とか功績とかを、ヨナは考えるべきでなかった。第二に、われわれは、このことから神の命令に従うべきこと、他のなにものにも目をくれるべきではないこと、このことが、他の問題とどのように一致するかといったことを、問いただすべきではない、ということを学ぶべきである[*5]」と説明しているが、おそらく、これはルターがヨナの行為の中に自分の姿を見出し、暴徒化した農民たちが神の言葉を聞かず、受け止めもしないとして、彼らを見捨ててしまったことを悔いたのであろう。

また当時のルターに立ちふさがったのは熱狂主義者たちでもあった。ルターは、神の霊は神のことばを媒介にして働くとし、聖霊が神の御言葉である聖書とともに与えられるのであり、聖書と聖霊はともに信仰者にとって欠くことができないものであると考え、改革は強制ではなく、むしろ愛をもっていろいろと配慮しつつ漸次的に進めていくべきだと考えていた。それに対して、熱狂主義者たちは、聖霊を重視し、聖霊の直接的な働きを強調し、「神のことばなどはいらない。神のことばなしで神の霊が直接に人間の霊に働きかける」とし、急激で極端な目に見える改革を推し進めようとした。一五二一年、ルター不在のヴィッテンベルクで運動の主導権を握ったカールシュタットは、城塞教会での主の晩餐式における祭服の着用、犠牲の供え物の奉献、聖体拝受をすべて拒否し、平信徒には聖杯を与えるという形式で行った。また聖職者たちはみな結婚すべきであるとしたり、公同礼拝における絵画、オルガン、グレゴリオ聖歌の使用に反対し、修道会を解散させ、ドイツ語によって礼拝を行い、教会堂内の絵画を撤去し、物乞い行為を禁止した。このような急激な変革の下で、ヨナ書の文言を借りれば「一二万以上の右も左もわきまえぬ人間」たる民衆が、大規模な聖像破壊を行ったのかもしれない。これはヴィッテンベルクの騒動と呼ばれる。

この事態にルターはヴィッテンベルクに戻り、聖書主義に立って現実の問題の収拾に努めることになった。ルターは「わたしは良心や魂を罪から解放しようとする。これに対して、カールシュタットは律法をもってはじめ罪を科そうとする」と主張し、まず神の言葉に聞くことから始めた。一五二二年三月六日にヴィッテンベルクに戻ってきた彼は、八日間にわたって罪の自覚、キリストによる赦し、隣人への愛を訴える説教を行った。変革の産物は一

＊5　ルター、前掲注3、五〇―五一頁。

時的に元に戻し、古い礼拝様式に回復された。これから徐々に宗教の改革が行われていくことになった。これ以降、彼はさらに神の言葉を強調し、教皇派だけでなく、立ちはだかる熱狂主義者たちにも立ち向かっていった。たとえば、『ヨナ書講解』の三章の説き明かしの中で、「神のことばと命令なしには、なにもすることができないことを、われわれに認めるように記されている。なぜなら、神の第一戒が、ヨナの不従順によって無効にせられたからである。それゆえ、神がその戒めを繰り返し給わなかったなら、ヨナは、その戒を行うべきかどうかを知らなかったであろう。……第二のこの指令には、神の命じたもうことを宣べ伝えよということが加わっていたのである。従って、職務と職務において語られるべきことばの二つは、神の指令のなかで捕らえられなければならない。このように正しくされるなら、実を結ぶのである[*6]」と述べて、神の言葉の重要性を主張している。

他方、ブーゲンハーゲンが『ヨナ書講解』を出した背景は、すでに述べたように、シュマルカルデン戦争後に結ばれたアウグスブルク仮信条協定におけるアディオフォラ問題が発端にある。この協定は皇帝カール五世が一五四七年九月一日にアウグスブルク帝国議会を開き、公会議で結論が出るまでという条件でカトリック側とプロテスタント側の宗教的対立の解決を図ったものであった。この時、決められたのが「仮信条協定」であり、一五四八年帝国法として制定された。しかし、カトリック諸侯は強く抵抗し、一致して適用を拒否した。プロテスタント側の態度は地域によって異なり、南ドイツのプロテスタント諸都市には武力でこの協定が押しつけられた。一方、北ドイツでは、仮信条協定には非協力的であった。ザクセン選帝侯となったモーリッツがメランヒトンらの意見を聞いて、打開策として企図したのが「アディオフォラ」（善でも悪でもなく、命じられても禁じられてもいない中立の無規定事項）の概念であり、この概念を駆使して譲れるものは譲り、仮信条協定への妥協を図った。ところがこの仮信条に対して、ルターの固有の改革精神を保持しようとする保守派の人々、すなわち、フラキウス・イリリクスおよびルターの旧友であるニコラウス・フォン・アムスドルフ（Nicolaus von Amsdorf: 1483–1565）のもとに純正ルター派が結成され、マグデブルクを中心に活動することになり、メランヒトンらと論陣を張ることになった。ブーゲンハーゲンは、メランヒトンとともに、アウグスブルク仮信条協定を受け入れたが、なぜ、彼がこれを受け入れたのか、考えてみよう。

シュマルカルデン戦争中、まさにヴィッテンベルクが皇帝側の手に落ちる瀬戸際にあって、ヴィッテンベルク大学が閉鎖された時、ブーゲンハーゲンも命が保証されない危険な状況にあった。しかし、彼は故郷ポンメルンに逃げることはせず、ヴィッテンベルクに留まり、住民を慰め、励まし続けた。彼は住民に説教をとおして個人的な安全を求めて他へ逃げるのではなく、福音主義の教会の将来を思い、ヴィッテンベルクに留まるように強く求めた。その後、すでに上記で述べたように、戦争に勝利した皇帝カール五世はアウグスブルクに帝国諸侯、都市代表者を集め、ルター派を異端とする暫定協定の受諾を迫った。この時、マグデブルクだけが協定の受諾を拒否したため、皇帝はモーリッツを派遣して同市を包囲させた。[*7] 皇帝に対してメランヒトンやブーゲンハーゲン等神学者たちのとった態度に、かつての同僚であったマグデブルクの神学者たちは「たとえ、ヴィッテンベルクの学校が何千になろうと、われわれは悪となる彼ら[*8]を許すよりも、罰することが正しいのだ。なぜなら、彼らのうちの若者[*9]は誤った意

*6　ルター、前掲注3、一一三―一一四頁。
*7　しかし、自身プロテスタントだったモーリッツは皇帝のやり方を許容できなかった。そこで、マグデブルクが降伏したかのようにみせかけて包囲を解き、フランス王アンリ二世とシャンボール条約を結んで逆にアウグスブルクのカール五世を攻撃した。皇帝はインスブルックに逃亡し、弟のフェルディナント一世にモーリッツとの和平交渉を委ねた。一五五二年八月、パッサウでルター派を容認する旨の和平交渉が結ばれた。これは一五五五年のアウグスブルクの和議の原型となった。
*8　ブーゲンハーゲンたちを指す。
*9　ヴィッテンベルクで学ぶ学生たちを指す。

見に惑わされ、福音に反する教えにゆがめられているからである。そして彼らが故国に戻ったとき、彼らは他のキリスト教教会をすべて破壊するからである」と激しく非難した。[*10] マグデブルクの神学者たちがブーゲンハーゲンを口汚く罵ったのは、シュマルカルデン戦争処理に際して、彼がアウグスブルク仮信条協定採用の礼拝を、ローマ・カトリック教会が採用していた礼拝様式に則って、挙行したためであった。かつてヴィッテンベルクで同労者であり、一五三七年にともにシュマルカルデン条項に署名したニコラス・アムスドルフを含むマグデブルクの神学者たちに非難されるということは、彼にとって屈辱的で、いたたまれないことであったに違いない。彼は、自分の心境を、信頼するデンマーク王クリスチャン三世にこう書き送っている。「……私は、われわれの中の敬虔で博学で賢明な者たちが長い間試されてきた、沈黙や忍耐について知るように努めています」。そして、「復讐はわたしのすること、わたしが報復する」というローマの信徒への手紙一二章一九節を引いて、神の言葉の下、神を信じて、新しくザクセン選帝侯になったモーリッツに、対立ではなく和解――調和と一致――で臨もうとしたのだ訴えている。[*11] 皇帝に味方し、ザクセン選帝侯位と広大な領地を得たモーリッツはヴィッテンベルク大学の再開を保証したが、ブーゲンハーゲンは一五四八年に「われわれはイエス・キリストの純粋な福音を再び教えることができ、教皇派や熱狂主義の誤ちなどを非難することができる自由を与えられ、教授として再び招聘され、福音主義に基づいた講義ができることを」感謝し、モーリッツ自身が「私は大学を縮小したいのではなく発展させたいのだ」と告げたことを記している。[*12]

以上、両者の『ヨナ書講解』の背景からいえることは、ルターもブーゲンハーゲンも立ち向かわなければならない問題に苦慮していたということである。そして、自分のとった行動について、ともすると逃げ出したくなる心情を克服するためにも、ルターが選んだテキストはヨナ書であった。ブーゲンハーゲンがヨナ書を選んだのは、神から逃げ出そうとしたヨナから自分の道を見つけ出そうとしていた師ルターの苦闘を思い起こしたからではないだろうか。

『ヨナ書講解』における両者の共通点と相違点について考察してみたい。両者には、聖書解釈については、基本的に大きな相違はなかったといえる。神学においては全面的にルターを支持し、擁護してきたブーゲンハーゲンであるので、その解釈がルター的であるのは否めない。しかし、聖書解釈の方法は異なっていた。ルターの手法が一節一節を読み説いていくものであるのに対し、ブーゲンハーゲンは、一章ごとに、彼の掲げたテーマに沿って読み解いていく方法をとっているのである。ブーゲンハーゲンは「悔い改め」のテーマを重視していて、三章ではニネベの人々の悔い改めについて丁寧に分析しつつ、自身の直面している現在の問題に膨らませて綿密に語り、四章へとそのテーマを繋げている。

ルターとブーゲンハーゲンがそれぞれこのヨナ書の講解を書いた状況は、上述したように、ある意味、類似している。すでに述べたように、ルターはヨナ書の講解を農民戦争後に書いている。ルターは、ヨナが信仰のない人々に向けて、信仰によって罪赦されるということを神の言葉を通して説教しているヨナ書こそ、農民戦争後に希望を失った人々のための適切なテキストとなりうると考えたと思われる。また、ルターは自分の言葉と行為が誰からも理解されないその心情を、ヨナに投影していたのかもしれない。他方、ブーゲンハーゲンがヨナ書の講解を書いた

＊10 Lohrmann, Martin J., *Bugenhagen's Jonah*, Lutheran Univ. Press, Minneapolis, 2012, p. 236.

＊11 Vogt, op. cit.

＊12 Bugenhagen, Johannes, *Wie es vns zu Wittemberg in der Stadt gegangen ist / in diesem vergangen Krieg / bis wir / durch Gottes gnaden / erlöset sind / Vnd vnser hohe Schule / durch den Durchleuchtigsten / Hochgebornen Fuersten vnd Herrn / Herrn Moritzen / Hertzogen zu Sachssen / des heiligen Roemischen Reichs Ertzmarschahl vnd Churfuersten / Landgrauen in Doeringen / vnd Marggrauen zu Meissen / vnsern gnedigsten Herrn / widerumb auffgericht ist. Wahrhafftige Historia / beschrieben durch Johan Bugenhagen Pomern / Doctor vnd Pfarherr zu Wittemberg*, 1547, Herzog August Bibliothek Yv1754Helmst, 8°, p. 48.

のは、ルターの講解が発行されてから二〇年経ってからのことである。シュマルカルデン戦争後に出されたブーゲンハーゲンの『ヨナ書講解』は、ルター派内の分裂の混乱の中にあって、信仰への迷いや、これから起こる戦争に対する不安の中にあるヴィッテンベルクを中心とするザクセンの人々に、ニネベの人々の悔い改めと回心を伝え、さらに彼自身、ヴィッテンベルクの人々とともに歩いていく決意を託したものであったと考える。

両者の講解がヨナ書をどう概観しているかについてみてみよう。まず、ルターは、第一に、ヨナの召命を異邦人の地への説教者として派遣されたとみなしている。第二に、悪徳に満ちたニネベの町が神の言葉によって変わっていく様子を示している。第三に、ヨナを正義の人であるが罪人でもある人間の代表的人物とみなし、神の聖なる預言者である者の中で罪ある者であることがはっきりわかる人物として扱っている。第四に、ヨナが罪から自由になり救われることについて、信仰による罪の赦しと神の義から説き明かしている。すなわち、ニネベの人々が救われるために努力したのでも、預言者であるヨナが懸命に働いたからでもなく、ただ信仰のみによって救われたことを強調している。

以上の点についてはブーゲンハーゲンもルターとほぼ同様に解説している。しかし、ブーゲンハーゲンがルターと異なるのは、彼がヨナのテーマについて、ヨナを予定説や運命論的なもののしるしとしてではなく、圧倒的にキリストの受難と復活のしるしとしてみている点である。さらにルターがヨナ書四章にあまり注意を払っておらず、ヨナを神に不従順な聖徒・聖人として、つまり、まさに罪人の代表例ととらえ、称賛に値する人物とは全く考えていないのに対し、ブーゲンハーゲンはヨナという人物を全体的にみながら、キリストの受難と復活のイメージを重ねている。すなわち、ブーゲンハーゲンが重視しているマタイによる福音書一二章四〇節の「ヨナが三日三晩、大魚の腹の中にいたように、人の子も三日三晩、大地の中にいることになる」という箇所について、ルターは、「マタイ伝一二章において、キリストご自身は、ご自身とヨナとの比較を示しておいでになる。解説ではなくて、実例である。なぜなら、キリストはヨナだけをとりあげ、ヨナが鯨の腹のなかにいたときと同じように、ご自身も地中に死んで横たわりたまうたことを語り、それをヨナのしるしと呼んでおいでになるからだ。すなわち、それはヨナの体験に似たしるしである。なぜなら、霊的解説において当然の仕方であるように、キリストは三日という期間に霊的な意味をつけたまわなかったからだ。従ってこれは、比喩というより、むしろ比較である。そしてキリストご自身が、これを解説したまわないなら、だれも解説する権利をもっていないのである」[*13]としているように、ヨナが三日三晩、鯨の中にいたことと、キリストが十字架にかかり復活されたことを、ただ単に三日間の試練の体験のしるしとして、両者を比較しているようにみられる。また、ルターは、ヨナがとうごまの木を嘆き悲しんでいる姿も、神が人間の破滅を悲しんでいるものとして解している。それは、「『お前は、自分で労することも育てることもなく、一夜にして生じ、一夜にして滅びたこのとうごまの木さえ惜しんでいる。それならば、どうしてわたしが、この大いなる都ニネベを惜しまずにいられようだろうか。そこには、一二万以上の右も左もわきまえぬ人間と、無数の家畜がいるのだから』と神は言っているので」[*14]という箇所から、ヨナがとうごまに対して怒っているのは、判決を下されるニネベの人々に対する神の憐れみを示しているのだとしている。さらに、ルターはヨナに対して、罪びとであるヨナに神は憐れみを示していると考えている。

　これに対しブーゲンハーゲンは、三章で魚の腹の中での経験について、ヨナのあきらめを記しているのではなく、それはヨナの罪の悔い改めと、ヨナの神への信仰告白と、そして神への感謝の祈りを記しているとする。死の淵にあるヨナが神の慈悲を思い、与えられた命に感謝し、その後、奇跡的に自由を得た経験に彼は注目をしている。彼はニネベの人々が奇跡的に救われたことをもって、期待も価値も少ないときにも、神は恵みを与えられると

＊13　ルター、前掲注3、一五〇―一五一頁。
＊14　Bugenhagen, Johannes, *IONAS PRO / PHETA EXPOSITVS / IN TERTIO CAPITE*, Creutzer, Wittenberg, 1550, Biiii-v.

いうことを説き明かしている。三章八節の「その手から不法を捨てよ」のブーゲンハーゲンの解釈は力強いものであり、まさに当時の人々の生活に向けて、述べられているものである。彼は律法と福音を通して神の言葉は人々の不信と罪に立ち向かうことができると考えていたのであろう。そして、ブーゲンハーゲンはヨナ書を通して、神が人々に自由を約束し与えることを、そしてその自由は信仰を通して可能になるものであることを説いた。ブーゲンハーゲンにとって、罪の赦しと救いは、抽象的な、あるいは精神的なカテゴリーではない。それらは神と隣人に対して新しい自由と新しい命を与えられるとした。彼は、ヨナ書の中でニネベの王が発した「人も家畜も、牛、羊に至るまで、何一つ食物を口にしてはならない。食べることも、水を飲むことも禁ずる。人も家畜も粗布をまとい、ひたすら神に祈願せよ。おのおの悪の道を離れ、その手から不法を捨てよ。そうすれば、神が思い直されて激しい怒りを静め、われわれは滅びを免れるかもしれない」という言葉に注目した。ブーゲンハーゲンは、ヨナの「あと四〇日たてば、ニネベの都は滅びる」という説教をニネベへの破壊メッセージとして解釈せず、ヨナの信仰と慈悲の訴えと解した。そして、ニネベの人々はこのヨナのメッセージがあったからこそ、自由を得て救われたと理解した。

ニネベの救いについてブーゲンハーゲンは、ルターの信仰義認の点から解釈しようとした。そして、ニネベの王が回心したことに注目し、ヨナ書の三章九節「そうすれば、神が思い直されて激しい怒りを静め、我々は滅びをまぬかれるかもしれない」の聖句から論ずる。「信仰義認の義はわれわれの外」、すなわちニネベの人々の外にあり、「われわれのものでない義」、すなわちニネベの人々のものでない義は、「自ら積極的に獲得したもの」、すなわちニネベの人々自ら積極的に獲得したものでなく、「受動的にわれわれに与えられる」もの、すなわちニネベの人々に受動的に与えられたものであり、「罪人であるニネベの人々を神が受け入れることが出来ない」にもかかわらず、「神が既にニネベの人々を受け入れてくれたこと」を受け入れること、これが、信仰義認であり、この神のみ業こそ、神の賜物であり、だからこそ、キリストのみが、ニネベの人々を立ち返らせることができるのであると解釈したのである。

ここで、さらに詳しくみていくと、ルターもブーゲンハーゲンも、自身が伝道者としての務めを議論するために一章二節に注目している。「さあ、大いなる都ニネベに行ってこれに呼びかけよ。彼らの悪は私の前に届いている」という箇所である。両者とも神のヨナへの派遣命令を自分自身への神からの命令と置き換えて考えている。ルターは農民戦争における、またブーゲンハーゲンはシュマルカルデン戦争における政治的無秩序、社会の混乱の時代に身をおきながら、聖書の中に打開策を求め、神の言葉の力を強く信じ、右往左往している人々に「さあ、大いなる都ニネベに行ってこれに呼びかけよ」というその神の言葉を伝えていく伝道者像を自分自身の中に思い描き、自身を奮い立たせていたのであろう。ルターは「ここで神がユダヤ人だけでなく、異邦人をも招きたもうことを見る」[*15]として、ヨナを通して神から召された者の使命を示している。他方、ブーゲンハーゲンは「さあ、大いなる都ニネベに……」の解釈をルターよりもさらに明確にし、召命者とは、教会において公にキリストに仕える者として任命された者であると断言し、ローマの信徒への手紙一章を用いながら、主イエス・キリストにより、その御名を広めてすべての異邦人を信仰による従順へ導くために恵みを受けた者であり、聖霊を受け神に祈り求める者だと明解に示している。これは、ブーゲンハーゲンがこれまで数多くの教会規則作成に関わってきた経験による自信がこのように語らせていることと解せよう。

ここに重要な点を見出すことができる。それは、今までルターの教説をそのまま受けとり、理解していたブーゲンハーゲンが、ヨナ書講解では、ルターの教説を学び、それをさらに拡張して考えるようになっていることである。上記のルターが考えてきた伝道者についての考え方にもいえることであるが、ヨナ書四章において、ヨナの偏

＊15　ルター、前掲注3、二七頁。

狭な考え方をルターは教皇派の排外的で、優越的な面を照らし合わせて批判しているが、ブーゲンハーゲンは、ヨナの説教によって異邦人であるニネベの人々が悔い改めることができたことを大いに評価し、信仰義認の考え方に基づいて、すべての人に与えられている神の恵みを想定している。これは、マグデブルクの神学者たちを意識して、彼はあくまでも福音主義を固守することを公に意思表明しているともみられよう。

ルターもブーゲンハーゲンも、教皇制を霊的なキリスト者の運動と同一視しており、特に古代のモンタノス主義としてみなしていた。モンタノス主義は二世紀中頃、小アジアのフルギアでモンタノス（Montanos：-170?）により始められた運動で、彼は聖霊が急速にそそがれることを待望し、すでにその最初の顕現を見たとした。モンタノス自身も女預言者プリスカとマクシミラとともに熱狂的言辞をもって、天のエルサレムがフルギアのペプザ付近に下り、世界の終末が近づいたとした。この運動はアフリカに渡り、急速に禁欲主義的傾向を帯び、再婚や迫害時の逃亡を厳禁し、厳しい断食を勧めたりした。ブーゲンハーゲンがモンタノス主義と名指しする対象の一つは、ヨーロッパで最も名高いカトリック大学であるルーヴァン大学の神学部であった。ルーヴァン大学は、伝統的礼拝の慣習を神学的に論議し、ローマ・カトリック教会と、ヒエラルヒーの教皇制を神学的に支える大学であった。仮信条協定において、ブーゲンハーゲン等、ヴィッテンベルク大学教授陣は、まず、人々をむやみに煽動することを拒否し、そして、暴政を正当化する権威を擁護しなかった。代わりに、彼らは皇帝カール五世には統治者としての真の義務と責任を思い起こすように念じ、ルターの教説と聖書主義を固守した。ヨナ書四章の講解において、ブーゲンハーゲンは、モンタノス主義をヨナの行動と見立て、また、神はすべての人に恵みを注ぐ方であるとし、ルターの解釈どおり、古くからの慣習にとらわれているローマ・カトリック教会とそれを支えるルーヴァン大学の偏狭的で選民主義的な考え方を批判した。

前後するが、ブーゲンハーゲンは、『ヨナ書講解』の中の「冒瀆者モンタノス主義者」と題したヨナ書三章についての論文で、ルターの宗教改革的転回について記している。彼は常にルターの傍らにあって、この体験を聞いていたことであろう。ルターは死の前年の一五四五年、ラテン語による彼の全集の出版にあたって、第一巻の序文で、どのようにして宗教改革が進展していったかを述べるとともに、自分自身の核心的な宗教体験を回想している。ブーゲンハーゲンはルターから、自分は「神は、罪人を、キリストを信じる信仰を通して義とする」という確信をもつようになったことを何度も聞き、また、ルターと議論もしていたことが推察できる。彼は、信仰義認こそ、モンタノス主義に対抗できる福音主義の教説であると理解していたのであろう。このようにブーゲンハーゲンは、ローマ・カトリック教会を、古代の異端であるモンタノス主義とみなし、『ヨナ書講解』の中にある論文「冒瀆者モンタノス主義者」で批判しているのである。その中で、「父、ルターがしばしば私に語っていた」として、ルターが語っていた信仰義認を受け継ぎ、復唱する如く、ローマの信徒への手紙四章五節の「不信心な者を義とされる方を信じる人は、働きがなくても、その信仰が義と認められます」といった文言や、ローマの信徒への手紙一章一七節の「福音には、神の義が啓示されていますが、それは始めから終わりまで信仰を通して実現されるのです」という文言を用いて説明している。

カトリックの神学者たちは、人間は神の恩恵なしには善を行うことはできないし、また救いは恩恵と人間である私人の努力の合作でもないとした。しかし、恩恵をどのように用いるかという点については、人間の側からの働きかけの余地を残していた。つまり、神の愛に対して人間の側からの働きかけを認めていたのである。そこで人間の努力と神の恩恵を結びつけるものとして秘跡が重視され、多くの秘跡が考え出された。その結果、秘跡を取り扱う聖職者や教会が権威あるものとして強調されるに至ったのである。他方、ルターと彼に追随するブーゲンハーゲンの主張は、ローマの信徒への手紙に書かれている「正しい者は信仰によって生きる」を引いて神の義を説明した。そして、ブーゲンハーゲンは『卓上語録』の中の一五四二年のルターとの会話に触れて、ルターの回心のきっかけについて、「……私はこの塔の中のこの部屋で『義人は信仰によって生きる』と『神の義』という言葉について思い巡らせしていた時、やがて、われわれが信仰による義人として生き、神の義が信じる者に救いとなるなら、その義はわれわれの功績ではなく、神の憐れみである、と考えた。私の心は慰められた。というのは、われわれが義とされ、キリストによって救われるものが神の義であるからであった。その時、義しいとか神の義という言葉は、私には喜ばしいものに変わった。聖霊が、このことをこの塔の中で私に聖書によって啓示したのである」という文章を引いている。ブーゲンハーゲン自身の回心については、神の愛について読んでいる時に気づいたとしている。それは、神の愛であり、「私たちは神に愛されている」という愛についてであるとする。その時まで彼は、私たち人間が神を愛するという神への愛を中心に考えていた。しかし、神が私たち人間を愛してくださっているという「神の愛」に気づいた時、彼は回心したのだと述べている。ブーゲンハーゲンにとっては信仰義認は前提として神の愛が不可欠であると考えていたのだと推察される。それに対して、ルターはブーゲンハーゲンに、「神が我々を愛する」ということははっきりしているが、ヘブライ語聖書ではその愛の解釈は難しいと返答していることが記されている。[*16] ルターの教説に賛同したブーゲンハーゲンの真の信仰とは、モンタノス主義のローマ・カトリック教会が長年、保ってきた良き行いとか、秘跡の執行などのような外面的な事柄には関係ないということであり、彼ははっきりとカトリック教会に妥協するものではないことを表明していると考えられる。

ルターは、ヨナ書四章において、「ヨナは神の恵みが異教徒に与えられることを喜ばなかったことは、不思議ではない。ご自分で考えてごらん、ユダヤ人にとっては、わたしが前に述べたようにイスラエルだけが神の民であって、異教徒はみな神の怒りのもとにあると、いつも信じていたのである」[*17]と述べた後、「またいつにせよ、教皇の法令やローマ教会の習慣や掟をもたなかったり、守らなかったりするキリスト者を見かけたり、また、そのようなキリスト者がありうることを教える者は、どのような報いを期待しなければならないだろうか。いつでも、異端者とされて火刑に処せられるのだ」[*18]と教皇派の現状の卑劣さを述べ、ニネベに行くことを望まず、また、ニネベが滅亡しなかったことに不満をもち、モーセの律法もユダヤ人の習慣もないのに、ニネベの人々が神の恵みをかちとり神の民となるのかを見せつけられるより、むしろ死んだがましだと思ったヨナの考え方と、律法を重視するユダヤ人と教皇派の考え方とを同一視して考えた。そしてまた、ユダヤ人はほかの者よりすぐれているはずであるにもかかわらず、律法も預言者ももたないニネベの人々が恵みを得ているという不満や、ユダヤ人は律法を守り、実行しているのに救われないと不平を言うヨナの姿を描き、モンタノス主義の人たちを読み手に想起させている。[*19]結論として、ルターは、神はユダヤ人だけでなく、人間全体を助ける方であるということを述べ、「われわれ異邦人はなにも労することなく、ユダヤ人に与えられたような神の恵みの約束もないのに、終わりの時に神の恵みに入れられているということを学ぶのである」とする。そして、ヨナ書四章の最後の「すると、主はこう言われた。『お前は、自分で労することも育てることなく、一夜にして生じ、一夜にして滅びたこのとうごまの木さえ惜しんでいる。それならば、どうしてわたしが、この大いなる都ニネベを惜しまずにいられるだろうか。そこには、一二万以上の右も左もわきまえぬ人間と、無数の家畜がいるのだから』[*20]」の箇所をもって、一二万以上の右や左もわきまえぬ人間に注目し、彼らは、ユダヤ人のように、神の前で霊的または肉体的なことについて、外的、内的なことについて、どのように行動すべきかを教えるモーセの律法も預言者ももっていない者であることを告げている（ルターは、右は、内的な霊的な面、左は、外的な肉体的な面を意味していると考えている）。すなわち、ルターは人は体と魂をもって神に仕えなければならないと諭しているのである。

ところで、ルターは、圧倒的にヨナとヨナの説教に力点をおいているようであるが、ブーゲンハーゲンはヨナよ

＊16　『ワイマール版ルター全集』第五六巻、一七頁、二七―一七二行。
＊17　ルター、前掲注3、一三三頁。
＊18　ルター、前掲注3、一三三―一三四頁。
＊19　ルター、前掲注3、一二九―一四〇頁。
＊20　ヨナ書四章一〇～一一節。

りもニネベの町とニネベの人々に注目している。ニネベは神の町であったとして、ニネベの回心は究極的な神の力が働いているものであり、ヨナは神の激怒について説教しただけであったが、ヨナの非難の言葉を聞いてニネベの人々は、自分たちは死のほかにふさわしい刑はないほどの罪人であると認めた。しかし、神の恵みによって彼らは神へ立ち帰るように導かれたと解している。彼は、ヨナ書三章で、このようにニネベの人々の信仰と悔い改めの業の関係を吟味している。

詳しくみてみると、まず、聖書の中のニネベという都の創設を挙げている。すなわち、創世記一〇章によれば、ニネベは主の御前で勇敢な狩人であったニムロドによって建てられた都であったが、歳月を経て、悪弊が満ち、不道徳で、堕落したものとなっていったとする。しかし、ヨナによって、ニネベの人々は立ち帰ったことを述べつつ、他方、そのことに不満で怒った預言者ヨナに対して真の立ち帰りを力強く説明するのに用いているとしている。ヨナ書のテキストの最後は唐突で、あいまいな結論で終わっているけれども、ブーゲンハーゲンは、ヨナを謙虚で、悔い改めと、信仰心をもった預言者であったと結んでいる。このように、ブーゲンハーゲンが理解するヨナは、最後に十字架の神学を示唆していると考えられる。すなわち、だれも完全な者はいないし、罪なく一点の汚れのない者はいないということを示している。ニネベの人々と比較すると、ヨナは確かに魚の腹にいるときに、神に罪を悔い、信仰告白し、神に感謝をしていた。しかし、ヨナは死にそうな時に、奇跡的に神の慈悲によって命を救われ、自由になっている。

前にも述べたが、ルターは農民戦争中、『農民の殺人・強盗団に抗して』の中で、農民が統治権力に抗して、略奪や殺害をなしていることを激しく非難し、同時に、領主側が剣をとってこれを鎮圧すべきことを主張した。このルターの好戦的な態度が、結局、農民の約一〇万人が虐殺され、生き残った者も長期にわたって賠償金を支払わされることになるという悲劇を生んだ。他方、ブーゲンハーゲンは争いを求めず、和解と和平でこの危機を乗り越えようとした。争わず、悔い改めによって平安が与えられるニネベの人々の姿は、彼の理想の姿であったのかもしれない。彼は堕落してしまった預言者であれ、聖人であれ、神の恵みによってのみ回復することができることを示唆したのであろう。もちろん、アウグスブルク仮信条を喜んで受け入れたわけではない。彼は自分がとった行為によって精神的に苦しんだ。しかし、ブーゲンハーゲンはヨナ書を講解することで、人生の終わり近くにあって彼個人の信仰義認をしっかりと確かめられたのではないだろうか。

さらにブーゲンハーゲンが、ヨナ書で確信したことがある。それはヨナを通して自分自身の務め、使命を改めて確認したことである。かつて、ルターが祭司について七つの務めを挙げていた。すなわち、「祭司の務めは教えること（説教と、神の言葉を宣べ伝えること）、洗礼を授けること、聖餐式を執行すること、罪に定めたり、罪の赦しを宣言したりすること、ほかの人たちのために祈ること、献げものをすること、すなわち、自分自身を献げること、あらゆる教えと霊とについて判断すること、しかし、第一の、すべての務めの中で最も重要な務めは神の言葉を教えること（御言葉への奉仕）である」[*21]としたうえで、万人祭司と教職について「私たちはすべて祭司であるとしても、誰もが説教したり、教えたりすることはできないし、そうすべきでもない。私たちは、説教し、教え、治める職務を委託する幾人かの者を群れの中から選別しなければならない。そのような職務を遂行するものはその職務からして祭司ではなくほかのすべての者への奉仕者である。それゆえ、もし彼が説教したり、奉仕したりすることを続けることができなかったり、それを欲しない場合は、再び教会の群れの中に帰り、その職務をほかの者に委託し、かれは普通のキリスト者以外の何ものでもなくなる。そのように、説教職あるいは奉仕職は、すべて洗礼を受けたキリスト者が一様に祭司の身分であることから区別される。その区別の理由は、その職務が公の奉仕にほかな

＊21　ルター、マルティン（倉松功訳）「教会の教職の任命について（一五二三年）」ルター著作集編集委員会編『ルター著作集』第一集第五巻、聖文舎、一九六七年、三四七頁。

らず、またすべての者が等しく祭司である各個教会や全体教会によってその職務が――宣教の委託に対応して――委託されているからである」[*22]とする。ブーゲンハーゲンは自分がアウグスブルク仮信条に対して示した態度を直視し、悔い改め、そのうえで、自分はこれからも御言葉に聞き、御言葉をとりつぐ者として、伝える者としての方向性を見出したのであろうと推察する。さらに人々を励ますものとして。

最後に、ブーゲンハーゲンの『ヨナ書講解』における「善き業」については、ルターの神の義とその成就の教説に基づいている。彼はルターやメランヒトンのように、キリストが治める真の教会は現在目に見える形では、隠れて、迫害されているままだと考えた。しかし、この信仰は静止するものでも絶望を導くというものではないとも考えた。ルターもブーゲンハーゲンも、ヨナ書四章の落胆した預言者ヨナに似た苦悩を経験したことは事実である。しかし、ブーゲンハーゲンは、さらにもう一時、ヨナという預言者を、そして、自分自身を再び見つめ直し、悔い改め、信仰の共同体から赦しを受けることを真摯に求めたと考えられる。つまり、彼はヨナ書の解釈に真剣に挑み、ルターの注釈を理解しつつ、さらに罪と憎しみに対する唯一の確かな魂の救いとしての悔い改めと罪の赦しを信じ、牧会者として生きようとしたのであると考えられよう。

総　括

本章では、ブーゲンハーゲンがヨナ書から学んだことについて考察してきた。ヨナ書の講解の考察から判明してきたことは、意外にも、ルターの死後、さらにシュマルカルデン戦争後の数々の試練を経て、彼はルターから独り立ちできたということである。すなわち、彼独自の聖書解釈が生まれ、そしてこれからとるべき彼自身の道を見出すことができたということである。ルター生存中の彼は、ルターの人格に心酔し、その教説を全面的に受け入れ、改革の協力者として働き、ルターに頼られていた反面、ルターに頼り切ってもいた。確かに彼はルターとともに、聖書主義の下、信仰義認を掲げてきた。しかし、彼がその福音主義の下で一人歩きできるようになったのは、ルターを失ってからのことであった。試練の中にあって、師と仰いだ人から学んだことを自分の生き方に生かすために彼にできることは、聖書に答えを求めることだけであった。そのときに彼を導いたのがヨナ書であったと推察できる。ルターが初めて宗教改革の方向を見失いそうになった農民戦争直後に講解したのがヨナ書であった。ルターがヨナ書を選んだのは、序文の中で彼自身述べているように、それが直面していた状況打開の示唆となるからであり、神の恵みのいかに大きいか、信仰の与える慰めのいかに強力であるかを学ぶことができるからであった。ブーゲンハーゲンもこの点は師と同様、困難な状態を打破し、これから進むべき道を、ヨナ書によって見出そうとしたと思われる。ヨナ書はわずか四章の短いものであるが、しかし、そこには神の救いが力強く語られている。彼は、自分自身の救いと、人々を神の言葉によって救い出す牧会者としての使命があることを、ヨナ書によって改めて見出すことができたのである。特に、彼はヨナ書三章に注目したが、これはルターとは異なっていた。それまでの彼は聖書理解にも、神学的解釈にも、ルターの教説になぞるように向き合っていたと考えられる。しかし彼は、ここで初めてルターの解釈を超えて進むことができた。それは、ヨナではなく、ニネベの信仰と悔い改めの業に注目したことであった。当時の彼は、ルター派分裂の中、裏切り者として誹謗中傷を受け、それに反論しようにも聞く耳をもたない者たちを相手に、精神的に弱り果てていたとみられる。彼は自分がとった行動を理解してくれる者がいないこと、そしてその行為が非難囂々であることに心を痛めていた。もしかしたら、彼は自分がとった行動には非難されるいわれはないと自分を正当化しようとしていたのかもしれない。宗教に対して寛容であるとか、皇帝側に

＊22　『ワイマール版ルター全集』第四一巻、二一〇頁、一四行。

ついた卑怯者であるとか、カトリック側に妥協したとかといった彼に対する申し立てに対して、彼はただ、ヴィッテンベルクを守りたかったのだということを伝えたかったのではないだろうか。しかし、彼はヨナ書を読み込むことで、自らの行動を正当化しようとした自分自身の弱さ、罪深さを振り返り、悔い改めつつ、ルターの教説である信仰義認を初めてまさに自分のものとしたのだと考えられる。そして師であるルターから学んだことに、さらに自分自身の解釈を付け加えていった。彼はヨナ書によって自分の務めであるヴィッテンベルク市の牧会者として生きることを再確認することができたのであると考察する。

第4章

ルター亡き後のブーゲンハーゲンの抵抗

はじめに

ルターとともに歩み、各方面で実践家として活躍してきたヨハネス・ブーゲンハーゲンは、シュマルカルデン戦争終結後、ルター亡き後の改革陣営において裏切り者とみなされ、かつての友人たちも彼の元から離れていった。その間の経緯については、前章までにみてきたとおりである。

本章では、そうした生涯の最も困難な時期に、彼は権威といかに向き合ったのか、つまり、いかに服従し、また抵抗したのか、そこで彼が守ろうとしたものは一体何だったのか、そして非難と屈辱の言葉を浴びせられても、屈することなく立ち向かおうとした彼の精神的支えは何だったのか、について考察してみたい。

1　シュマルカルデン戦争とヴィッテンベルク

ヴィッテンベルクはルターを中心として宗教改革者たちの活動と生活が結びついた町であった。大学と城教会と市教会である聖マリア教会がすべての中心であった。しかし、この町は、シュマルカルデン戦争のために、崩壊の瀬戸際に立たされた。戦争は、ローマ・カトリック教会とカトリックの擁護者をもって自任する皇帝カール五世およびハプスブルク家と対立したシュマルカルデン同盟に対し、フランスとの紛争を解決した皇帝が一気に開戦へと向かったことによる。

当時、ヴィッテンベルクでは、メランヒトンが一五四五年のヴォルムス帝国議会のため、ブーゲンハーゲンを含むヴィッテンベルク神学者の名において、「ヴィッテンベルク宗教改革」という文書を作成した。その中で、「正しいキリスト教会の統治は、すぐれて以下の五点において成り立つものである」とし、純粋な教義、正しい聖礼典の執行、説教職の保持、正しい教会訓練、および、学校の五つを挙げた。この文書はヘッセン方伯とプファルツ選帝侯に送り、ザクセン選帝侯ヨハン・フリードリヒはメランヒトンに命じて皇帝宛の訴えを書かせた。当時、プロテスタント側と皇帝側とはトリエント公会議に対して、歩み寄りはみられなくなる一方であった。皇帝はプロテスタントが公会議に従うことを要求し、他方、プロテスタント側は平和が長く続くことを願っていた。一五四五年一二月一三日にトリエント公会議が始まったが、しかし、この会議は何の意味もなかった。プロテスタント側は従来のヴィッテンベルクの立場をもう一度、宣言しただけであった。このように、両者になんの歩み寄りもない状況にあった一五四六年二月一八日、マルティン・ルターは亡くなった。同年二月二二日、ヴィッテンベルク城教会におけるルターの葬儀でブーゲンハーゲンは告別説教を行った。選帝侯はこの時、ヴィッテンベルク大学に対して、ルターの遺産を忠実に守るように激励した。同年、皇帝はレーゲンスブルク帝国議会にて選帝侯ヨハン・フリードリヒとヘッセンのフィリップを、力により屈服させようとした。皇帝は彼らが屈服すれば、プロテスタント側は公会議の決定に従うであろうと考え、近隣国家に対して、異端としてのプロテスタント側と戦うように要求したのである。これがシュマルカルデン戦争へとつながっていくこととなる。プロテスタント側は、皇帝に抵抗するのはあくまでも自衛のためととらえていた。真の信仰が弾圧されるのであれば、それに対して抵抗するのは正しいことであるとの理解があったと考えられる。

しかし事態は混戦状態に陥ってしまった。一五四五年一一月までに南ドイツの諸都市は皇帝側につぎつぎと降伏した。ザクセン公モーリッツが皇帝と同盟を結び、彼の従兄弟のヨハン・フリードリヒを帝国国外追放に処そうとしたからである。ヴィッテンベルクでは戦争準備が進められた。城塞が強化され、ヴィッテンベルクの街教会の塔には展望台に火砲が設置できるようにした。一五四六年一〇月には大学で正規の教授活動は行われず、翌一一月、ヴィッテンベルクの町はついにスペイン軍に占領され、大学も閉鎖された。当初はブーゲンハーゲンもメランヒトンもヴィッテンベルク市に留まっていたが、彼らの家族やルターの寡婦カタリーナとその家族はツェルプストに避難した。この時、メランヒトンは思い悩み、ツェルプスに逃れたが、ブーゲンハーゲンは、ヴィッテンベルクに留まった。その後、選帝侯ヨハン・フリードリヒは、ロッハウの野で皇帝に敗北し、捕虜となってしまった。

とうとう皇帝がヴィッテンベルクに入城し、ヴィッテンベルクは降伏した。降伏条約において、ヨハン・フリードリヒは皇帝の捕虜として留まり、彼の選帝侯の称号とチューリンゲン地方の二、三の行政区を除く全土が、モーリッツ公に譲渡されることが定められた。

この間、メランヒトンがツェルプストからブラウンシュヴァイク、さらにノルトハウゼンと転々としていたのに対し、ブーゲンハーゲンはヴィッテンベルクに留まっていた。この時期に、モーリッツ選帝侯は大学を再開しようとして、ライプチヒで開催された領邦会議でヴィッテンベルク大学の教授たちに、既存の宗教関係を一切変更しない旨説明した。ところが、皇帝カール五世の捕虜となっていた選帝侯ヨハン・フリードリヒによる計画が、皇帝フェルディナント一世に憲章が与えられた後になって、フェルディナント一世の三人の息子によって実行に移され、一五五八年二月二日にイエナ大学が設立された。ここにルター派は、宗教改革の発祥の地ヴィッテンベルクに留まるブーゲンハーゲンやメランヒトン等のグループと、あくまでも皇帝側と抗戦し、厳格なルター路線をとろうとするイエナ大学ならびにマグデブルクを拠点とするグループ（純正ルター派）に分裂することになったのである。

ところで、一五四七年九月から一五四八年六月までアウグスブルクで開かれた帝国議会で、信仰の一致を掲げ、帝国全体に有効な宗教法を公布したいと考えていた皇帝のもとで、プロテスタント側で大きな問題を生じる「アウグスブルク仮信条」が発効されることになる。この「仮信条」は、公会議によって教会の論争テーマに最終的な決着がつけられるまで、暫定的に適用されるものであった。ブーゲンハーゲンたちは、かなりの譲歩をしたが、それは闘って守り抜くものがほかにあったからである。選帝侯モーリッツはこのような事態の中、教会の平和を回復するためにヴィッテンベルク大学の意見を求め、大学はトリエントの教令を受け入れないように勧告した。他方、皇帝も司教たちと画策していた。すなわち、義認論はカトリック的な方法で、ミサは記念の犠牲と解釈し、二種陪餐による聖餐と、聖職者の結婚は公会議の決定にゆだねることを策していたのである。これがアウグスブルクの仮信条となるのであるが、当時、カトリック側の力は、圧倒的に優越していたので、仮信条は皇帝により変えることなく布告され、帝国法にまで高められたのであった。その二六条では、プロテスタントはローマ・カトリック教会および、伝統観、功徳ならびに業の理論、七つの秘跡と聖者崇拝を受け入れるように命じられていた。

プロテスタント側は、平和を回復するために妥協したはずであったにもかかわらず、仮信条では真理が偽られ、古い迷信が促進され、結局新しい分裂が呼び起こされていくこととなる。プロテスタント側の妥協がうまくいかなかったのはいくつか理由が考えられる。第一に、彼らは、仮信条の規定を受け入れるにあたって、公会議に望みをかけることができると考えていたということがある。この態度は自分の地域だけではなく全体においても拒否されたのであった。第二に、積極的あるいは消極的に抵抗することができると考えていたことである。しかし、それは一時的には有効でも、皇帝側の力の大きいことを考えれば危険なことであり、実際にヴィッテンベルクもマグデブルクも包囲攻撃されることになった。第三に、牧師や大学教員が逃亡か潜伏の道を歩むことになったということである。ブレンツ、ブツァー、オジアンダーがこの道を歩んだ。メランヒトン等がこれを拒んだのは、逃げた場合には自分は助かるが、共同体が放棄されてしまうことになると考えたからであった。しかし、このことによって神学の中心的な担い手の層も弱くなってしまった。

メランヒトンを中心としたプロテスタント側は、宗教改革の関心事を維持すること、とりわけ福音的な義認論を守り、カトリックのミサを廃することを目標としていた。そのために他の領域では譲歩も辞さず、七つのサクラメント、聖像、断食、ミサの上衣、祝祭日の容認をしたのである。こうした事柄をアディアフォラ（どっちつかずのもの）と呼ぶが、この妥協がルター派の分裂の原因となった。アディアフォラは、善さと悪さとの間にあって、善でも悪でもなく、同じような程度のものとして、という意味だった。

一五四七年七月、ライプチヒ領邦議会においてモーリッツ選帝侯はヴィッテンベルクを維持することを約束した。南ドイツでは仮信条は力によって実施されたが、カトリックの秩序が回復することになる。この時、前述したように、福音主義の牧師たちは身を隠すか、あるいは逃亡するかして抵抗することになった。他方、北ドイツでは状況は違っていた。中でもマグデブルクやシュトラスブルクでは堂々と仮条約を拒絶した。モーリッツ選帝侯はザクセンにそれを導入しようとしたが、ヴィッテンベルクの神学者たちはザクセンの教会が仮信条を受け入れるなら、自分たちは人々に間違ったことを教えていたことになり、さらに仮信条は多くの人に恐ろしい誘惑をもたらすだけでなく瀆神的なものだとして、皇帝の強制命令に公然と反抗した。ヴィッテンベルクの神学者たちは、自分たちは正しい教義を変更することを欲しないし、変更することはできないと宣言したのであった。モーリッツはこのとき、皇帝に対する義務と民衆からの圧迫の板挟みとなり、苦境に陥った。彼は後に、君公たちに対する皇帝側の取り扱いに憤慨して、一度は約束した中立を投げ捨て、皇帝軍を急襲した。

2　ブーゲンハーゲンの「この世の権威について」の考え

いうまでもないことだが、宗教改革の時代には今日的な意味での国家や政府は存在しなかったから、「この世の権威」といえば、それは領邦君主とその支配体制を全体として指していたということを念頭に入れておかなければならない。そのような中にあって、宗教改革時代の改革者たちはこの世と向き合い、キリスト者がこの世の権威や戦争についてとるべき態度を示すために格闘しなければならなかった。彼らは、自分たちの方針を定めなければ、宗教以外のことも含むすべてのことを前に進めることができなかったに違いない。彼らはその基本的立場を聖書の中に求めた。宗教改革者第二世代のカルヴァン等と違い、指針となる手本がない点、試行錯誤の連続であったと思われる。彼らは、現実の権威の問題に直面するなかで、理論を構築していった。そしてルター等は、不正の権威に対しても、あからさまな抵抗、反抗は求めず、信仰と忍耐とがキリスト者に必要なことを説いた。

では、ブーゲンハーゲンは、権威についてどのように考えていたのだろうか。彼はもちろん、ルターの考え方に学んでいた。ルターは一五二〇年に『この世の権威について』をザクセン選帝侯のヨハンに献げ、この世の権威とその剣とについて、人が剣をどのようにキリスト教的に用いるべきかを書いている。内容は三部に分かれており、第一部でこの世の権威の意義が述べられ、中心的部分をなす第二部でこの世の権威はどこまで及ぶかについて説いている。第三部では、諸侯はこの世の権威をどのように用いるべきかという問題を、具体的な例をあげて説明している。

このようにルターが権威についての考えを示した九年後の一五二九年、ブーゲンハーゲンも権威について自らの考えを述べている。[*1] 一五二九年は第二回シュパイアー国会が開かれた年である。この議会で、カトリック諸侯は皇帝が三年前に行った宗教問題についての譲歩を一方的に取り消した。そして、ルター派の地方ではカトリックに宗教的自由が与えられるが、カトリック派の地方ではルター派に宗教的自由は与えられなくてもよいという決議が多数決でなされた。これに対して、福音主義の諸侯と諸都市は抗議書を提出した。このような福音主義が活発になってきた年に、ブーゲンハーゲンは、ザクセン公ヨハンの顧問官ブリュック（Gregor Bruck: 1483–1557）に「皇帝が神の言葉のために権力をもって人々を侵害しようとしたとき、人は権力をもつ皇帝に抵抗することができるか」と質問され、一九箇条にして答えている。しかし、その序において彼は、この質問は良心に関わることであり、また臣民に関わることなので、神の前でまったく重要なものでも完璧な回答でもなく、あくまでも個人的な意見だと断っている。そして、彼は、領主が他の領主と戦うとき、忠誠を負っていない者と戦うときは、この質問に、私は答える必要はないとして、それは領主の考える問題であり、何を決断すべきかを私には確定できないので私が答えるべきではないが、しかし、この問題をより理解しようとするうえで私の意見がその一助となればとして、自分の意見を述べている。すなわち、第一に、この件について彼はまず、皇帝が判断するのではなく、神の言葉から判断するものだとする。第二に、マタイによる福音書二二章一節（マルコによる福音書一二章一七節、ルカによる福音書二〇章二五節参照）のイエスの言葉「皇帝のものは皇帝に、返しなさい」をあげて皇帝の役割を務めるように示唆する。第三に、しかし、他方、前記聖書箇所をあげながら、神に属している事柄は皇帝にも君主にもその権限はなく「神のものは神へ返しなさい」の原理であるとする。第四に、ゆえにパウロが言っているように、皇帝とは「神によって立てられた」ひとりの皇帝であり、殺人者でなく、福音の迫害者ではなく、キリスト者としての統治者であると理解すべきだとする。第五に、ローマの信徒への手紙一三章一節にあるように「神に由来しない権威はない」のだか

＊1　Bugenhagen, Johannes, *Antwort D. Johannis Bugenhageij. Ob man desz Evangelii halben moege Krieg fuehren / dasselbe mit dem Schwerdt zuvertheidigen?* Herzog August Bibliothek 388 Theol. 2, 289–292.

ら、権力が神や神の言葉に反するとき、サムエル記上一五章二三節に「主の御言葉を退けたあなたは王位から退けられる」とあるように、その権威をもつことは止めなければならないとする。第六に、しかし、イスラエルの人々が神の言葉に忠実でなくなり、神に逆らったサウル王にダビデが王となる前に従っていたように、神によって立てられた不敬虔な王にも私たちは服従すべきである。第七に、しかし、サウル王が人々に神の言葉ではなく、偶像崇拝を強要し、最後は暴力を使い始めるようになったとき、祭司サムエルは自分自身苦しみ、武装した人々に加わろうとした。マカベア書にはイスラエルの人々がサウル王のような王に対して忍耐しなければならなかったことが記されている。しかし、同様な君主たちが神の言葉ではなく、偶像崇拝を強要し始めたとき、イスラエルの人々は決してこのことを良いとは思わず、自分たちの領主とは思わず、神の敵とみなし、勇気をもって自己防衛していた。第八に、ローマの信徒への手紙一三章二節「従って権威に逆らう者は、神の定めに背くことになり、背く者は自分の身に裁きを招くでしょう」を挙げ、神の権威は守るためのものであり、逆らうためのものではないと断言し、ローマの信徒への手紙一三章三～六節をあげて、善を行うことを奨めている。第九に、権威は神から由来しているものであるから、私たちは公権力に財産、身体、生活を通して貢献して仕えることである。第十に、しかし、その権威が神に任じられた権威を越え、神の言葉から判断するのではなく別の権威を擁護したり、神の言葉を圧迫したり、人々に神から離れるように強要し、奪い合い、殺し合いをさせるような公権力は認められず、そのような権威に誓ってはならない。キリスト者はだれも自分の罪に苦しむべきで、ゆえに、キリスト者である君主はまた、臣民の罪に苦しむのではなく、自分の罪に苦しむべきである。それは、彼らは君主である前に、一キリスト者であるから。第十一は、それが、信仰のためであろうとなかろうと、無実の従者の命が脅かされる時、それが生死の問題でもないとき、人はそのことを見逃してしまうのかもしれない。私は、その問題や臣民たちが神の前で正しいと十分知っている下級行政官が、自分たちが仕えている彼らの統治者に異議を申し立てることは適当であると考えている。第十二は、臣下は、君主が泥棒、人殺し、トルコ人から彼らを守ってくれることを望む。洗礼を受けていても、受けていなくても、良い統治者は神から与えられた力をもっているので彼らの臣民を守り、また臣民は彼らの主君のために、税、貢ぎ物、身体、財産をもって仕える。統治者は剣をもって臣民を守る。それは、ヨハネによる福音書一〇章一二節「羊飼いではなく、自分の羊をもたない雇い人は、狼が来るのを見ると羊を置き去りにして逃げる。狼は羊を奪い追い散らす」とあるが、このような雇い人は、剣を持って良いことのため、敬虔なる人々のために守るような良い統治者ではない。第十三は、下級の統治者は彼の上級の統治者に反抗すべきではない。しかし、神の権威に従う統治者ではなく、暴力的統治者であれば、従うことはない。第十四は、権威は私たちとともにあるべきで、力ではなく義をもって取り扱うべきである。私たちは聞くことをしないで、責め立てるべきでない。なぜなら、公会議を開くことを皇帝が約束してきたが、私たちに対してなにか暴力的で、最後まで恥ずべきものであるから。しかし、皇帝を通して神からよりよいものを期待している。詩編一四六編三節「君公に依り頼んではならない。人間には救う力はない」と書かれている。神は勝利、平和、真理の承認、救いを彼に与える。私たちは、神の御心に従って喜んで従う。私の意見は二つのことに直面している。第一は、人は権力に対して反抗すべきではない。第二に、彼ら自身を守るために神から剣を与えられている人々は身体と魂の殺人者に耐えるべきではない。これら二つのことを私は考慮していきたい。もしも、ある統治者が支配者になりたいためではなく、その支配者が無実の臣民を悪意をもって殺しているので、その剣をもった支配の領主に反対しようとするなら、説教者である私は彼らが罪を犯すのを神の言葉で罰しはしない。そうではなく、私は神の言葉をもって悪者を抑え、そのある統治者は神の剣をもってその悪者を抑える。最後に選帝侯も知ってのとおり、私の意見を誤用し、彼らの権威をもって暴力を働くかもしれない。正当だとするかもしれない。ゆえに、選帝侯は私の意見は秘密にし、他の人の助言もあわせていって欲しい、と結んでいる。

　このようにブーゲンハーゲンは、自分はあくまでもルター派の牧師であり、牧師という立場にあって示される権威についての考えは、あくまでも個人的な意見なのだと強調し、積極的に皇帝への反抗を奨めようとはしていない。不服従、受動的反抗が彼の立場であり、彼の考え方であることがわかる。

3　シュマルカルデン戦争中と戦後のブーゲンハーゲン——この世の権威との闘い

では、実際は、この世の権威との彼の闘いはどのようなものであったろうか。一五四六年二月にルターの葬儀がヴィッテンベルク城教会で行われた。同年の夏にシュマルカルデン戦争が勃発した。戦争に際して、ブーゲンハーゲンはそれを真の宗教のための正義の戦争と位置づけ、プロテスタントを擁護した。彼のこの世の権威に対する考えはすでに記したとおりであり、あくまでも不服従、受動的反抗を奨めている。一五四五年末、教皇パウルス三世は宗教改革に対抗するカトリック教会の姿勢の、まさしくその本質の再確認のためにトリエント公会議を召集した。彼は、反宗教改革に立っているトリエント公会議と、内に外にカトリック教会の攻勢に対峙した現実の情勢において、どう対処したらよいのか、それを人々にどう伝えたらよいのか、ヴィッテンベルク市教会の牧師として、またヴィッテンベルク大学の教師として非常に苦悩したことであろう。

「臣下が権利を侵害され、領主にその剣による助けを求めるとき、領主は無益にではなく、全く確実に強盗や殺人に対して剣を用いることになろう。その場合、キリスト教的領主は福音に反して行動しているのではない。それは、彼は一人のキリスト者としてではなく、一人の律法に仕える者として、神の秩序に従って、正しい事柄に関して臣下の保護者として行動しているからである。その時、一人のキリスト者としてではなく、一人の律法に仕える者として、というのは、真のキリスト者は不正に耐えねばならないからである。しかし、剣に仕える者は、だれかが不正に苦しめられ、抑圧されるのを忍ぶことはできない。とがのない者の苦難や抑圧を彼らが容認するのは、神の前で罪である」[*2]と彼は述べている。

ブーゲンハーゲンは、ヴィッテンベルクの町が降伏した直後の一五四七年八月三日に、シュマルカルデン戦争中の、そして戦争終結後のヴィッテンベルクがいかなる状況にあり、彼がいかなることを経験したかを文章で克明に報告している。[*3]彼はその書の最後において、それが書かれた前の週の日曜日にザクセン選帝侯モーリッツがヴィッテンベルクに入城し、「私は大学を縮小したいのではなく発展させたいのだ」と宣言したことを記し、この時から、教会と学校が再開できるようになったことについて、神への心からの感謝を述べている。以下、その報告を基に、当時のヴィッテンベルクの状況をみておこう。

一五四六年の夏、ヴィッテンベルクでは戦争について知らされないまま、シュマルカルデン同盟の傭兵たちが町の住民の四分の一を占めた。彼らはともに礼拝にも出たし、主の晩餐にも出たようである。また、彼らがいたために町は安全であり、必要な物品も手に入った。しかし、ブーゲンハーゲンは、当時を振り返って、エレミヤ書一七章五節「主は言われる。呪われよ。人間に信頼し、肉なる者を頼みとしそのこころが主を離れ去っている人はだれも主以外私たちのために戦う人はいない」を引きながら、人間的なもの、肉なるものの助けにより人は駄目になることを痛感したと悔いている。戦況は厳しくなり、皇帝側のスペイン兵たちが、ヴィッテンベルクを力によって包

＊2　Rogge, J., *Johannes Bugenhagen*. Quellen. Ausgewählte Texte aus der Geschichte der christlichen Kirche, hrsg. v. H. Ristow u. W.Schultz, Heft 30–II, 1962, s. 104, 105.

＊3　Bugenhagen, Johannes, *Wie es vns zu Wittemberg in der Stadt gegangen ist / in diesem vergangen Krieg / bis wir / durch Gottes gnaden / erlöset sind / Vnd vnser hohe Schule / durch den Durchleuchtigsten / Hochgebornen Fuersten vnd Herrn / Herrn Moritzen / Hertzogen zu Sachssen / des heiligen Roemischen Reichs Ertzmarschahl vnd Churfuersten / Landgrauen in Doeringen / vnd Marggrauen zu Meissen / vnsern gnedigsten Herrn / widerumb auffgericht ist. Wahrhafftige Historia / beschrieben durch Johan Bugenhagen Pomern / Doctor vnd Pfarherr zu Wittemberg*, 1547, Herzog August Bibliothek Yv1754 Helmst, 8°, s. 1–48.

囲し、脅かすようになった。そのうちに、町では放火、略奪、強盗、脅し、強姦などが起こり、町にいる人々の命が危険にさらされるようになっていった。ブーゲンハーゲンは、説教壇から必死に、「御国が来ますように、御心が行われますように、天におけるように地の上にも」と祈った。当時、彼は多くの都市で宗教改革に携わってきていたこともあり、諸都市から、避難してくるように申し出があり、また彼は故郷ポンメルンに戻ることもできた。しかし、彼も、そしてヴィッテンベルク城教会説教者でありヴィッテンベルク大学教授のクロイツガー（Caspar Creuziger：1504–1548）やヴィッテンベルクの医者であるフェンツ（Melchior Fendt：1486–1564）等も残った。さらに彼がヴィッテンベルクの住民に町に留まるかどうかを尋ねたところ、住民たちは「もし私たちがそのために死ぬようなことがあれば、私たちは喜んでルターの墓のそばで留まりたい」と答え、妻や子どもたちを他の場所に避難させることにしたという。ブーゲンハーゲンはキリストの福音を迫害している者に抵抗しなければならないことを、ヴィッテンベルクの説教壇から神に祈り続けた。外では剣が人々の命を奪い、内では脅威の中にある住民たちのための祈りと説教が続けられた。その時の心境をブーゲンハーゲンは詩編五五編四～五節の言葉で表している。すなわち「敵が声をあげ、神に逆らう者が迫ります。彼らは私に災いをふりかからせようとし憤って襲いかかります。胸の中で心がもだえ、わたしは死の恐怖に襲われます」。町では、毎日のように多くの人たちが死傷し、さらにペストのために多くの病人や死人が出た。町では、次第に兵士たちは礼拝に出なくなり、ただ飲み食いしているだけになった。一五四七年のイースター後の四月二四日には、ヨハン・フリードリヒが捕らえられた。その知らせを聞いたブーゲンハーゲンたちヴィッテンベルクの人々は、非常に驚き、歎いた。人々はヨハン・フリードリヒに忠誠を誓って、ヴィッテンベルクに留まっていたにもかかわらず、守ってもらうべき、また守るべき中心人物が居なくなってしまったことで、彼らは意気消沈してしまった。ブーゲンハーゲンは、哀歌四章一九節「神に逆らう者の道は閉ざされる。何につまずいても知ることはない」を引きながら、住民は、必死にヴィッテンベルクに留まったのに、これからどこへ行くべきなのか、その道を閉ざされてしまったことを伝えている。このようにうろたえているヴィッテンベルクの町にフェルディナントとともにザクセン選帝侯となったモーリッツが入城してきたのである。ブーゲンハーゲンは、ヴィッテンベルクの住民を、家族を、学生を守る牧師であり教員である責任を抱えながら、ヴィッテンベルクとともに服従し、そして抵抗した。

4　ブーゲンハーゲンが抵抗し、守ろうとしたもの

既述のように、ブーゲンハーゲンにとって、ルターの死後は最も辛い時代だったといえよう。そして、「何が正しいのか」の答えを聖書の中に見出そうと最も懸命に、そして苦しみ悩みながら取り組んだ時期でもあった。彼は、年齢的にはすでに六〇代になっていた。さまざまな辛苦を経験してきたが、この時期の彼は、宗教と政治、国際的な問題、ルター派の分裂の危機という今までとは異なる大きな時代の壁の前に立たされてしまった。

まず、シュマルカルデン同盟において、そして皇帝によるシュマルカルデン戦争において、彼はいかなる態度をとるのが真のキリスト者として「正しい」のかという問題にぶつかった。次に戦争において皇帝側の優勢の中、自分はヴィッテンベルクに残るべきか、それとも身の安全のためにどこかへ亡命するか、あわせて、母国のポンメルンへ戻るべきかという個人的な選択もあったであろう。また、戦後、福音主義をもって、皇帝側と和解すべきか、あくまでも抵抗すべきかどうかの問題、そしてこの先、ルターの教えを守っていくにはどうすればよいか、さらに、将来に不安を覚えているヴィッテンベルクの人々や学生たちをどう導いていけるのか等々、さまざまな問題が起こった。彼の何よりも心傷む出来事は、ヴィッテンベルクにおいて二五年間にわたって師であり、また同僚であり、私的にも公的にも話し相手であり、敬愛し、信頼し、互いに支え合ってきたマルティン・ルターの死であった。ほかにも彼の周囲では、シュマルカルデン同盟の盟主であり、最も強力なルター派支持者のひとりであるヘッ

セン方伯フィリップ（Philipp von Hessen）の重婚問題が起き、他方、ザクセン公モーリッツが同盟から脱退するという出来事もあった。その後、シュマルカルデン戦争が勃発し、プロテスタント側の形勢不利な状況が次々に起こった。すでに述べたように、シュマルカルデン戦争当時、彼は説教壇から神は大きな苦しみから救ってくださることを多くの詩編や預言書を通して語った。ヴィッテンベルクに留まった彼は戦争中に、住民の人口の四分の一にあたる数の皇帝側の兵士たちが町に駐留したときも、説教を続けた。兵士たちは町の住民とともに礼拝に出席し、聖餐にも与ったとされている。たとえば、テモテの手紙一から「以前、わたしは神を冒瀆する者、迫害する者、暴力を振るう者でした。しかし、信じていないとき知らずに行ったことなので、憐れみを受けました」、あるいは詩編三四編「どのようなときも、わたしは主をたたえ、わたしの口は絶えることなく賛美を歌う」という箇所をあげて、説教したとある。[*4] 彼は住民にも傭兵たちにも分け隔てなく神の言葉を誠実に説き明かしていた。彼は、皇帝への武力反抗についても「何が正しいか」を問い続けたことであろう。一五二一年のヴィッテンベルクの騒動の時も、一五二四年の農民戦争時も、彼の態度は沈着だった。彼は皇帝による戦争の不正を明らかにし、プロテスタント諸侯にとっては防衛戦争、正統防衛の戦いであるとしながらも、「皇帝はキリスト教世界が知らねばならない正しい事柄を抑圧しようとしている。われわれをつまずきとしない人々は皇帝の罪に加わるべきではない。この策謀によって皇帝はドイツを一つにすることはできないであろう……」[*5] とし、つまり彼は皇帝への抵抗を奨励せず、不正に手を貸すこともないという不服従で受動的な反抗の立場をとっている。

ブーゲンハーゲンはこの時期、「何が正しいか」の判断を下さなければならない最も難しい立場に立たされた。ルターという福音主義の中心であり指導者であった大きな存在を失い右往左往しているブーゲンハーゲンたち聖職者は、これまでのように、ただ信仰の問題、教会の問題だけに専念することもできなくなり、政治的、そして国際的な利害関係、そして福音主義の中での方向性の対立と複雑な変化の中に身をおいて、自己の使命をもう一度見直し、キリスト者として「何が正しい」生き方かを見極めなければならなかった。それは、自分ひとりの問題ではなく、ルターの教説を信頼し福音主義に回心した者、ヴィッテンベルクの住民、学生、教会の将来を、福音主義の将来を、彼はこれまで改革運動を指導してきたキリスト者として考えなければならなかった。

一五四七年、前年来のシュマルカルデン戦争は同盟側の敗北に終わった。ルターを支持し、真の宗教のための正義の戦争として同盟を擁護していたブーゲンハーゲンが選んだ道は、モーリッツの要請に応え、アウグスブルク仮条約の採用を受け入れることであった。その解決法を彼は和解の道と考えていたが、他方ではそれを裏切りや妥協と解釈した人々もいた。

彼は、皇帝側の手に落ちようとしたヴィッテンベルク大学が閉鎖されたときも、どこにも避難せず、故郷ポンメルンに帰ることすらしていない。それどころか、彼はヴィッテンベルクに残り、前述のように住民を励まし、慰める説教者としての務めを果たし続けた。ヴィッテンベルクの住民にも、個人的な安全を求めて逃げるのではなく、福音主義の教会の将来を深く思って留まるよう、説教をとおして求めている。

戦争に勝利したカール五世はアウグスブルクに帝国諸侯、都市代表者を集め、ルター派を異端とする暫定協定の受諾を迫った。この時、マグデブルクだけが協定の受諾を拒否したため、皇帝はモーリッツを派遣して同市を包囲させた。[*6] ヴィッテンベルクの神学者たちのとった道に対して、あくまでも皇帝への抵抗を続けたかつての同僚であるマグデブルクの神学者たちは「たとえ、ヴィッテンベルクの学校が何千になろうと、我々は悪となる彼ら[*7]を許すよりも、罰することが正しいのだ。なぜなら、彼らのうちの若者[*8]は誤った意見に惑わされ、福音に反する教えにゆがめられているからである。そして彼らが故国に戻ったとき、彼らは他のキリスト教教会をすべて破壊するからで

＊4　Ibid., p. 4.
＊5　Rogge, op. cit., 110ff.

ある」と評した。[*9] マグデブルクの神学者たちがブーゲンハーゲンを口汚く罵ったのは、シュマルカルデン戦争処理の際、アウグスブルク仮条約採用にあたって、ローマ・カトリックが採用していた礼拝様式に則り、礼拝を挙行したことにあった。かつてヴィッテンベルクで同労者であり、一五三七年にともにシュマルカルデン条項に署名したニコラス・アムスドルフを含むマグデブルクの神学者たちに非難されるということは彼にとって屈辱的で、いたたまれないことであったに違いない。アムスドルフは一五四九年に『ポンマー博士が説教壇上でぶちまけた罵倒雑言に対する返答』[*10]と題してブーゲンハーゲンのアムスドルフに対する誹謗行為を取り上げて、ブーゲンハーゲンの誹謗中傷を告発する姿勢をみせた。蝶野立彦氏は、「マグデブルクの神学者達は『名指しでの統治権力批判』に関しては、非常に慎重な姿勢をみせている。だが彼らは、神学者や聖職者たちを論敵とする場合には、容赦なくその名前を挙げて、しばしば、えげつないほどの苛烈な罵倒を浴びせた。そして、そのような特定の個人を標的にしたマグデブルクの神学者達の『個人批判』の中には、『真実の暴露』という命題には還元し得ない、『抽象的・人身攻撃的な要素』が見て取れる」[*11]としている。このことから、ブーゲンハーゲンもかなり、個人批判を受けたことと推察される。彼は、信頼するデンマーク王クリスチャン三世に自分の心境を「……私はこれまで敬虔で賢明な者たちがずっと試されてきた、沈黙や忍耐について知るように努めています」と書き送り、ローマの信徒への手紙一二章九節「復讐は私のすること、私が報復する」という神の言葉の下、神を信じつつ、新しくザクセン選帝侯になったモーリッツに対して、対立ではなく、和解――調和と一致――で臨もうとしたと伝えている。[*12] 皇帝に味方し、ザクセン選帝侯位と広大な領地を得たモーリッツはヴィッテンベルク大学の再開を保証したが、ブーゲンハーゲンは一五四八年に「われわれはイエス・キリストの純粋な福音を再び教えることができ、教皇派や熱狂主義の過ちなどを非難することができる自由を与えられ、教授として再び招聘され、福音主義に基づいた講義ができることを」感謝している。

一五四七年一〇月からヴィッテンベルク大学は授業再開となったが、ブーゲンハーゲンは教会においては説教を通して、大学においては聖書講義を通して、会衆や学生に、今の直面している問題について積極的、直接的な形で、「何が正しいか」を伝えていった。

大学再開後、彼が始めたのがヨナ書の講義であり、[*13]『ヨナ書講解』は一五五〇年にヴィッテンベルクのクロイツァーから出版された。ここで彼は、異邦人であり右も左もわからず、信仰ももっていないニネベの人々がヨナを通して悔い改めたことを示しながら、真のキリスト者の悔い改めについて説き明かしている。これは、敗北の中で意気消沈しているヴィッテンベルクの市民が、これからキリスト者としてどう生きていけばよいかの指標を示したと考えられる。また、教皇派に対して、彼の立場である聖書主義、信仰義認の立場をはっきりと表明しているともい

＊6　しかし、自身プロテスタントだったモーリッツは皇帝のやり方を許容できなかった。そこで、マグデブルクが降伏したかのようにみせかけて包囲を解き、フランス王アンリ二世とシャンボール条約を結んで逆にアウグスブルクのカール五世を攻撃した。皇帝はインスブルックに逃亡し、弟のフェルディナント一世にモーリッツとの和平交渉を委ねた。一五五二年八月、パッサウでルター派を容認する旨の和平交渉が結ばれた。これは一五五五年のアウグスブルクの和議の原型となった。

＊7　ブーゲンハーゲンたちを指す。

＊8　ヴィッテンベルクの学生たちを指す。

＊9　Lohrmann, Martin J., *Bugenhagen's Jonah*, Lutheran Univ. Press, 2012, p. 236.

＊10　Amsdorf, N., *Antwort auff Doct. Pommers scheltwort / so er auff der Cantzel aussgeschütt hat*, Rödlinger, Magdeburg, 1549.

＊11　蝶野立彦『十六世紀ドイツにおける宗教紛争と言論統制』彩流社、二〇一四年、二九六―二九七頁。

＊12　Vogt, Otto（Hg.）, *Dr. Johannes Bugenhagens Briefwechsel*, Stettin, 1888. Reprint. 1992.

＊13　クリスチャン三世への書簡に大学は一五四七年一〇月二四日に再開し、ヨナ書の講義を始めたことを記している（Ibid., p. 412（no. 206, Nov. 29, 1547））。

えよう。特に、ブーゲンハーゲンはヨナよりもニネベの町とニネベの人々に注目している。ニネベは神の町であったとして、ニネベの回心は究極的な神の力が働いているものであり、ヨナは神の激怒について説教しただけであったが、ヨナの非難の言葉を聞いてニネベの人々は、自分たちは死しか適切な刑はないほどの罪人であると認めた。しかし、神の恵みによって彼らは神へ立ち帰るように導かれたと解している。彼は、ヨナ書三章で、このようにニネベの人々の信仰と悔い改めの業の関係を吟味している。このニネベの町こそ、彼にとってのヴィッテンベルクであったのではないだろうか。

ところで、聖書の中のニネベとヨナ書のテキストの最後は唐突で、あいまいな結論で終わっているけれども、ブーゲンハーゲンはヨナを、謙虚で悔い改めと信仰心をもった預言者であったと結んでいる。このように、ブーゲンハーゲンが理解するヨナは、最後に十字架の神学を示唆していると考えられる。すなわち、だれも完全な者はいないし、罪なく一点の汚れもないものはいないということを示している。ニネベの人々と比較すると、ヨナは確かに魚の腹にいるときに、神に罪を悔い、信仰告白をし、神に感謝していた。しかし、ヨナは死にそうな時に、奇跡的に神の慈悲によって命を救われ、自由になっている。ブーゲンハーゲンは争いを求めず、和解と和平でこの危機を乗り越えようとした。争わず、悔い改めによって平安が与えられるニネベの人々の姿は彼の理想の姿であったのではないだろうか。彼は堕落してしまった預言者であれ、聖人であれ、神の恵みによってのみ回復することができることを示唆したのであろう。もちろん、アウグスブルク仮信条を喜んで受け入れたわけではない。彼は自分がとった行為によって精神的に苦しんだ。しかし、ブーゲンハーゲンはヨナ書を講解することで、人生の終わり近くにあって彼個人の信仰義認をしっかりと確かめられたのではないだろうか。さらにブーゲンハーゲンが、ヨナ書で確信したことがある。それはヨナを通して自分自身の務め、使命を改めて確認したことである。かつて、ルターが祭司について七つの務めを挙げていた。すなわち、「祭司の務めは教えること（説教と、神の言葉を宣べ伝えること）、洗礼を授けること、聖餐式を執行すること、罪に定めたり、罪の赦しを宣言したりすること、ほかの人たちのために祈ること、献げものをすること、すなわち、自分自身を献げること、あらゆる教えと霊とについて判断すること、しかし、第一の、すべての務めの中で最も重要な務めは神の言葉を教えること（み言葉への奉仕）である」[*14]としたうえで、万人祭司と教職について「私たちはすべて祭司であるとしても、誰もが説教したり、教えたりすることはできないし、そうすべきでもない。私たちは、説教し、教え、治める職務を委託する幾人かの者を群れの中から選別しなければならない。そのような職務を遂行するものはその職務からして祭司ではなくほかのすべての者への奉仕者である。それゆえ、もし彼が説教したり、奉仕したりすることを続けることができなかったり、それを欲しない場合は、再び教会の群れの中に帰り、その職務をほかの者に委託し、かれは普通のキリスト者以外の何ものでもなくなる。そのように、説教職あるいは奉仕職は、すべて洗礼を受けたキリスト者が一様に祭司の身分であることから区別される。その区別の理由は、その職務が公の奉仕にほかならず、またすべての者が等しく祭司である各個教会や全体教会によってその職務が――宣教の委託に対応して――委託されているからである」[*15]とする。ブーゲンハーゲンは自分がアウグスブルク仮信条でとった行動を直視し、悔い改め、そのうえで、自分はこれからも御言葉に聞き、御言葉をとりつぐ者として、伝える者としての方向性を見出したのであろうし、さらに人々を励ますものとして自分の道を見出したのであろう。

＊14　ルター、マルティン（倉松功訳）「教会の教職の任命について（一五二三年）」ルター著作集編集委員会編『ルター著作集』第一集第五巻、聖文舎、一九六七年、三四七頁。
＊15　『ワイマール版ルター全集』第四一巻、二一〇頁、一四行。

総　括

ブーゲンハーゲンの『ヨナ書講解』における「善き業」についての見方は、ルターの神の義とその成就の教説に基づいている。彼は、ルターやメランヒトンと同様、キリストが治める真の教会は、迫害の状況の中で陰に隠れることを余儀なくされているように見えるとしながらも、そのことは信仰の諦めに結びつくものでも絶望をもたらすものでもないと考えていた。ルターもブーゲンハーゲンも、ヨナ書四章の落胆した預言者ヨナに似た苦悩を経験したことは事実である。しかし、ブーゲンハーゲンは、さらにもう一時、ヨナという預言者を、そして、自分自身を再び見つめ直し、悔い改め、信仰の共同体から赦しを受けることを真摯に求めたと考えられる。つまり、彼はヨナ書の解釈に真剣に挑み、ルターの注釈を理解しつつ、さらに罪と憎しみに対する唯一の確かな魂の救いとしての悔い改めと罪の赦しを信じ、牧会者として生きようとしたのであると考えられよう。

もちろん、彼は、『ヨナ書講解』の中で、アウグスブルク仮条約の方向をプロテスタントに強制しようとするローマ・カトリック教会の試みを「モンタニズム」として非難した。これはブーゲンハーゲン自身、ルターの教説を堅持していくという意思表明であると考えられる。彼の第一の目標は、キリストにあって共同体の中の一人ひとりが幸福であること、これに尽きるのではないかと考える。

この世の権威については、「私は神の言葉をもって悪者を抑え、そのある統治者は神の剣をもってその悪者を抑える」というのが彼の基本的な考え方である。

本章では、ブーゲンハーゲンが守ろうとしてきたものは、ルターとともに作り上げてきたヴィッテンベルク大学であり、ヴィッテンベルク市の人々の信仰であったこと、そして、彼を支えてきたものとは、信仰義認であったことを明らかにした。一九歳の時、ラテン語学校の教師となり、人に「義」を教える立場となって以来、キリスト者として「何が正しいか」を問い続け、ルターの教説を受け入れてからは、神の前で無に等しく、罪人である人間が義とされるのはただ信仰のみであり、それには神の言葉に聞くことが肝要であることを心に刻んできたと考える。シュマルカルデン戦争とその戦後の状況という歴史的背景とともに、彼が何について、いかに苦闘したかを解明してみると、彼の立ち帰るところは常に聖書であり、彼を支えてきたものと彼が堅持しようとしていたものは聖書に基づく信仰と人々の平安であり、彼はあくまでも牧会者であろうとしたことが理解されるのである。

史料1

ブーゲンハーゲンからクリスチャン三世への書簡

ポメラニア出身のヨハネス・ブーゲンハーゲン博士から、最も慈悲深い君主、オルデンブルクおよびデルメンホルスト伯であり、シュレースヴィヒ公、ホルシュタイン公であり、ヴァンダルとゴーダ族の王であり、デンマーク・ノルウェー王である最も有望なるクリスチャン閣下へ――ご挨拶申し上げます。われらの義である御子イエス・キリストを通して神から恵みと平安がありますように。

ヨハネによる福音書八章四四節でキリストは語っておられます。「あなたたちは、悪魔である父から出た者であって、その父の欲望を満たしたいと思っている。悪魔は最初から人殺しであって、真理をよりどころとしていない。彼の内には真理がないからだ。悪魔が偽りを言う時は、その本性から言っている。自分が偽り者であり、偽りの父だからである」と。そもそも初めから、悪魔は嘘をもって人を亡き者としてきたのです。この悪魔[*1]の所業は、今日においてもみることができます。キリストの教会の説教者や教師が苦しめられていることに。

悪魔が望んだとおり、われわれは、悪魔が町に与えた助言、あるいはその命令と説得を受け入れ、最も傑出した選帝侯[*2]（神よ、恵みによって彼を自由になさせたまえ）は拘束され、町は皇帝側に引き渡されることとなりました。そして、皇帝[*3]は約束に基づいて、われわれと和睦しました。約束とはすなわちアウグスブルク信仰告白に従い、その信仰告白に反することを行わず、寸毫も変更しないこと。悪魔は、人を亡き者にしてもわれわれを根絶やしにすることなどできない（キリストが忠実な天使を伴って、われわれをお守りくださっていますから）と知っているので、今や、アディオフォラ・ライター[*4]を使い、悪魔の偽りという術《すべ》を駆使して、われわれを汚し、封じ込めたいと望んでいます。彼らは多くの文章を書いては世界中で公表していますが、その内容たるや、キリストの僕《しもべ》たるわれわれ神学者が為政者からお金を受けとっており、キリストの福音の裏切り者になっていて、良い秩序をことごとく見下し、信仰を離れて悪魔の教義、反キリストの礼拝に走っているなどというものなのです（われわれが忠実に仕えている多くのキリスト教会は、それが事実でないことを証言してくれるでしょうし、感謝の念をもってわれわれの牧会を理解してくれていると思いますが）。

＊1　かつての同労者、純正ルター派の人々を指す。

＊2　ザクセン選帝侯ヨハン・フリードリヒのこと。

＊3　神聖ローマ帝国皇帝カール五世のこと。

＊4　ここで、ブーゲンハーゲンが使っている「アディオフォラ・ライター」とは、本来は、フラキウスなどのマグデブルクの神学者たちが、プロパガンダでメランヒトンやブーゲンハーゲンを含むヴィッテンベルクの神学者たちをアディオフォラ主義者と呼んだことに由来するが、逆に、ブーゲンハーゲンはそのように用いたマグデブルクの神学者たちを「アディオフォラ・ライター」といっているようである。なお、第2章の注17参照。

そして、偽善者たちは書いたものを公刊し、その中で、われわれ、とりわけに私に、キリストの名と義において誓うよう求めているのです。彼らは自らキリストの裁きの座に着き、私の良心を裁き、「わがキリストの御前で公正な判断を誓います」と私に言わせて、キリストの裁きを下します。彼らはほかにも多くのことを言っています。曰く、ポンメルン氏／博士の行いは真実と彼自身の良心とに反している。曰く、彼が発表したものを正当と判断する者などいないであろう。彼らがそんなことを言えるのは、彼らがある信仰者から、ルター師が次のように語ったと聞かされているからです。「私の死後、これら神学者たち[*5]は嘘をつくだろう。だから彼らに忠実な者などいなくなってしまうだろう」。[*6]

われわれは人の言葉に誓ってはならないのです。そこには惑わしがあり、神の名の濫用があるのですから。しかも、これらの者は罰せられるということもない。それをいいことに、彼らは祝福されるべきルター師を嘘つき呼ばわりして告発するのです。ですから、彼らの言っていることを鵜呑みになさいませんように。ルター師がそう語ったらしいと彼らは言いますが、それは福音の敵の考えであり、彼らの偽りであり、そして彼らが真理を受け入れないということに照らすならば、単に誤っているというだけのことなのです。

さらに付け加えるなら、彼らはただ嫉妬心から書いているのです。（誰がみてもわかるように）恵みにより、キリストにおいて成長しているわれらの学派に対する反感からなのです。彼らは、こう書いています。「たとえヴィッテンベルクの学校が何千とつくられようとも、われわれは長じて悪となる学生たちを許してはならない。彼らすべてを罰するべきなのだ。彼ら、とくに若者は誤った意見に惑わされ、福音に反する教えにゆがめられているからだ。そして彼らは故国に戻って、ほかのキリスト教会すべてを破壊するからだ」と。こうしてアディオフォラ・ライターたちは、偽りと神への冒瀆を書き連ね、われわれがこの神聖なる学校[*7]をすべてのキリスト教会のペスト［厄介者］にしてしまっていると喧伝するのです。

おお、あなたさまの聖職者としてわれわれを望まれた生ける神の御子、キリストよ、これらの悉くが、われわれを、十字架の下で努めているあなたさまの教会を、そして聖なる学校を苦しめている恐ろしい悪魔の嘘なのです。神への冒瀆者たちはあなたさまの教会を混乱に陥れ、善良な者の多くはわれわれについての些細な誤解から生じたうわさに戸惑い苦しみ、また、何も知らぬがゆえにたぶらかされ易い者たちはわれわれの悪口さえ口にします。しかし、真実を学べば、彼ら[*8]は喜び、神に感謝し、われわれに感謝し、そして万事が神に選ばれ、愛された者たちにとって良きものへと変わるでしょう。

学識あるひとりの貴族が、われわれに次のように話してくれました。捕らわれの身となった聖なる君主[*9]は、常に謙遜を保ち、心を痛めながらも、われわれヴィッテンベルクの者たちについての嘘や悪口を受け入れてしまった、と。聖なる君主はその貴族に低地ドイツで起きていることを話したそうです。われわれは、その君主自身への非難から生じた醜聞について知っています。そして捕らえられたことにより、彼が大変な苦しみの中にあることも知っています。まさに、若い君主たちが悲惨な出来事に巻き込まれ、また人の偽り

＊5　ルターを指す。
＊6　ルターに従ってきた神学者たちのことを指している。
＊7　ヴィッテンベルク大学のこと。
＊8　ヴィッテンベルクの善良な人たち。
＊9　ザクセン選帝侯ヨハン・フリードリヒのこと。

によって苦しめられるということは、よくあることです。

信仰を脇に退《の》け、端《はな》から傲慢で野心的で、一般の人たちに対して、愛を説くどころか私たちへの憎しみをぶつける説教者たちさえいます。われわれのもとを離れていった者たち、いや、そもそもわれわれのもとにいたわけではない者たち、福音の敵たる偽善者たちは、「あなたがたがその教義を棄てないのはなぜなのか。アディオフォラ・ライターの書いたものから、あなたがたの教師たちすらその教義を棄てたことをわかっているだろうに」と詰め寄ってくることがあります。その一方で、よそ者である彼らは、われわれのもとにやってくると、われわれと共に見たり聞いたり知ったりしたことすべてに喜び、さらに神への感謝の気持ちを分かち合える兄弟を求めさえするのです。それが私には驚きでした。結局、彼らは、誤解からわれわれを非難している者たちのもとへ、苦しみ悩みながら帰っていきました。きっと彼らは、われわれのキリストが詩編四一編六節で言っていることをどこかで聞いたことがあったのでしょう。「邪悪な心を持って探し求める者が近づいてきます。彼は不実に非難しようとし、後ろから飛びかかり引きずり下ろします」。

そして不名誉を、つまりわれわれを虐げることを選んだ彼ら、あたかも真実を認め、わかっているかのようにふるまい、他の人に嘘を交えた説教や、嘘をたくみに織り込んだ著作を与えてきた彼らは、かつては「同労の仲間として」われわれとともに在ったのです。ことによると、われわれは、神学上の正当な論駁や罪の問題に関することで、「われわれの真意を理解しようとしない」彼らに立腹してきたのかもしれません。われわれのこの立腹にはもっともな理由があるということを、われわれを非難する世の人々にわかってもらおうと、私は今、彼らとは異なるお方に[*10]、こうして書状をしたためているのです。

われわれは、福音の真実のために、妻子とともにこの町から逃れざるをえないところまできています。支援してくれるあてはありません。教会さえもです。そしてアディオフォラ・ライターは、ルター派の貴族たちや信仰の兄弟たちがケーニヒスベルク大学を通じてわれわれに対する批判を書いて公表したことを引き合いに出して、ほかの大学もそれに倣うよう促してきました。誰にも悪魔の姿が見えないのでしょうか？　人文主義者たちは、われわれを憎悪する悪魔によって判断力を奪われていますが、彼らのなかでも信頼に足る人たちは、われわれを非難して書かれたものの性質をよくわかっています。

彼ら人文主義者たちはわれわれの信仰の兄弟たちであります。私は彼らと最も深い親しみと友愛を分かち合ってきましたし、彼らはしばしば私にそのような苦難に抗して筆を執るように促してくれました。しかしながら、結局のところ、最後の公的な晩餐会の際に彼らからもらった警告の言葉は、私の気持ちを逆撫でするものでした。私はこの嵐が吹き荒れるなかで、兄弟たちがせめて幸せであり続けることに希望を残してきました。しかし、キリストが詩編[*11]の中で語っているようなことが現実となったのでした。「望んでいた同情は得られず、慰めてくれる人も見いだせません。人はわたしに苦いものを食べさせようとし、渇くわたしに酢を飲ませようとします」。

ですから私は、閣下に真実を綴ってきたのです。神はご存知です。私が偽りを言ってはいないことを。この手紙と同様の手紙を私が説教してきた統治者や市にも書き送っていることを。そして、その手紙が他の者

＊10　クリスチャン三世のこと。
＊11　詩編六九編二〇～二一節。

たちの偽りに基づくわれわれへの中傷を抑えてきたことを。しかし、そうした手紙に対して、アディオフォラ・ライターたちは、われわれに自らの悪を正そうとする態度が認められないとして、謙虚に向き合おうとせず、告発するための護送車をもってわれわれに返報してきたのです。

彼らに対して私はこう言いました。「おやめなさい。私たちは、まさにあなたがたが要求していることをしているだけなのです。つまり邪悪を正しているのです。あなたがたが私たちに抗って書いてきた邪悪のすべてを。あなたがたが、世の人すべてを裏切っているのです。『わたしたちは世界中に、天使にも人にも、見世物になったからです[*12]』」。すると彼らは「私たちがどのようにして変わったというのか？」と問い返し、私はこう答えます。「これを通してです。あなたがたが私たちに対して書いてきたものを通してです。それはすべてが悪魔の偽りだったのです」。彼らが「あなたがたは、堕落へと逃げることを認めている」と言うのに対しては、私たちはこう答えました。「いいえ。むしろ、私たちはもっとも忠実に福音を説き明かしていますし、信仰告白を受け入れているクリスチャン教会全体を受け入れています」と。「ひそかにはなしたことは何もない。何か悪いことをわたしが言ったのなら、その悪いところを証明しなさい。正しいことを言ったのなら、なぜわたしを打つのか？[*13]」と聖書にありますが、以前もお話ししたとおり、私たちは最も忠実な信仰をもって聖書の説き明かしをしているのです。

ですから、彼らの書いたものの中に煽動を見出し、為政者に対する不屈の抵抗を考えなければならないのです（もっとも、彼らの著作では、私たちが応答したり、極力協力し合ったりするということではなく、悲運の時に、ヨハネの黙示録一四章一二節に言われているように、「神の掟を守り、イエスに対する信仰を守り続ける聖なる者たちの忍耐が必要である」としているのですが）。

私は熟慮のうえで以下のことをお伝えしたいと思います。私は、われわれの中の敬虔で博学で賢明な者たちが長い間試されてきた、沈黙や忍耐について知るよう努めています。「わたしは言いました。『わたしの道を守ろう、舌で過ちを犯さぬように。神に逆らう者が目の前にいるとき、私の口に、轡をはめておこう。私は沈黙を守り、善い事からもじっとして、私の悲しみは再び始まる』」（詩編三九編）。主は言われます。「復讐はわたしのすること、わたしが報復する」（ローマの信徒への手紙一二章九節）と。そして、パウロがガラテヤの信徒への手紙五章一〇節で「あなたがたを惑わす者は、だれであろうと、裁きを受けます」と告げています。キリストは「あなたがたを拒む者はわたしを拒むのである。わたしを拒む者は、わたしを遣わされた方を拒むのである」（ルカによる福音書一〇章一六節）と説いておられます。

キリスト者が迫害されていた時代を忍耐によって生きた者たち、敬虔で博学で賢明な者たちが、キリストの忠実な説教者たちに刃向かうことによって、また書くことによってキリストの教会において自分たちが行っていることが、いかに愚かなことかを、いつかわかってくれたら！　せめて、彼らが神の裁きを恐れてくれたら、と願わずにいられません。

私は日ごとに神に祈っています。われわれの敵を、われわれの迫害者を、告白人たちをお赦しください、と。われわれの迫害者たるあなたがた自ら、回心には価値があるのだと考えることができますように、と。

＊12　コリントの信徒への手紙一の四章九節参照。
＊13　ヨハネによる福音書一八章二〇、二三節参照。

聖書にはこうあります。「わたしは正しい裁きを行います。虐げる者にわたしをまかせないでください。恵み深くあなたの僕《しもべ》の保証人となってください。傲慢な者がわたしを虐げませんように」（詩編一一九編一二一、一二二節）。また、「父よ、おゆるしください。自分がなにをしているのか知らないのです」（ルカによる福音書二三章三四節）と。そして、私はキリストの次の言葉に慰められます。「人々に悪口を浴びせられるとき、喜びなさい……あなたがたの前の預言者たちも、同じように迫害されたのであるから。われわれと同じように人となられた神の御子もそうされたのだから」[*14]。そしてキリストは「しかし、勇気を出しなさい。わたしは既に世に勝っている！」（ヨハネによる福音書一六章三三節）と語り、口汚く言い返しはしませんでした。むしろ、「彼は、羊のように屠り場に引かれて行った。毛を刈る者の前で黙している子羊のように口を開かない」（使徒言行録八章三二節）と言われています。

世間はわれわれに対して全く聞く耳をもつことなく、われわれに叫び続けるだけです。「あなたは自分について証しをしている。その証しは真実ではない」（ヨハネによる福音書八章一三節）と。私は主に言います。「おお主よ、もし私がこのことをしたのなら、……私を敵に襲いかからせてください」、「報復しようとする敵がいます。これらのことがすべてふりかかってもなお、われらは決してあなたを忘れることなくあなたとの契約を裏切りません」（詩編四四編一七節）と。そして、これは陛下がお読みになられるダビデ記にも記されています。「シムイはダビデに向かって叫んだ。『出て行け。流血の罪を犯した男』と。しかし、ダビデは言うのです。『ほうっておいてくれ。主がダビデを呪えとお命じになったのであの男は呪っているのだから』」（サムエル記下一六章五～一四節）と。

それでも私は陛下に申し上げたいのです。われわれの教会や学校、さらにはこの国にあるすべてのものの中に調和が存在する、と。キリストの教義の中だけでなく、人や説教者の中にこそ調和が存在する、と。われわれは、他の者の間にもそうした一致、調和があると聞くたびに喜び、神に感謝するのです。そして、他の人のために、私たちはイエス・キリストの御名において父なる神に祈ります。私は、公に文章を書くことによって、聖霊を通してこの聖なる一致を守ることに専念する、われらの兄弟すべてのことを思い起こします。「神の霊があなたがたの内に宿っているなら、体は死んでも霊は生きます」、「しかし、互いにかみ合い、共食いしているのなら、互いに滅ぼされないように注意しなさい」（ガラテヤの信徒への手紙五章一五節）という言葉にありますように。

良き神よ！　誤った非難の森の中にわが身を置くことに甘んじるのは、どれほど大変なことでしょう⁉　さらに、彼らは騒ぎ立てます。「あなたはライプチヒのインテリム（仮信条）に答えなければならない！」と。私はそれに応じる必要もなければ、それに反対か賛成かを答える必要もありません。なぜなら、私は個人的に何者かの悪の教義などには意を留めておりませんし、われわれの行政官からも何も求められておりませんから。それになによりも、われわれに対してどんな判断が下されようと、それを受け入れることなどできようはずもないのですから。

最後に彼らは「いまや、あなた方は沈黙しているではないか。苦境にある教会を元気づけようとする気も

＊14　マタイによる福音書五章一一、一二節参照。

ないのだ」と叫びます。われわれが沈黙している理由について、愛する王よ、私は閣下に、あなたのお名前に、私の小冊子をささげます。そこには、特にこの時代のキリスト者の教会の信徒にとって有効で必要な事柄も書かれておりますゆえ、閣下はこれをお読みになり、ご判断なさいますように。というのも、神は閣下に、キリストにある神の大いなる奥義を知り、今までわれわれが沈黙していなかったことをご理解下さるだけの知性を与えておられるのですから。そしてまた、市の陥落の後も、大学が再開された当初から、われわれの学校では堂々とこの小冊子を使用してもいるからです。私たちは、そこに書かれた教義を、神聖ローマ帝国の内外を問わず、キリスト者の教会に所属しているすべての人々の救いのために、公の場で教えます。そして、もし帝国あるいは、ローマ教会の公会議がこの教義を支持しないのなら、ダニエルが預言したように、私たちのために犠牲となられた神の御子キリストが、生きる者と死ぬ者とを判断なさる神の御子キリストが、神に対する冒瀆の罪は決して容認されないということを、この福音の真実という光の下、聖霊を通じて、順序立てて理解せしめるでありましょう。このようなことを申し上げるのも、トリエント公会議は、かねてより次のような言葉をもって、神の冒瀆者としてキリストの前に立っていたからです。「罪の赦しを確信しているから信じている人たち、神が義とされるために罪人を必要とするような信仰を信じる人たち、そういう人たちにすべての罪が許されるという者は呪われるがよい」。というのは、（トリエント公会議で決まったことは）彼らからみれば、聖なる聖書にはなく、傲慢と厚顔と誤りを基に、信仰に反する立場に立って書かれたものだからです。「だれが神が思い直されるのを知っていようか？」（「ヨナ書」三章九節）とあり、パウロは、「たとえ私たち自身であれ、天使であれ、わたしたちがあなたがたに告げ知らせたものに反する福音を告げ知らせようとするなら、呪われるがよい」（ガラテヤの信徒への手紙一章八、九節）、「イエス・キリストという既に据えられる土台を無視して、だれもほかの土台を据えることは出来ません」（コリントの信徒への手紙一の三章一一節）と答えています。

コルネリウスの家や、使徒たちからキリストの福音を受けとった最初の異邦人であるローマの兵士たち、神を冒瀆する者たちの前に、聖霊に満たされたペトロは、聖なる預言者たちを通してキリストの栄光のために立ちました。彼はこう述べています。「預言者もみな、イエスについて、この方を信じる者はだれでもその名によって罪の赦しが受けられる、と証しています」（使徒言行録一〇章四三節）と。この場合、ペトロ――そして、律法の聖なる預言者にある聖霊――は、教皇派たちがキリストに在って信仰に反することを教えているという誤りや神を冒瀆する疑いを否定します。閣下は私の書いたこの注解書をお読みになれば、聖書はこの疑いについて語っていないし、語ることもないだろうということがおわかりになるでしょう。聖書、ヨエル書、そしてヨナ書のどこにも語られていないということが。ですから、一般に容認された福音の真実と闘うことはやめてください。ダニエルはすでに前進しています。そしてダニエルの解説者[*15]もそうです。キリストは地獄のすべての門に抗して教会を守ろうとします。永遠なる命において。アーメン。

ヴィッテンベルクにて　一五五〇年一〇月一日

＊15　ブーゲンハーゲン自身を指すと思われる。

史料２

敬愛するマルティン・ルター博士に向けた、ポンメルン博士ブーゲンハーゲン牧師によるヴィッテンベルクにおける告別説教[*1]

ルターの死と、ブーゲンハーゲンが告別説教するまで

ルターは晩年、多くの苦悩を背負わなければならなかった。一五四二年に娘マグダレーネが病気のためにわずか一三歳で亡くなったことで、彼の悲嘆はいっそう大きなものになったようである。また、彼自身も一五四三年頃から幾度となく病気に苦しめられ、次第に安らかな死を願うようになっていた。一五四五年一二月から翌年にかけて、彼は病を押してメランヒトンと共にマンスフェルトを旅し、相続問題で反目していたマンスフェルトの二人の伯爵たちの調停にあたった。その後、いったんヴィッテンベルクに戻り、一月一七日に説教をしている。そして再びマンスフェルトの紛争を解決するために、彼の生まれ故郷であるアイスレーベンに向かった。途中、病気が悪化し苦しんだが、二月になり、ようやく紛争の解決に成功した。ところが、二月一六日、再び体調を崩し、一五四六年二月一八日、息子や友人が見守るなかで祈りを繰り返したのち、静かに息をひきとった。

ルターの遺体はアイスレーベンからヴィッテンベルクに運ばれて、城教会に安置された。ブーゲンハーゲンは、城教会で告別説教を行い、メランヒトンはラテン語の記念講演を行った。告別説教から、ブーゲンハーゲンの悲嘆は非常に深いものであったことがうかがえる。そして、ルターに対する敬愛に溢れた、

また、残された者へのなぐさめに満ちた説教であったといえよう。

＊＊＊

テサロニケの信徒への手紙一 四章において、使徒パウロは述べています。

「兄弟たち、既に眠りについた人たちについては、希望を持たないほかの人々のように嘆き悲しまないために、ぜひ次のことを心にしまっておかないで欲しい。それはイエスが死んで復活されたと、わたしたちは信じているからです。神は同じように、イエスを信じて眠りについた人たちをも、イエスと一緒に導き出してくださるからです」（テサロニケの信徒への手紙一 四章一三〜一四節）。

親愛なる同志よ、今から私は敬愛する父マルティン博士の告別説教を行うわけでありますが、涙が止まらず、何ごとかを語れる状態ではありません。いったい、何を話せばよいのでしょう、どう話せばよいのでしょう？ しかし、あなたがたの牧会者であり、説教者である私が何も話すことができなければ、だれがあな

＊1 一五四六年、Georg Rhau によってヴィッテンベルクで印刷された。*Einer christliche Predigt/vber den Leich vnd begrebnis/des Ehrwirdigen D.Martini Luthers/durch Ein Johan Bugenhagen Pomern/Doctor/vnd Pfarhern.*

たがたに慰めを与えることができましょうか？　私はいったい、どこであなたがたへの説教をやめることができるのでしょうか？　きっと私の説教はますますあなたがたの涙を、嘆きを誘うことになりましょう。神が、気高く親愛なる方、敬愛するマルティン・ルター博士を奪い去り、この悲しみを私たちにお与えになったのです。私たちはどうして嘆かずにいられましょうか？　神は、彼を通して、私たちすべてに、ドイツにおけるキリスト教会すべてに、そして外国においても、言い尽くせぬ恵みを与えてくださいました。また神は、彼を通して、恥ずべき偶像崇拝と人のこしらえた伝承をもつ悪魔の王国に勝利し、パウロが言うように、実にこの世において悪霊の教えに反抗し、福音書において崇高で偉大な、天に隠れておられる、神の御子イエス・キリストのことを私たちに明らかにしてきました。私たちの愛する父なるキリストは、ルターを通して、嘆かわしい教皇やさまざまな暴徒や暴君に抗し、地獄の門に抗し、福音を守ってきました。神は聖霊の力と強さとをこの親愛なる方にお与えになりました。だから、かのお方は何者をも恐れなかったのでありましょう。相手がどれほど強大な力をもっていようとも、であります。彼は福音に基づき、厳しい非難や激しい怒りをもって、純粋な教義を豪胆に守り抜いたがために、しばしば世の人々からは、激しくかつ極端な人物とみなされました。それはキリストが、ユダヤ人やファリサイ派の辛辣で悪意に満ちた腹黒い輩からの非難を浴びたことを彷彿させます。キリストを非難した人々は、純粋な真理に懲らしめられて傷つき苦しみながらも、キリストの有益な教えを受け入れようとはしませんでした。神は、この偉大な教師であり預言者であるキリストを私たちから取り上げ、そして、神の御力によって教会の宗教改革者ルター博士をお与えになったのでした。

ああ、いかにして私たちは悲嘆を、慟哭を鎮めることができるのでしょう？　いかにして私たちは、「既に眠りについた人たちについては、嘆き悲しまないように」（テサロニケの信徒への手紙一 四章一三a節）というパウロの言葉に従うことができましょうか？ もっとも、かく言うパウロはそのすぐ後に「希望を持たない人々のように」（テサロニケの信徒への手紙一 四章一三b節）と付け加えているのでありますが。さりとて私たちは、キリストに在って眠りについている人たちが再び目覚め、私たちが再び彼らにまみえ、より良い生を生き、そして永遠に彼らと共にいられることを信じてもいます。

しかしながら、この世は、この親愛なる神の人をもつことを決して自らにふさわしいものとせず、かの人を中傷し、迫害し続けました。しかも、恩知らずなこの世は、この偉大な人を通して多くの恵みを授かり、特にさまざまな圧政や忌まわしい教皇制の暴政から自由になったのであります。ですから、多くの（知恵と理解のある）好敵手たちは、親愛なる人がしばらく生きていてくれることを望んでいたことでしょう。

私は、敬愛すべき偉大なる人を失った私たちの深い悲しみを語ってきたわけでありますが、福音主義を認めてきた真のキリスト者たる王や君侯や諸都市も、私たちと悲しみを共にしております。私たちだけでなく、キリスト教界の多くの人々が、しばし私たちと悲しみを共にしているのであります。

忌まわしき現教皇やマインツの大司教、あるいはハインリッヒ公[*2]は、果してこの方の死を喜んだでしょうか。おそらくそうではありますまい。この方がキリストに在って亡くなられても、この方の、力に満ち溢

＊2　Heinrich der Jüngere（1489–1568）はブラウンシュヴァイク・ヴォルフェンビュッテルの統治者で、ルターの時代、宗教改革に反対していた。

れ、祝福された教えは脈々と生き続けているからです。彼こそ、紛う方なくヨハネの黙示録一四章に描かれている、天心を翔《かけ》る天使、永遠の福音を携えた天使だったのであります。ヨハネの黙示録の該当箇所をお示しします。

「わたしは、もうひとりの天使が空高く飛ぶのを見た。この天使は地上に住む人々、あらゆる国民、種族、言葉の違う民、民族に告げ知らせるために、永遠の福音を携えて来て、大声で言った。『神を畏れ、その栄光を讃えなさい。神の裁きの時が来たからである。天と地、海と水の源を創造した方を礼拝しなさい』。また、別の第二の天使が続いてきて、こう言った。『倒れた。大バビロンが倒れた。怒りを招くみだらな行いのぶどう酒を、諸国の民に飲ませたこの都が』」(ヨハネの黙示録一四章六～八節)。

この「神を畏れ、その栄光を讃えなさい」と声を張り上げた天使こそ、マルティン・ルター博士その人でありました。そして、「神を畏れ、その栄光を讃えなさい」とは、マルティン・ルター博士の教えにある律法と福音の二つを意味しているのであります。彼の教えをもとに、私たちが神の義と永遠の命をもつキリストを認めたことによって、彼は聖書のすべてを明らかにすることができたのでした。この二つに、「神の裁きの時が来る」を加えて、彼は霊と真なる天の父、神に捧げる適切な祈りについて教えました。それは、黙示録一四章の天使の言葉でもあります。「天と地を創造された方を礼拝しなさい」と。

この天使の教えに続いて第二の天使が、迫害され悲しみの中にある教会への慰めを公言します。そして敵対する者には、永遠の裁きと非難が稲妻と雷鳴となってふりかかり、ついに、第二の天使が「倒れた。大バビロンが倒れた」と言ったのであります。ですから、敵対者たちの喜びが私たちの悲しみよりも長く続くことはありません。キリストもまたヨハネによる福音書一六章でおっしゃっているように「あなたがたの悲しみは喜びに変わる」のであります。

私たちは、黙示録一四章によって、かつて起こったこと、いますでに起きていることを知っています。黙示録を信ずるならば、必ずやそこに書かれていることのすべてがこれからも続いていくでありましょう。

それにしても、この悲しみと涙の時に、私の説教はいかにとりとめのないものであることか。それは、かくも親愛なる方が、かくも正しき司祭が、魂の牧会者が、私たちのもとを旅立たれたことを心から悼み、溢れんばかりの悲しみ中にあるからであります。しかしながら、この悲しみの中で私たちは、神が私たちに与えてくださった恵みとご慈悲を認めなければなりません。一四一五年に真理のために殺されたヤン・フスの没後一〇〇年の時に――ヤン・フス自身が自分の死の前に、将来の白鳥について予言していたとおり――神は、悪魔の教義、嫌悪すべき悪魔の教皇の反キリストの教えに抗して、聖霊の力により、私たちのもとに、敬愛すべきマルティン・ルター博士を呼び寄せてくださいました。そのことに感謝すべきなのであります。

フスはボヘミア語で「鵞鳥」を意味します。ヤン・フスは火刑に処せられる前に、「あなたがたは一羽の鵞鳥を焼こうとしている」、「しかし、神はあなたがたに焼かれることのない一羽の白鳥を呼びおこされる」と言ったと伝えられています。そして、その意味を一切語ろうとしないフスに彼らが罵声を浴びせた時、彼はきっと、「一〇〇年後にお答えしよう」と応えたでありましょう。彼のその言葉は、私たちの愛する父ルター博士を通して、実現されたのでした。まさに一〇〇年経った最初の年に、それは始まったのでありま す。そう、私たちは、神がこの方を、そして激しい論争とさまざまな紛争の中にある教会を、私たちのために守ってこられたことに、そして一〇〇年もの間、彼を通してキリストが勝利してこられたことに感謝したいのであります。アーメン。

私たちは、親愛なる父ルターが、神に命じられた使徒的、預言者的務めを忠実に果たし、私たちのもとを去り、主キリストのもとへと旅立ったことを喜ぶべきなのであります。というのは、聖なる監督者たち、預言者たち、使徒たち、そして多くの福音を宣べ伝える者たち、聖なるすべての天使たち、アブラハムの親しいラザロ、すなわち永遠の喜びである信仰者すべては、キリストと共にあるのですから。フィリピの信徒への手紙一章で、パウロが「一方では、この世を去って、キリストと共にいたいと熱望している」と言っているように、また、使徒言行録七章で、ステファノが「主よ、私の霊をお受け取りください」と言っているように、また、イエスが泥棒に「今日、あなたは私とともに、パラダイスにいるだろう」と言ったように、私たちは終わりの日までに、今起きつつあることを経験するでありましょう。「父よ、わたしの霊を御手にゆだねます」と言ったキリストの霊がイースターにおける復活の日まで父の御手にあるように、疑いもなく私たちの霊も、私たちの復活の時まで、キリストの御手にゆだねられてあるでしょう。というのは、これが、「しかし今は、ここで彼は慰められ、お前はもだえ苦しむのだ」（ルカによる福音書一六章二五節）というアブラハムの言葉の意味であるからです。

裁きの日まで、信仰者は平安か慰めを、不信仰者は心配や苦痛をもつ、と聖書に基づいて明言することは私たちにはできません。テサロニケの信徒への手紙一　四章一三節でパウロが「眠っている者に関して」語っていることからわかるように、聖書には眠っている者についても述べられています。自然の眠りにおいては、健康な者は心地よい眠りに休むことで元気を取り戻し、より強く、より健康的になるものでありましょうが、一方で、病にある者、あるいは悲しみの中にある者、とくに困難の中にあって恐ろしい夢や死の恐怖におびえている者は、眠りによって休むことができないうえ、目が覚めても恐怖からのわびしさだけが募ります。これはまさしく信仰者と不信仰者の眠りの違いなのであります。とはいえ、私たちはこのことについてこれ以上話すことはできません。聖書の中の言葉以外の憶測によって語ることはできません。

私たちの敬愛するマルティン・ルター博士は、自らが望んでいたことをいま実現されました。そしてもし彼が再び、私たちのもとへ戻って来られたとしたら、彼は私たちが嘆き悲しんでいることを、私たちの意気地なさを、ヨハネによる福音書一六章のキリストの言葉をもって叱責するでしょう。「あなたがたがわたしを愛しているなら、私が父のもとから出て来てあなたがたと会う時、あなたがたは喜びなさい。そして、あなたがたは永遠の安らぎと喜びをうばわれることはないでしょう」。キリストは私たちのために、死を克服しました。なぜ、わたしたちが恐れなければならないのでしょうか？　私たちにとって身体の死は、私たちのために気高く価値ある犠牲となってくださったわれらの主イエス・キリストの永遠の命の始まりなのです。

私は、敬愛する父マルティン・ルター博士がキリストの告白において穏やかに旅立とうとしているのを見守っていたとき、彼が「神よ、キリストの胸にやさしく亡くなり、そして身体が死の長い痛みを伴って苦しまないことを受け容れて下さるように。しかし、神の御心のままに」と祈っていたことを、いまも思い出すのです。

また、より良き人生を求めてさまよっておられた私たちの敬愛する父、マルティン博士はかなり以前から、別の場所に移りたいという自らの希望を、私たちに示唆していました。彼はまた、死ぬ前のこの一年、それまでにも増して旅をし、彼の故郷マンスフィールドの近くのツァイツやメルゼブルクやハレの司祭も訪ねています。それは、彼がより良き人生への祝福された旅へ乗り出そうという預言であり、暗示であったのでしょう。だから彼は、自分が生まれ、洗礼を受けたアイスレーベンにあるマンスフィールドの高貴な伯爵や領主のもとにも行ったのでしょう。そして彼は、この人生からも旅立ったのであります。これはまさに彼が望んでいたことでありました。私たちと共に在ること、そして愛する妻や子どもたちと共に在ることを除けば、この時彼が最も望んでいたことでありました。しかしながら、神は、この二つを別々に命じられたのです。

ここで、私の親愛なる兄弟でありキリストを愛した敬虔なる人物、アンブロシウス・ベルナード・フォン・ギューターボッホ（Ambtose Bernard von Güterboch）についてふれておきたいと思います。アンブロシウスは、ヴィッテンベルク大学で私たちと共にいました。病で亡くなる前の数日間の彼はひどく衰弱し、まるで神によって私たちから取り上げられ、この世ならぬ別の世界にいるかのような状態にありました。彼は、どれほど私たちと共にいたいか、私たちと共に喜び合っていたいかを語っておりましたが、自分が重篤な病で死ぬことになるなど、考えてもいませんでした。彼は確かに死を理解していなかったので、死を恐れることもできなかったのです。もはや彼には、キリストを語る以外、この世に与えられた時間は残されていなかったのです。彼は自由に、そして真摯に、私たちがキリストに在って天の父から経験した大いなる恵みや救いを告白しました。というのは、彼はキリストを愛し、霊と真理において父なる神に祈りを唱える習慣をもっていたからです。もし、このとき、だれかが彼と（意識が戻ってきているときに）話そうとして、彼の愛する妻、子供、家、金、罪などについて語ろうものなら、彼はたちまち正気を失い、再び別の世界にいるかのような状態に陥ってしまったでしょう（それでいて、私たち皆を認識し、名指しで呼びはするのです）。彼が極度の興奮状態にあることに気づかなければ、彼はすっかり回復しており、ベッドに寝ていなければならないことが退屈で、笑ったり、茶目っ気のある駄洒落を交えて会話をしていると思ったことでしょう。しかしながら、私たちの愛する主イエス・キリストは、ひどい興奮状態のままキリストへの信仰を告白する彼をこの世界から神のもとへ連れ出しました。こうして彼は、亡くなる前の数日間、すでにして死んでいた、つまり関わる必要のないこの世のことなど少しも彼の意識になかったのです。実に彼は、死を見ることもなかったのです。そうであるならば、どうして彼が罪や死を恐れることがあったでしょう？　こうして、私たちすべての信仰者が経験すること、つまりヨハネによる福音書八章にあるキリストの「はっきり言っておく、わたしの言葉を守るなら、その人は決して死ぬことがない」という言葉に語られていることを彼に見ることができるのです。信仰者たちがアンブロシウスとまったく同じようにあっけなく亡くなったとしても、御子が十字架の上で苦しまれたように、愛する短い時が来た時、彼らは皆、死を見ずに生を見て、「父よ、わたしの霊を御手にゆだねます」（ルカによる福音書二三章四六節）と言うことでしょう。このようにして私たちの主イエス・キリストは、涙の谷間から祝福した後、愛するマルティン博士をこの世から切り離して主イエスのもとへ取り上げられたのです。神に永遠の祝福をし、感謝いたします。

アンブロシウス氏が病の床にあった時、眠れない彼のために、私は二人の医師に強い酒を用意するよう頼みました。彼らは危険だと言いました。もしも何か起こったら、自分たちが責められるかもしれないと。「もしそれで彼が亡くなるようなことになったら、私が責任をとります。主に在る彼に、無駄とわかっていることであってもしてさしあげてください。もはや助かる見込みなど語れないのですから」と私が言うと、医師たちは彼に酒をあたえてくれましたが、それは私が望んだほど強い酒ではありませんでした。やはり医師たちは、心配だったのでしょう。酒をあたえられて彼は二時間ほど眠っていましたが、目が覚めると、しきりに苦痛を訴えては妻になんとかしてほしいと求めていました。しかしながら、その後一時間半ほどもすると、彼にはかつてのような幸せな精神状態が戻ってきました。つまり、二、三日後には魂がキリストのもとに召されるという時になって、ようやくこの現実の世界のことに対する意識が目覚めたのでした。

ここで私は、私たちの敬愛する兄弟、アンブロシウスにまつわる祝福と喜びの話を、もう少し詳しく述べたいと思います。その理由は二つあります。まず、あなたがたの愛する者たちのことでわめいたり泣いたりするのをしばし止めてみたいのです。私たちがそのことに心を支配されているからです。神は私たちを悲しませましたが、こんどは神の恵みが私たちを慰めてくださいますように。次に、これからお話しすることが、私たちを助けてくれると思うからです。

アンブロシウスはマルティン氏の義兄にあたります。ですから、マルティン氏は病気の彼を訪ね、二人でキリストについて話したことがありました。そのとき、アンブロシウスは、前に述べたように、福音書に従って、キリストについて語りました。しかしながら、マルティン氏が妻や子どもや財産などの話をしたいと思っても、アンブロシウスは、これもすでに述べたことですが、脈絡のない言葉で幸せそうに夢想を語るばかりで、そのような話題に取り合おうとしませんでした。とりわけ彼は、博士に微笑みを見せ、感謝をこめて言いました。「博士、来てくれて、ありがとう。いずれ私があなたを夕方にでもお訪ねしたいと思います。その時には素敵な夕食をご一緒しましょう。そして、たくさんの嬉しいことを貴方と共に話したいと思います」。彼らは両者とも、この世の生を遂げて、永遠へと旅立ったので、この世でこの言葉が実現することはありませんでした。

この時、アンブロシウスのもとを辞した博士は、私にこんなことを言いました。「彼はもういないのだ。そして死を事実として認めてもいない。私たちは彼に、死を前にして身辺をどのように整理しておくべきかを伝えたいのに、彼はこの世界のことや生活のことをまったくわかっていない。それどころか彼は激しい喜びの興奮状態にあって、幸せそうに笑ったり、脈絡のないことをあれこれ提案したりしている。私たちに、ふざけてみせたりさえする。あたかも、彼は『この世で何を準備するのか、何に気を配るというのか、私はまったくわからない』とでも言いたげだったようである。神がまた、私に平和で祝福された死の時間を与えたまわんことを。私は、この世でなにをさらに成し遂げるべきなのだろうか？」。

アンブロシウスは一五四二年の一月に葬られました。寒い冬の日でした。マルティン博士はその後、私と共にアンブロシウスの墓に行くことはありませんでした。埋葬した時、彼は墓を指し示して言いました。「彼は自分の病を理解していなかった。自分が死に瀕していることもわかっていなかった。キリストへの信仰告白がなければ、無理だったのだ。彼はここに横たわり、自分が死んでいることも知らないのだ。愛する主イエス・キリストよ、涙の谷間から、同じように私をあなたのもとへお連れになってください」と。

私は、愛する父マルティン博士からしばしばそのようなことを聞かされました。そして、私が苛立っているのに気づいて――きっと私の言葉から気づいたのでしょうが――彼は私にこう言いました。「私たちの愛する主なる神に、私をここから神のもとへ連れて行ってくださるよう願いなさい。私はもうこの世で何もできない。私はとてもあなたの役に立てない。あなたの祈りで私を助けてほしい。私がこれ以上長く生きることなど願わないでほしい」と。今や皆さんは、私の愛する父、私の愛する博士の言葉に、私がどのように答えたか想像できるでしょう。彼のこうした言動に、彼が最後の日々にあって、どれほど切にこのつらい生活から除かれることを望んでいたか、キリストと共に在ることを望んでいたかが示されています。それからまた、彼は「成し遂げられた」と言って、天の父なる御手に彼の霊を委ねる旨、告げたのです。

親愛なる友よ、あなたがたに、愛する父、マルティン博士からの短いお別れの報告があり、私は今からそれを伝えたいと思います。自身の特別な時が来たと気づいたとき、彼はこのように祈りました。

「私の天の父、唯一の神、そして主イエス・キリストの父、すべて慰めの神よ。私はあなたの御子、イエス・キリストを私にお示しになられたことに感謝いたします。私はイエス・キリストを信じ、説教し、信仰を告白し、彼を愛し、彼をほめたたえて参りました。忌まわしい教皇、すべての不信心な者たちは悪口を言い、迫害し、神を冒瀆しています。私はあなたに、私の主イエス・キリストに、乞い願います。私の小さな魂をあなたに委ねさせてください。天の父よ、私は確かにこの身体を離れ、この世から取り去られなければなりません。けれども、にもかかわらず、わたしは永遠にあなたと共に在り、だれもあなたの御手から運び去る者はいないことを確信をもって知っています」。

そして彼は三度繰り返しました。

「まことの神、御手にわたしの霊をお委ねします。わたしを贖って下さい」。

さらにヨハネによる福音書三章一六節より「神は、その独り子をお与えになったほどに、世を愛された。独り子を信じる者が一人も滅びないで、永遠の命を得るためである」。

それから彼は両手を組み、沈黙の中、自らの霊をキリストに捧げたのです。それゆえ私たちも、悲しみの中にある私たちも彼と共に喜ぶべきなのであります。

ここに私はかの聖マルティン[*3]を思い出すのです。歴史においては、彼の名前が出てくるだけで、すべての異端者は顔を青ざめ、その勢いを失ったものでありました。さらに、聖マルティンが亡くなった時、真のキリスト者たちは涙に暮れて死者を哀悼しました。さらに当時、聖マルティンの亡骸をだれのもとに置くか、どこに葬るべきかをめぐって口論や争いがいくつかの都市や地域で起きました。ところが、私たちの聖なるキリストの聖職者であり預言者であり、ドイツの地域における説教者であり伝道者であるマルティン博士にも、同様な事態が起きたのであります。しかし、私はそのことについてここで長々と話すつもりはありません。この人生において、私たちを、キリストの教会を愛した神の御旨にある彼を、神ご自身がいま大切に受け止め、愛し、保持なさっておられます。神が報いて下さり、私たちすべての者が再び彼と共に在ることのできる場所に、私たちの愛する父が来てくださいますように。

嵐の中でエリヤがエリシャから引き離されようとしている時に懇願した[*4]という崇高で敬愛すべき預言者エリシャについて語られたこと以上に、子孫について、愛する父が建てた教会について、神の霊が語ってくださいますように。

しかしながら、私たちの罪や忘恩のゆえに、神が私たちから大切な人を引き離してしまわれることを恐れ

*3　ルターは聖マルチヌスの日に洗礼を受け、その名にちなんでマルティンと名づけられた。
*4　列王記下二章九節参照。主が嵐を起こして預言者エリヤを天に上げられた時のエリヤと弟子であるエリシャのことを指していると考えられる。

たり、想像したりするのであれば、そのときこそ私たちは自らの人生を改善し、信仰にあっては祝福された純粋な教えを離れず、暴徒や圧制者たちに抗い、そして地獄のすべての入り口に対してキリストを通して立ち向かい続けることを、天の父なる神に真摯に懇願すべきなのです。私たちの救いの神よ、主なるイエスよ、わたしたちを助け、あなたの御名の栄光を輝かせてください。御名のために、わたしたちを救い出し、わたしたちの罪をお許しください。あなたの教会において、良き説教者たちをお守りください。詩編六八編に「主は多くの福音の伝道者たちと共に良い言葉を与えてくださる」と伝えられてありますように、聖霊を通して彼らに力と強さをお与えください。

敵対者、冷酷な説教者、修道士、加うるに私たちの忘恩である、あつかましく、非道で、神を冒瀆する者たちの存在が、実に今この世において大きな不幸であり、神の罰の原因となっています。しかし、私たちは私たちの主イエス・キリストである御子のお名前を通して、父なる神に、私たちの親愛なる父、マルティン博士ご自身が、神のもとへ移るという、墓碑と神の預言を成し遂げてくださるよう希うべきでありましょう。

「教皇よ、教皇よ、私が生きている時、私はあなたの悪疫であった。私が死んだとき、私はあなたのいまいましい死になることでしょう」。神が私たちの主イエス・キリストを通して永遠にほめたたえられますように。アーメン。

第2部

ルターの運動の影響

第5章 ポーランドにおける宗教改革運動の受容

はじめに

「ポーランド人はカトリックだ」という等式が一般化しており、宗教的非寛容の国であるという印象をもつが、しかし、一六世紀のポーランドの状況はまったく異なっていた。その時代のポーランドには、すべての事柄について「寛容」というキーワードが当てはまる。

ポーランドも他のヨーロッパ諸国と同様、キリスト教を受容して国家を形成した。しかし、ポーランドにおける問題は、良きにつけ、悪しきにつけ、複合多民族国家であることに起因する。つまり、ポーランドでは少数民族を受け入れる寛容政策ゆえに、被支配者層も必ずしも民族意識をもたず、全人口の四〇%であるポーランド人と、それ以外の非ポーランド人との間で大きな差が表面化することはなかったのである。同様のことが、宗教についてもいえ、プロテスタント諸派の教えも、比較的容易に流入することができたのであると考えられる。宗教改革運動が同一言語で話す人々の間で発展したドイツ、フランス、イングランドなどと比べると、複合多民族国家であるポーランドにおける宗教改革運動の受容の仕方は大きく異なることが想像できよう。

本章では、そのようなポーランド独自の背景を念頭におき、ポーランドにおけるフス主義、ルター派、カルヴァン派、ユニテリアン派、アナバプテスト派の受容の仕方、また、ギリシア正教会と対抗宗教改革の対応など、ポーランドにおける宗教改革運動について考察してみたい。

1　背　景

一六世紀のポーランドは、政治的にも社会的にも、成長と変遷の過程にあった。まず、宗教改革運動を受容するまでの背景をみてみよう。

ポーランド初代君主、メシコ一世は九六六年にキリスト教に改宗した。メシコは近隣のドイツやボヘミアに対してその地位を強化するため、ドイツの教会ではなく、直接ローマ教皇庁に服属するようにはかった。キリスト教が支配者の政治的便宜主義によってもたらされたため、民衆レベルにおいては、それが根づくには、土着信仰との妥協が必要であった。

また、ポーランドは、ドイツからの影響が強かった。神聖ローマ帝国の外に位置していたが、一二世紀頃からドイツ東方植民の波が押し寄せ、特に、一二二六年にはマゾフシェ侯コンラートが、プロイヤンにドイツ騎士団を入植させたという背景があった。一三〇八年、ドイツ騎士団はポーランドにとって重要な海港グダンスク（Gdańsk）を占領し、さらに東ポモージェの征服を続けていた。

一三七〇年、メシコ一世から続いたピャスト朝は断絶し、ハンガリー王ラヨシュ一世が王位を兼ねたが、男子がなく、娘のヤドヴィガが後を継いだ。ポーランドとともにドイツ騎士団の脅威に直面していたリトアニア大公ヤガイラは、キリスト教に改宗してヤドヴィガと結婚し、ここにヤギェウォ朝が始まった。これ以後、ヤギェウォ家によるポーランド統治と、ポーランドとリトアニアの連合関係の開始によって、領国の国境地方の係争を解決し、同時に領国の共通の敵たるドイツ騎士団への対抗を強めようとした。しかし、ギリシア正教を信奉するリトアニア国内には、このポーランドとの連合やカトリック教会に反対する勢力があり、ヤガイラの従弟のヴィタウタスは、リトアニアの独立を図ろうとした。ヴィタウタスは一四三〇年までリトアニアを支配し、この間国内で自立的な諸侯を廃して中央集権化をはかるとともに、ロシアのスモレンスク公国を併せるなど、大公国の領土をさらに東と南に拡大して、バルト海から黒海に及ぶ大国を支配した。しかし、ヴィタウタス死後、ポーランドやドイツ騎士団の干渉、ロシア系住民の不満などから、リトアニアは内乱状態に陥った。ロシア系住民の不満は、ヤガイラのポーランド王即位直後、カトリック系の大領主[*1]に与えられたポーランド貴族と同等の特権が、その後、一四一三年カトリックの小領主にも拡大され、ギリシア正教徒の領主[*2]が差別されたことを一因とするものであった。しかし、内乱期にこの特権はギリシア正教徒の領主にも拡大された。リトアニアの領主へのポーランド貴族の特権の適用は、この国の文化や諸制度のポーランド化のもととなった。ポーランドそのものにおける貴族の特権獲得は、内容的にも、適用範囲においても拡大し、一四二二年には、貴族の土地所有権を保証し、また、一四三〇年と一四三三年のポーランドの『人身保護律』と呼ばれる法令で、貴族を国王や官吏の恣意による投獄などの不安から解放した。このような特権は、大領主から小領主まで一切の区別はなく、単一身分としてのポーランド貴族[*3]全体に与えられた。カジミェシ四世は、ドイツ騎士団領内での騎士団当局の圧制に対する都市と貴族の反抗を支援して、一四五四年、騎士団との十三年戦争を始め、一四六六年の第二次トルンの和約で、重要な海港グダンスクを含む東ポモージェなどを回復して、バルト海への出口の奪回というポーランドの宿願を達成した。この地域は「王領プロイセン」とよばれることになったが、これに対して騎士団に残された地域（東プロイセン）は、ポーランド王の宗主権下におかれた。

一五世紀のヤギェウォ朝はハンガリー[*4]とボヘミア[*5]を統治したために、ヨーロッパの三分の一を統治することになり、経済、文化、政治において繁栄したが、一五二六年のモハーチの敗戦の後は、ポーランドとリトアニアがヤギェウォ朝に取って代わった。一六世紀半ば、ロシアの発展は著しく、リトアニアにとっては脅威であった。このため、リトアニアの貴族の間に、ポーランドとの連合関係を緊密にしようとする動きがおこり、他方ポーランドでは、リトアニアを完全に吸収しようとする企図があり、ジグムント二世は一五六九年、ルブリンに両国の合同国会を召集し、この国会で、以後領国は、法律、行政機関、軍隊などを別にしながら、共通の君主と合同国会をもつ不可分の連合国家であることが決められた。

次に社会的背景について触れよう。前に述べたように、ポーランドは多民族から成っていた。リトアニア人はスラヴ系ではなく、バルト系に属するが、一三世紀、強大な国家、リトアニア大公国を築いて以降、住民の大多数は、東スラヴ系のベロルシア人とウクライナ人であった。これらの民族は、一六世紀、ポーランドとの同君連合に

＊1　固有のリトアニア人。
＊2　おもにロシア系。
＊3　「シュラフタ」と呼ばれる封建支配層であり、人口比が一六世紀に約六・六%と高く、その社会層の厚さは注目に値する。ポーランドはシュラフタの議会の同意がなければ何事も決定できないといわれるほどで、一六世紀半ばには、名実ともに「シュラフタの共和国」となった。シュラフタの特徴は、身分内の経済的格差が大きかったことである。広大な領地を持ちほとんど国王と変わらない権勢を誇った大貴族（マグナート）、一から数ヵ村を有する中流シュラフタ、農奴を持たず自分で自分の土地を耕す小地主シュラフタ、土地さえもたないシュラフタ、の四つに大別された。にもかかわらず、爵位制度がなく、全員が法的には平等であり、国王選挙権・議会代表権などの政治的権利を独占していることなども特徴であった。
＊4　一四四〇〜一四四四年、一四九〇〜一五二六年支配。
＊5　一四七一〜一五二六年支配。

おいてそっくり、ポーランドの中に取り込まれるのである。ドイツ人は、前に述べたように、中世にポーランド側の招きに応じて、異教徒と戦う騎士として、[*6]あるいは、ドイツ農民、職人、商人が入植してきた。封建領主化した者たちは、一時ポーランド王に臣従を誓ったものの、しだいに自立傾向を強める。これに対して、都市に定住した者は、少なくとも、内陸部においては、一六世紀末までにはほとんどポーランド化される。また、西ヨーロッパでユダヤ人の大迫害がおこった一三世紀頃から、当時宗教的に比較的寛容であったポーランドへ、ユダヤ人たちが、迫害をのがれて、西から南から、流入した。ポーランドがリトアニアと合同し、黒海にまで達する大国になるにつれて、ユダヤ人も全領内に広がり、西欧に見られなかったシュテットル（小さな町）と呼ばれる独特のユダヤ人[*7]共同体を地方に築き、彼らは、厳格なユダヤ教の戒律を守った。東部地方では、都市人口の三〇～五〇％がユダヤ人であり、なかなか同化しなかった。すべては、一三世紀にモンゴル軍の侵入によって荒廃した国土を、商業の発展によって復興しようとして、ユダヤ人に商業、信用取引の自由を保障し、聖職界と都市身分の裁判管轄権から独立させ、生活の安全、個人財産、宗教の自由を保障し、ユダヤ法に関連する一切の問題をユダヤ人共同体みずから決定する権利を与えたことに始まる。

ポーランドの支配層は、民族的にきわめて寛容であり、[*8]それは宗教に対する政策にもいえると先に述べた。つまり、外来の分子を受け入れることをいとわないのと同じようにように、宗教改革時代には、他の国家や民族と比べ、様々な宗派に対して寛容であり、違った宗派を排除していないようである。このことは、たとえば前にも述べたように、一四世紀にリトアニアから国王を迎え、新しい王朝ヤゲウォ朝が創始されたことや、一五世紀に成立した貴族共和制においては、共和国の市民、つまり貴族であることがポーランド人であることを意味したという[*9]ことから示すことができる。また、当時の支配層は、ポーランド人、リトアニア人、ペロルシア人、ウクライナ人、ドイツ人から構成されていた。結局、彼らは共和国の市民である限り、ポーランド人と呼ばれ、同時に、ポーランド人としての意識をもったといえよう。

宗教改革運動が入ってくる前に、以上のような政治的社会的背景があったが、次に各宗派の宗教改革運動の受容についてみてみよう。

2　宗教改革運動の受容について

フス主義の受容

隣国のフス派の動きはいち早く伝えられ、フス主義はポーランドにも入ってきた。ポーランドでは、聖職者たちはフス主義を非難した。その一方で、一時フス主義はマグナートや教会の支配に反感を持つシュラフタや市民たちをひきつけ、彼らは、同じスラヴ系ということもあって、チェコ人がドイツ人に対抗する戦いに共感を示した。またポーランド王たちは、フス派の人々をドイツ騎士団に対抗する同盟者とみなした。[*10] それは一四三三年にフス派がドイツ騎士団に対抗して遠征をはじめたこともあってのことであろう。一五世紀の末には、ヤギェウォ朝カジミェシ王は、フス派のチェコ王イジーと教皇との間の対立において、イジー支持に回った。しかし、ポーランドでは、フス主義はカトリック教会側から厳しく拒否され、結局定着しなかった。このフス主義批判で中心的な役割を果た

＊6　ドイツ騎士団のこと。
＊7　伊東孝之『ポーランド現代史』山川出版社、一九八八年。
＊8　伊藤、前掲注7、七頁。
＊9　伊藤、前掲注7、九頁。
＊10　伊藤、前掲注7、九頁。

したのは、クラクフ大学の神学者たちであった。

ジグムント二世の時代の一五四八年に、ボヘミア兄弟団が、本国からの迫害を逃れて、マウォポルスカ地方に入ってきた。このボヘミア兄弟団は、ユニテリアン派とともに、ポーランド兄弟団と呼ばれるようになり、フス主義に根ざしたボヘミア兄弟団は、このポーランド兄弟団に取って代わるようになった。

ルター派の受容

一六世紀の前半が進む過程において、ポーランド国内では貴族たちが政治的、社会的主導権を確保していった。貴族たちは、地方における聖職者たちを任命することができた。また、西欧への旅行や留学によって貴族たちは、宗教改革運動の思想にも触れるようになった。そのために、ルターの初期の著作はポーランドで広く売られたが、一五二〇年にはトルン（Toruń）に教皇特使がルターの書物や肖像を焼き捨てるために派遣されたり、一五二三年にはジグムント一世が、ルターの書物の輸入を禁じる勅令を出した。

ポーランドにおけるルター派受容において特に重要なのは、ドイツ騎士団によるものである。カジミエン四世は、ドイツ騎士団領内での騎士団当局の圧制に対する貴族と都市の反抗を支援し、一四五四年、騎士団との十三年戦争をはじめた。この内乱は、先にも述べたが、一四六六年の第二次トルンの和約で終結し、その結果、ポーランドは王領プロイセンと呼ばれる地域を得た。ポーランド王が一五二五年に再び力によって都市暴動を抑えた際に、グダンスクのルター派支持者たちはカトリック教会の建物を破壊した。一方、騎士団国家はポンメルエレン、クルムラント、エルムラント、マリエンブルク、エルブロングの周辺領域までも失い、騎士団の残された地域（東プロイセン）は、ポーランド王の宗主権下におかれたのである。そして、ホーエンツォレルン家出身の総長アルブレヒト・フォン・ブランデンブルク＝アンスバッハが、一五二五年七月六日に、諸身分の同意とルターの勧めで、衰えた騎士団国家を、ポーランド王を宗主とする世俗の公国、プロイセン公国に変え、クラクフを首都としたのである。この「上から」の宗教改革の導入は、また「下から」熱烈に受容され、特に、ケーニヒスベルク（Königsberg）では、教会は新しい教えを聞こうとする人々であふれたという。[*11] ルターの教えを受け入れたのは、ドイツ語が使われていたプロイセンの町のかなりの数の住民であった。ローマ・カトリック教会による聖餐からルター派による聖餐への変化は、信者たちが混乱しない程度に徐々になされていった。また、プロイセン公国は一五三〇年代初めにアウグスブルク信仰告白を受け入れた。チャッケルトによれば、一五四四年における教会巡察や教会規則の導入後に、プロイセン公国は完全にルター主義になったという。[*12]

　プロイセン公国におけるプロテスタンティズムの次の段階は、一五四九年から一五五二年における真正ルター派とオジアンダー派の間の論争と結びついている。全ヨーロッパ、特にポーランドからのプロテスタントにとっては、プロイセン公国は天国だったようである。メノー派、ボヘミア兄弟団などがここに落ち着いた。他方、カトリック教会は、この動きを公式に認めたわけではなく、公的礼拝や大学では認めなかった。ただし、すでに、一五二六年三月三一日のアルブレヒト公の教会巡察において、その規定の七項では、信仰の原則を受け入れない全説教者たちを解雇すると定められていた。しかし、基本的には騎士団国家におけるルター派教会はポーランドにおけるプロテスタント教会の枠の外側にとどまっていた。

　王領プロイセンにおけるルター派教会とプロイセン公国のルター派教会は組織的にまとまっていたわけではなかったが、両者が密接な関係にあったのも事実である。アルブレヒト公の熱心な布教活動もあって、ルター主義はその後、西プロイセンからヴィエルコポルスカ（大ポーランド）[*13]、ついでマウォポルスカ（小ポーランド）[*14]やリトアニア

＊11　Scribner, Bob, Porter, Roy, Teich, Mikuláš (ed.), *The Reformation in National Context*, Cambridge University Press, Cambridge, 1994.

＊12　Tschackert, Paul, *Urkundenbuch zur Reformationsgeschichte des Herzogthums Preussen*, S. Hirzel, Leipzig, 1890, 1, p. 223.

にも広がっていった。ちなみに、プロイセン公国はヨーロッパで最初のルター主義の国家であった。

王領プロイセンにおける宗教改革は、プロイセン公国のような進捗はなかった。トルン、エルブロング（Elbląg）、グダンスクの諸都市では、ケーニヒスベルクと同様に、当初は受け入れられた。特に、ルターの九五箇条の提題はグダニスクに一五一八年に入ってきた。ジグムント一世はこれに対して、先に述べたように一五二三年にルターの書物の輸入を禁じる命令を出してルター派の運動を阻止したため、一五二六年にはグダンスクで暴動が起こったが、それから四半世紀にわたって、公的宗教改革の普及は抑えられた。しかし、抑圧されながらも運動は秘密裡に続き、一五四〇年代、カトリック信奉者のジグムント一世の治世の末期になると、さらに進展をみることとなった。一五四八年にジグムント一世の後継となったジグムント二世は、王領プロイセンと全ポーランド・リトアニア国家におけるプロテスタント支持へと前王の方針を百八十度変更し、一五五七〜一五五八年の布告では、トルン、エルブロング、グダンスクにおいてルター派の礼拝の自由が許可され、また王領プロイセンの町にもこの特権が認められたのである。

当初ルター派の運動は、王国（プロイセン公国と王領プロイセンを含まない）とリトアニアにおいては、ジグムント一世の一五二〇年からの反ルター主義の勅令によって遮られ、やや遅れをとることとなった。さらに、シュラムによれば、主としてドイツで発行されたルターや他の宗教改革者たちの著作は最初、ドイツ語のできるクラクフ、ポズナン、ヴィリニュス（Vilnius：リトアニアの首都）の町で広まったという。[*15] 宗教改革運動が拡大したのは、年老いた病気の王ジグムント一世による抑圧のおそれがなくなっていった一五四〇年代である。一五四二年、クラクフのある市民[*16]が、プロイセンのアルブレヒト公に書簡で、クラクフでは何千という人々が毎日、宗教改革の精神で説かれる説教を聞きに集まってくると伝えている。そして、福音は多くの場所で、ピオットル・ガムラット大司教の面前でさえも、説かれたという。

また、ヴィッテンベルク大学に留学していた卒業生たちはポーランドの宗教改革運動に参画した。一五二三年から一五四六年にかけて、マルティン・ルターがヴィッテンベルク大学で講義したが、その間、約一〇〇人のポーランド人の学生が彼の講義を修了しているという。当時、王による勅令でルター派の大学へ留学することが厳しく禁じられていたにもかかわらず、ヴィッテンベルク大学で勉強する者が後を絶たなかった。また、カトリック教会の検閲にもかかわらず、市民や下級聖職者たちはルターや他の宗教改革者たちの著作を読み始めた。後のポーランドの宗教改革の擁護者たちはヴィッテンベルクの卒業生であった。[*17] 一五四六年のルターの死と一五四七年の帝国軍によるヴィッテンベルク占領により、ポーランドの若者にとってのヴィッテンベルク大学の魅力は失われた。

その後、ヴィッテンベルク大学の役割は一五四四年ケーニヒスベルクに設立されたルター派を信奉する大学が引き受け、一五四四年から一五五〇年にかけて、ポーランド出身の学生六九人がそこで学んだ。[*18] さらに、ケーニヒスベルクでは、ポーランドで初めてポーランド語による新約聖書、教理問答、注解書、詩篇が出された。一五四五年から一五五二年には、ポーランド語による宗教に関する出版物がさらに出され、ケーニヒスベルクではクラクフ以

*13　ヴァルタ川流域地方。ポズナンを中心とする。ポーランド国家の発祥の地。九六八年ポズナンにポーランド最初の司教座が置かれた。一二世紀頃から、ドイツ人の入植がはじまり、一三世紀半ばにドイツの都市方を受け入れた。距離的な近さや歴史的なかかわりから、ドイツ文化の影響が強い。

*14　南ポーランド地方。クラクフを中心とする。

*15　Schramm, G., 'Reformation und Gegenreformation in Krakau', *Zeitschrift für Ostforschung*, 19, 1970, pp. 1–41.

*16　J. L. Decjusz という名の人。*Elementa ad Fontium Editions*, Carolina Lanckorońska（ed.）, rome, 1980, XLIX, no. 440, p. 42, Cracow, 27. 12. 1542.

*17　Abraham Kulwieć, Stanisław Rafajowicz, Stanisław Lutomirski, Stanisław Murzynowsky, Eustachy Trepka, Marcin Krowicki などである。

*18　Pawlak, Marian, *Studia uniwersyteckie młodzieży z Prus Królewskich w XVI–XVIII w.*, Toruń, 1988, table 7.

上にプロテスタント運動が盛んになったのである。

宗教改革運動の先駆的ルター派は、それぞれの国が互いに影響を及ぼし合いながら、プロイセン公国、王領プロイセン、ポーランド、リトアニアに広がっていたとみられる。また、ルター派の運動はその歴史からみてもドイツと深くかかわっており、ドイツ文化とともに発展し、さらにドイツ人が入植した地域において成功をみたといえよう。

カルヴァン派の受容

ルター主義は、一般に、そのドイツ的性格と世俗権力（君主権）との結びつきが、シュラフタと呼ばれたポーランド貴族層に嫌われた。シュラフタたちを大きくとらえたのは、カルヴィニズムであった。カルヴィニズムは、地上の聖俗の権威を否定し、教会の組織としても長老制をとったので、シュラフタは、自分たちの政治理想との親近性を感じ、一五四〇年代以降、積極的にこれを受け入れていった。司教による厳しい禁止令にもかかわらず、多くの説教者は、カルヴァン派の礼拝や教義を紹介した。大きな勢力になったポーランドのプロテスタント貴族は、ジグムント二世の時代、一時は国会でも多数を占めるようになった。そして、政治的発言権を手にしたシュラフタは、国会の内外でとくに信教の自由と、マグナートに貸与された王領地の回収を強く求め、激しい政治運動を展開した。これに対して王は、概して寛容な宗教政策をとり、シュラフタの政治的要求に対しても、一時は都市と結んで対抗したものの、のちにマグナートを抑えるために、シュラフタと協力したのである。

ジグムントの時代、国会ではラテン語に代わって、ポーランド語が公式の記録に使われた。この頃、ポーランド語による聖書の完訳（一五六一年）や文学作品も現れるようになった。また、ジグムント王はカルヴァンと手紙を交換し、『キリスト教綱要』を読んでいた。一五三九年にはカルヴァンはジグムント王にミサについての注釈書を献呈している。さらに、一五五四年一二月五日に、カルヴァンは王に、福音主義の精神を持った大司教や司教のもとでのポーランド教会改革の企画を呈示している[*19]。しかし、王自身は、決して、カルヴァンがしきりに勧めた急進的改革を始めようとはしなかった。

一方、一五五四年に初めてのカルヴァン派の教会がクラカウとルブリンにでき、第一回カルヴァン派の教会会議が開かれた。一五五五年にはカルヴァン派とポーランドにおけるボヘミア兄弟団は教義の共通点に関して同意しあった。一五五六年には、ポーランドに帰国したヤン・ラスキ[*20]（Jan Laski：1499–1560）が一つの信仰告白によって分派していたカルヴァン派をまとめ、国家的な統一教会の創設に尽力した。一五五〇年代カルヴァン派の教会が非常に増え、一五六〇年には、教会制度が整えられ、聖職者と平信徒の監督が任命され、地方の教会を監督した。その後、ポーランドでは一六世紀に、カルヴァン派、ルター派、ポーランド兄弟団の影響が広まり、また一六世紀の後半には貴族の二〇％がカルヴァン派に改宗したという。一五六二～一五六三年における国会では、ルター派とカルヴァン派の教会を統合しようとする努力がなされた。一五六九年におけるルブリン国会では、プロテスタントとカトリック信奉者の人数は同数であったという。しかし、貴族が特に宗教心に篤かったわけではない。貴族、特にシュラフタは、大土地所有者である教会と利害が対立し、反教権主義的傾向をもち、また伝統的に反王権主義者であって、そのために、世俗権力である王権との結びつきを重視するルター派を嫌い、カルヴァン派にひかれ、受容していったのであろう。

＊19　McNEILL, John T., *The History and Character of Calvinism*, Oxford University Press, Oxford, 1954, p. 281.

＊20　宗教改革者。ポーランドの貴族に生まれ、エムデンの牧師になり、カルヴァン主義に共鳴した。イングランドの教会にも影響を与え、晩年は大陸で過ごした。

ソッツィーニ主義（ユニテリアン派）の受容

イタリアを中心とする人文主義の神学者たちはカトリック神学を批判して異端審問を受け、スイスに逃れ、そこで、セルヴェトゥスの反三位一体的神学の影響を受けた。しかし、ここでも迫害を受けた彼らは、当時信仰の自由の余地の大きかったポーランドに逃れた。ここで、先にも述べたように、ユニテリアン派はボヘミア兄弟団と一緒になり、ポーランド兄弟団と呼ばれるようになった。亡命してきた彼らは改革派教会を自由化しながら、その自由派とともに一五五六年ポーランド小改革派教会を設立し、反三位一体運動の拠点とした。さらに、一五六二年から一五六五年にかけて、ポーランド小改革派教会において、ユニテリアン派は、そこから分離していった。そして、都市民勢力、とりわけその大部分が貧民層から構成されていたユニテリアン派は、ユダヤ人勢力からの期待も受けて拡大していった。一五六九年以降、ラコウに城主ヤン・シェニェンスキの支援で教学中心地が建設された。また、彼らはその拠点をリトアニア全土にも拡散した。

ソッツィーニ[*21]（Faustus Socinus: 1539–1604）は一五八〇年にこの教会に迎えられ、この運動の主導権を握るようになった。ことに晩年、彼を中心として開かれた指導的牧師による神学討論会（一六〇一、一六〇二年）の結果、一六〇五年ラコウ・カテキズム（Racovian Catechism）が発表され、それが以後の運動の基準的な神学となった。ソッツィーニ主義は、聖書とくに新約のみを神学的基準とし、神の位格は一つのみ、すなわち、父なる神であり、キリストは人間であるとする。サクラメントとして認められるものは、キリストの死を記念する主の晩餐のみである。また、この派は、ソッツィーニの指導的意見によって聖書に基づく厳格な道徳的規律を要求し、戦争に関しては無抵抗主義をとった。この派の教会は一七世紀中ごろまで順調な発展がみられたが、カトリックの対抗宗教改革運動の攻撃の的となり、一六三八年ポーランド議会の決議によって、ラコウの本部が破壊されただけでなく、学校も閉鎖され、指導者は国外に追放された。そして、一六五八年まで続いたポーランドにおけるこの運動は消滅した。

ここで、ルター派やカルヴァン派が、その教えや影響を受けたポーランド人によって伝播したのに対して、ボヘミア兄弟団やユニテリアン派は、迫害を逃れて、ポーランドという宗教的寛容の国に入ってきた人々によって浸透していったという点で、運動の受容の仕方が異なっていたことがわかる。

アナバプテスト派の受容

急進的社会改革を要求するアナバプテストは、主としてドイツ人たちによって信奉された。一五二五年、プロイセン公国のザムラントのアナバプテスト派のドイツ人農民たちによって反乱がおこった。また、一五二六年にはグダンスクの下層の人々によるアナバプテスト派の反乱が起こった。しかし、両方の反乱は速やかにかつ残酷に鎮圧された。ジグムント一世は、ルター派の教えは世俗の権威に従うというものであり、この点で、問題はないとみなしていたが、アナバプテストに関しては、隣国で起こっているドイツ農民戦争の状況を目の当たりにして、その急進的思想をもって社会の混乱を引き起こすものとして、警戒していたと考えられる。ゆえに、この運動が入ってくるのを早急に阻止したとみられる。

以上、宗教改革運動のプロテスタント諸派の受容の仕方について概観してきたが、次に、特にギリシア正教会に対してこの運動がどう関係したかについて触れておきたい。

＊21　ユニテリアン主義の神学者。イタリアに生まれ、ポーランドのプロテスタント教会内に大きな影響を与えた。

3　ギリシア正教会への影響

ポーランドは領土を拡大するにつれて多数の正教徒を抱え込むことになった。一五六九年に同国と合体したリトアニアとガリチアには正教徒の居住地が存在し、正教徒が多数を占めていたルテニアとウクライナの大部分もポーランド領となった。そして、宗教改革の結果、多数のルター派と、数は少ないがカルヴァン派も存在し、しかもその一方でイエズス会の活動によって、カトリックが優勢を取り戻しつつあった。

国王バートリ・イシュドヴァン（Báthory István）はカトリック教徒だったが、他の宗派に対しても寛大であった。ところが、バートリの没後、ポーランド国王に選出されたスウェーデン、ヴァーサ朝の王子ジグムント三世（Zygmunt III）は頑固なカトリック教徒で、結局、ポーランドの国力を衰退させ、しかも信仰が災いして、スウェーデンの王位すら失ってしまった。

このジグムント三世は、他の宗派に対する弾圧を行った。正教会に対しては、イエズス会を使ってなかば強制的に教会合同を試みた。まず、正教会のヴィルナ府主教とウラジーミルの主教を説得して、一五九五年にブレスト・リトフスクで合同のための主教会議を開いた。参加者は決して多くなかったが、東方典礼および慣行（在俗司祭の妻帯、信者に対しても聖餐を両形式で与えること、ユリウス暦の使用など）の保持を条件に、ローマ教皇の首位権を認め、それに服属することを決定した。同年一二月、ローマ教皇クレメンス八世はポーランド合同教会の設立を宣言した。しかし、合同教会は数々の問題があった。それは、合同教会派と正教会派との激しい闘争をもたらした。それればかりでなく、合同教会の聖職者たちの望んだカトリック聖職者との同権も得られなかった。改宗を強制するポーランド貴族の圧力、カトリック教会に対する東スラヴ人の不満、農奴制強化に対する農民の怒り、ウクライナ・コサックの社会的不満などは、一七世紀になってこの地域の東スラブ人をポーランドに対する反乱へと導いたのである。

4　宗教的寛容と対抗宗教改革

宗教改革運動によってますます信仰が多元化するなかで、ポーランドにおいては、信教の自由が公的に認められるようになった。つまり、法的に宗教的寛容を認めることになったのである。一五七〇年に、ポーランドにおけるプロテスタント諸派の統一をはかるために、「サンドミェンの合意」が締結された。ユニテリアン派は除外されたが、それはそれぞれの信条、礼拝規則の保持を認めるということを相互に合意したものであった。と同時に、共通の教会会議を定期的に開き、また共通のカテキズムを準備することに同意したものであった。そして一五七三年、国王選挙準備の国会開催中に、フランスの聖バルテミー事件が起こった。その報を聞き、これに驚愕したプロテスタント議員の提案で、諸宗派の間の平和を盟約した。これを「ワルシャワ連盟」というが、この盟約は、プロテスタント教会、ギリシア正教会、カトリック教会の平信徒の代表と一司教によって署名された。ここに、ポーランドの宗教改革運動は、その憲法において宗教的自由を承認させたのである。

しかしながら、このプロテスタント側の動きに対して、カトリック側も対抗してきた。すでに一五六四年には、ポーランドにイエズス会が入ってきて、各地に多数のコレギウムを建て、教育活動による対抗改革を推進していたのである。また、一五六九年の「ルブリン合同」を契機に、それまで競合関係にあった四大社会勢力が、教会、シュラフタ、都市民、ユダヤ人の序列で定着し始めたのである。この社会的変動により、カトリック的シュラフタとポーランド系都市民が勢力をもってきたことも、ポーランドのカトリック化の兆候である。このような変化の中、いったん改革派に走ったシュラフタたちは、ふたたびカトリック教会に戻っていった。ボヘミアにおけるイエズス

1600年におけるポーランドのプロテスタントの会衆の数
（リトアニア、リボニアを含む）

プロテスタント	数	センター	プロテスタント貴族
ルター派	800	グダンスク、エルブロング、ケーニヒスベルクなど	Osrroróg / Górka
カルヴァン派	250	ピニチュフ	Tomicki
ボヘミア兄弟団	64	ポズナン、レシュノ	Oleśnicki
再洗礼派	80		
ユニテリアン	250	ラコウ	Kiszka, Sienieński

出典：Greengrass, Mark, *The European Reformation, c. 1500–1618*, Longman, Harlow, 1998, p. 170.

会の活動は、民衆の反発をかったのに対して、ポーランドにおける対抗改革は一般的に目立った抵抗を受けずに進んでいった。そして、カトリック信奉者であるジグムント三世とカトリック教会の熱心な働きかけで、先に述べたように、ギリシア正教会との合同教会が設立され、カトリック教会が優勢になっていった。こうして対抗宗教改革は休息に勢力を伸ばしていき、クラクフでは一五七四年、一五八七年に群衆によるカルヴァン派教会の打ちこわしが、また一五九一年には同派教会の徹底的破壊が行われた。このように、一五七三年のワルシャワ連盟の同意にもかかわらず、プロテスタント側の教会を破壊するような運動が起こり、宗教的寛容は崩れていき、ポーランドは、カトリック教化、ポーランド化の時代へと向かうのである。

5　ポーランドにおける宗教改革運動と宗教的寛容

最後にポーランドにおける宗教改革運動と宗教的寛容の関係を考えてみよう。

まず第一に、ポーランドにおける宗教改革運動の導入と発展は、宗教的寛容がもたらしたものであったといっても過言ではないと考える。宗教改革運動が入ってくる前は、ポーランドにおいてもリトアニアにおいても、それぞれの民族はそれぞれの宗教の信条をもっていた。つまり、ポーランド人はカトリックの、リトアニア人はギリシア正教会の、ユダヤ人たちはユダヤ教の、またトルコ人はイスラム教の信仰に生きていた。他方、第二次トルンの和約でポーランドでの領土を失ったドイツ騎士団の人々にとっては、ルター派の信仰だけが、ポーランド・リトアニア連合国家に対して、彼らのアイデンティティを支えるものであった。

結局、ポーランドにおいては宗教改革の教えが入ってくる以前から、すでにさまざまな宗教が存在していたのである。それだけに、ドイツ、フランス、イングランドなどと異なり、他の宗派が入ってくることに、さほど抵抗がなかったのではないかと考える。たとえば、カトリックを信奉してきたポーランドでは、すでにギリシア正教会が受け入れられ、確立してきていた。ギリシア正教会はプロテスタント教会と同様、教区説教者の独身主義をやめ、聖餐式は自国語で行われ、パンとぶどう酒を聖餐で認めていた。この点、西欧や北欧に比べ、ポーランドには宗教改革運動が入りやすい土壌があったといえよう。

第二の点は、王権の弱いポーランドにおいては、国の指導者層であるシュラフタたちが、宗教改革運動と宗教的寛容を、ある意味で利用したと解することもできるということである。また、王権は宗教改革運動を抑えることができず、シュラフタたちは改革運動をてこに、それまでのカトリック教会の特権を奪っていったとみられる。一六世紀のポーランドにおける宗教的寛容は、現代的宗教の個人化、すなわち信教の自由にはほど遠く、アダム・ザモスキが「ポーランドにおける宗教改革は精神的な運動が根本にあるのではなかった。それは、まもなく始まる、知的、政治的解放を促進するために、ルターの自由についての挑戦を利用する発言できる階層のとっぴな行動だった」[*22]と評しているのもうなずける。現代イギリスの歴史家ヘンリー・カメンが明言するところによれば、「寛容と

＊22　Zamoyski, Adam, *The Polish Way*, John Murray, London, 1987, p. 87.

は、最も広い意味では、宗教において見解を異にする人々にたいし自由を与えることを意味する」[*23]。確かに、「ワルシャワ連盟」における宗教的寛容は、自分の宗派を保持しつつ、同時に、他の宗派も認めるというものであった。しかし、その後、すぐに対抗宗教改革によるカトリック教会の攻勢を受けて、プロテスタント教会側は、彼らの取り決めを保持できなくなった。結局、ポーランドにおけるこの時代の宗教改革運動の受容も、宗教的寛容の方針も、王や貴族たち「上から」のものであり、また、それが崩れたのもまた彼ら「上から」の力が働いたからであったと考えられる。

＊23　間瀬啓允「宗教多元論——宗教における寛容の基礎づけ」竹内整一・月本昭男編『宗教と寛容』大明堂、一九九三年、二一一頁。

第6章

キリスト教擁護者としての皇帝カール五世についての一考察

はじめに

カール五世は、生涯を通してカトリック教会の擁護者として活動した。彼の目標はキリスト教信仰に基づく世界平和だったといえよう。彼は、実際、プロテスタンティズムの拡大を阻止し、カトリック教会の信仰を保護しながら、フランス国王フランソワ一世の野望と闘い、好戦的な異教徒であるオスマン・トルコの侵入を防いだ。そして心情的にはカトリック擁護の原則は変えることなく、西欧キリスト教界の平和を守ろうと努めた。しかし、広範な領域をもつハプスブルク家の君主であるがゆえに、彼は、次々と生じてくる状況のなかで、政治について、また宗教について、首尾一貫した計画を実行することも持つこともできなかった。

皇帝カール五世についての従来の研究の関心は、大きく分けて二つの点に集約されるといってよい。一つは、神聖ローマ帝国皇帝としての、またハプスブルク家の君主としての彼である。そしてもう一つは、アウグスブルク宗教和議において、彼がルター派の信仰の自由を認め、君主の信仰に領土全体が従うという「教派属地権」を認めたという点、つまり宗教改革の結果生じた二つの宗派間に現実的妥協を作り出そうとした点である。

しかし本章では、彼の信仰と彼の実際の宗教政策をふまえながら、カール五世という人物について考察したい。そこで、彼の信仰の背景、ネーデルラントにおける宗教事情、スペインにおける宗教統一の問題、異教徒オスマン・トルコとの闘争、ヴァロア家とのカトリック教国家同士の闘争、ドイツにおけるプロテスタントとの闘争、植民地西インド諸島での宣教方法の問題、という七つの観点から彼の宗教問題に対する関わり方、また対処法を考察する。

1　カール五世の信仰と思想の背景

カール五世はキリスト教界の精神的統一を自らの責務と考えていた。その考え方は、なぜ、生まれたのであろうか。

彼の父方の祖父は、ブルゴーニュ公爵領の最後の君主シャルル突進公の娘マリーと結婚し、ネーデルラントとフランシェ・コンテを継承していたマクシミリアン一世（Maximilian I：在位一四九三―一五一九）であった。また母方の祖父母は「カトリック両王」のアラゴン王フェルナントとカスティリア女王イサベラであった。カールは、一五〇〇年二月二四日フランドルの町ガンで生まれ、ガンの聖バボ大寺院で洗礼を受けた。これがカトリック守護者として生涯をおくるカールの、キリスト教とのはじめての出会いであった。

彼の父はハプスブルク大公フィリップ美公で母は、ファナであった。つまり、彼の祖父母たちは神聖ローマ帝国の皇帝、ハプスブルク家の王、アラゴン王国の王、カスティリア王国の君主と、いずれもヨーロッパで権勢を誇る君主であった。一五〇四年ファナの母、カトリック女王イサベラが薨去し、その後、フェルナントがアラゴン王として統治を続けたが、貴族の反対にあい、カスティリアの王権を唯一人の直系の生存者であるファナの配偶者であるフィリップ美公に譲った。ところが、フィリップが一五〇六年に逝去したため、再びフェルナントが摂政として約一〇年間統治した。その後、ファナとカールが継承権を手に入れたが、ファナは精神の異常が顕著になり、カスティリアのトルデシラス城に幽閉されたことから、カールは、叔母マルガレーテの庇護の下、六歳でネーデルラントの統治者となった。マルガレーテはまず最初に彼に影響を与えた人である。彼女はカールの教育に専念し、彼はミサへの出席や告解という宗教的習慣を叔母の教育によって身につけた。

アドリアン・フォン・ユトレヒトもカールに強い影響を与えた人物のひとりである。アドリアンはルーヴァンの聖ペトロ教会主席司祭で、一五二二年に教皇に選出された人物である。ブランディ（K. Brandi）によれば、アドリアンは「真面目で思慮深く、小さなことにも細やかな配慮をする神学者」[＊1]であった。彼の宗教的背景は内面的な祈りと純粋な信仰に基づく運動である「共同生活兄弟会」帰依にあった。アドリアンはカールの精神的アドバイザーであり、彼に固い信仰心を植えつけた。

さらにエラスムスもカールに影響を与えた一人である。彼は当時の人文主義の発展に寄与した中心的人物であり、修道院と教会の腐敗を批判した。一五一五年から一五二一年まで、彼はカールの特別顧問官として仕えた。エラスムスは一五一七年にカールのために「キリスト教君主教育論」を執筆した。彼はその著作に共通のテーマである戦争の天罰について書き、世俗の王は真のキリスト教社会を育み、守る責任があるとした。カールはエラスムスを通してカトリック教会を改革する必要性と世界平和を学んだに違いない。

またメルクリーノ・ガッティナラは、カールに中世盛期の皇帝理念を植えつけ、教育した人物である。彼は一五

＊1　Brandi, Karl（trans. Wedgewood, C. V.）*The Emperor Charles V*, Jonathan Cape, London, 1939, p. 47.

一八年から亡くなる一五三〇年まで、政治顧問としてカールに仕えた。彼はカールに政治の教育をしたばかりでなく、皇帝という称号はカールに普遍的な使命を授けているとして、カールを励まし、助力をした。彼は「陛下、神は陛下に歴代の皇帝の中でもカール大帝のみがもっておられたあの大権力を授けられ、また陛下がキリスト教世界のすべての国王や君主の上に君臨されるよう、はかりしれない恩寵を与えられました。したがって、陛下は今や、世界王国を建設されようとしておられ、その王国で陛下は全キリスト教世界をただ一つのもののもとに統べ集められることになりましょう[*2]」と述べて、真の君主の目的は神に仕える中ですべての人を結びつけることだと教えた。ペティグリー（A. Pettegree）は「ガッティナラの皇帝理念は首尾一貫したものではなく、帝国の制度改革は緊急事態には簡単にくずされた[*3]」としているが、しかしながら、ガッティナラの存在はカールにとって大きく、エラスムスの宗教思想と、政治分析能力に基づくガッティナラのものの見方は、彼の死後、カールが一人立ちした統治者となったときに大いに役立ったことは間違いない。

ところで、カールは一五一九年にこう述べている。「あなたがたも知っているように、創造者である神は、真の正当な相続を通して、祖父アラゴン王フェルナントによって、見捨てられていた王国を引き継いできた。そして、四〇～五〇年、異教徒とわれわれの信仰の敵に対して前記のアラゴン王を除いて、キリスト教界のために名誉の戦争を遂行する王もキリスト信徒の統治者も持たなかったので、われわれはアラゴン王の方法を踏襲したい。……祖父アラゴン王は言った。この崇高なドイツ国家の援助と力を持って異教徒に対して何年間も戦ってきた。われわれは諸王国の家臣の助けを持って短期間に異教徒に対して成果をあげたい。というのは、われわれの真の意図と望みはキリスト教界全体の平和を回復することであり、われわれの信仰を守り、保ち、増し加えるようにすることなのだからである[*4]」。青年カールは、もうすでに祖父のようにキリスト教界を守るために異教徒や異端に対抗する覚悟はもっていたようである。

若きカールは、世界の平和は唯一にして最高の君主たる皇帝の手によって達成されること、皇帝は教会とキリスト教の守護者であるという考え方を、これらの人々によって植えつけられていったのであろう。

2　カールを取り囲むさまざまな宗教問題

ネーデルラントの宗教事情

カールの生誕地ネーデルラントには、ユトレヒト、リエージュ、カンブレー、トゥールネの四つの司教管区があった。君主は司教叙任権をもっていなかったが、一五一五年、ローマ教皇の親書によって、修道院特権を受ける資格者任命に対する審査権を手に入れた。司教管区はあまり広くなかったが、ネーデルラントには熱烈な宗教生活の素地があった。先に述べたが、一四世紀にヘールト・フローテが「共同生活兄弟会」を設立し、この宗教運動は一五世紀にはネーデルラント一円に広がり、その影響下にエラスムスなどの人文主義者たちを輩出した。そのような条件の下、ネーデルラントでは比較的高い文化水準に恵まれていたことや国際的商業地域ということもあって、すでに宗教改革の精神的前提ができあがっていた。そのため、この国には容易に、自由に、宗教改革のさまざまな思想が入ってきた。

カールは他の場所では宗教の多元化について寛容であろうと努めたが、こと彼の領土については異端に対して寛

＊2　Ibid., p. 112.

＊3　Pettegree, Andrew, *Europe in the Sixteenth Century*, Blackwell, Oxford, 2002, p. 120.

＊4　Bérenger, Jean（trans. Simpson, C. A.）, *A History of the Habsburg Empire 1273–1700*, Routledge, London 1994, p. 143.

容にはなれなかった。具体的にみてみよう。彼は妹マリアがネーデルラントの摂政として新しく任命したときの書簡の中に、「現在、ドイツで許されていること、また、当然のことと考えられていることを、あなたがいるネーデルラントで容認することは決してできません」と記している。[*5] また、多くのすぐれた神学者を輩出してきた一四二五年設立のルーヴァン大学は、ルターの教義を公に非難した。一五二一年には、ルターの著作は印刷することも読むことも禁じられ、教皇大勅書は神への背信として異端とされたばかりか、その罰は死刑および財産没収とされた。一五二三年七月にはブリュッセルで、アントワープ生まれのアウグスティヌス会士二人が、ルター派の嫌疑で火刑に処せられた。デューク（A. Duke）によれば「一五二三年から一五五五年の間にワロン諸州では六三人、フランドルでは一〇〇人、ホラントでは三八四人が死罪にされた」[*6]という。さらに、一五四〇年代、カールはルーヴァン大学神学部に異端の禁書リストを作成させた。また一五三〇年頃、再洗礼派が流入し、アムステルダムを中心に急速にホラント・フリースラントに広まった際にはカールは厳しい弾圧をもって臨み、一五三五年夏、多数の再洗礼派が極刑に処せられた。そして、一五五〇年の布告で詳細に定められた処刑の方法は過酷極まりないものであったという。しかし、この時の彼の方針は長い目で見れば失敗だった。それは、こうした布告は地方の伝統的裁判制度を侵害し、都市当局や州法廷、さらに中央の官僚からさえも批判を浴びることになったからである。いずれにせよカールは、ネーデルラントでは宗教的統一を求めるあまり、武力による強制に頼ることになったのであった。

スペインにおける宗教的統一の問題

一五一六年、スペイン王フェルナンド五世の死去とともに、カール[*7]は一六歳でスペイン王に即位したが、フランドル生まれでブルグントの宮廷で育った彼は、スペイン人から外国人とみられた。たとえば、一五二〇年、彼が絶対主義的支配をめざし、国会で多額の租税を要求したとき、自治都市の代表者たちは反対し、彼に反感を持って武装蜂起（コムネロスの乱）が起きたほどだった。

　宗教面では、カールはスペインにおいてもキリスト教界の統一を自分の責務としてみなしていた。彼がスペインに帰還している間、カトリックの改革者たちの計画を精力的に支援した。スペインでは政治的混迷や社会的不安が絶えなかったにもかかわらず、レコンキスタ[*8]という宗教的、政治的目標があったために、教会の事情は他のヨーロッパ諸国とは異なっていた。ユダヤ教徒や、キリスト教への改宗者や、イスラム教徒を多数かかえていたスペインでは、カトリックの王たちも積極的に教会改革を支援してきたのである。そしてローマ教皇庁と密接につながっていた教会は、実際、カールに対してきわめて従順であった。国王は、ローマ教皇の決定事項の公布を拒否でき、さらに司教区や多くの修道院の聖職者任命権をもっていた。そしてついに、一五二五年以後、公にカトリック教会がスペインを支配した。スペインにおける異端審問所は広く支持され、ユダヤ人を強制的に改宗させたり、イスラム教徒を排除するために使われた。また、改宗はしたが、ひそかにイスラム教を信仰している者を捜し出すこともした。マラーノと呼ばれる迫害を逃れるためにキリスト教化したユダヤ人は、一五三〇年頃にはいなくなった。

　カールがドイツでプロテスタント諸侯の動きに悩まされていたのと同じ頃、スペイン国内でも神秘主義のアルンブラード（照明派）と呼ばれる異端的運動が生まれ、彼はこの運動に対して弾圧を始めた。加えて一五三四年には、カールが若い頃指導を受けていたエラスムスの思想についても、形式主義的な信仰を批判し、個人の内面を重視する点でルター派と重なるとみなし、異端審問所でエラスムス主義者に嫌疑をかけ、その思想の放棄を強要する

＊5　Rady, Martyn, *The Emperor Charles V*, Routledge, London, 1988, p. 29.

＊6　Duke, Alastair, 'The Netherlands', in: Pettegree, Andrew (ed.), *The Early Reformation in Europe*, Cambridge University Press, Cambridge, 1992, p. 146.

＊7　スペイン王としてはカルロス一世（在位一五一六―一五五六）。

＊8　キリスト教徒によるイベリア半島からのイスラム勢力の駆逐運動のこと。

に至った。さらに一五三七年には『対話集』を読むことが禁止され、一五五一年には、エラスムスの他の多くの作品の出版が禁止された。このようにカールは異端の芽をつみとることに専念したのである。

カールはスペインを彼の理想のカトリック教国にしたかったのであろう。そして、確かにスペインはヨーロッパにおけるカトリック教国として重要な地位を占めたが、しかし同時に、スペインでは排外主義思想と宗教上の違いに基づく多くの犠牲者を出したことも見逃すことはできない。

異教徒オスマン・トルコとの闘争

十字軍の理念は、ブルゴーニュ宮廷の騎士道の伝統とスペインのレコンキスタの精神の同一線上にあった。カールはこの十字軍の理念に則って、異教徒オスマン・トルコとの戦いは、直接の脅威にさらされている特定の国を守るためだけでなく、キリスト教界全体を守るためのものだと認識した。にもかかわらず、彼は、かつてローマ教皇が十字軍派遣を各国に呼びかけたときのように、ヨーロッパの諸国を自分に賛同するように説得することはできなかった。利害の衝突により、キリスト教国同士の友好と一致の呼びかけはできなかったのである。

一四五三年のコンスタンティノープルの陥落後、オスマン・トルコは、一五一七年にはエジプトのマルムーク朝を滅亡させ、それ以後、スレイマン一世のもとで、大砲などの火器をはじめ先進的な技術による武器と、強力な軍隊によって世界帝国となっていた。一五二二年にスレイマン一世は西方世界の東端の拠点ロドス島を落とし、それ以後、繰り返しヨーロッパに侵入した。

当時、カールは陸上でも海上でも危険にさらされ、ヨーロッパを守ることに忙殺されていた。カールは弟フェルナントにハンガリーとオーストリアの所領を委ねており、またドイツにおいて自分の代理をさせていた。フェルナントはハンガリーのアンと結婚し、ヤゲロ朝のラヨシュ二世はフェルナントの妹マリアと結婚した。ラヨシュ二世の叔父、ポーランド王ジギスムント一世がカールに加担していたら、キリスト教徒の勢力は増強されたであろうが、一五二五年、ジギスムント一世はトルコ軍と中立条約を締結した。そのため、一五二六年、トルコ軍がハンガリーに大規模な侵略を行ったとき、ラヨシュ王は孤立無援となり、モハーチで戦死した。ハンガリー人は王と七人の司教、五〇〇〇人以上の貴族を含む二万二〇〇〇人が犠牲となった。

また、一五二九年五月一〇日、スレイマンはイスタンブールを出発し、西へ向かった。このようなオスマン・トルコの侵入のたびに、ヨーロッパは恐怖に襲われ、世界の終わりの到来として恐慌状態となった。スレイマンは、ウィーン到着に先立ち、イスラム法に則って降服を勧告したというが、ハプスブルク側はこれを拒否した。ウィーンに到着したオスマン軍は包囲態勢を組み始めた。カールとフェルナントはヨーロッパの守護者として、異教徒トルコに抗して世襲の土地を守ると決した。しかし、彼らはオスマン軍のような大規模で強力な常備軍をまだ十分に持っていなかったため、ウィーン救援のための資金と兵員の調達をヨーロッパ諸国に要請することにした。こうしてカールは一五三一年から反撃を始めた。一五三四年、オスマン軍がアフリカのチュニスの町を占領すると、チュニスのアラブ・ムスリム系の旧支配者たちは、カールに援助を求めてきた。一五三五年、カールはヨーロッパのキリスト教諸国に呼びかけ大艦隊を編成し、自ら遠征軍を率いてチュニスのオスマン軍を破り、旧支配者を再び支配者にすえた。オスマン艦隊は、その後、アドリア海から西地中海にかけての海域で、キリスト教徒側に攻撃を繰り返し、一五三八年には、ローマ教皇と神聖ローマ皇帝の協働の下に結成されたアンドレア・ドリア指揮下のキリスト教側の連合艦隊をプレヴェザで大破した。オスマン帝国は、一五四六年頃までに東地中海の制海権を掌握し、一五五一年には、北アフリカ東岸トラブルス・ガルプを征服し、さらに西地中海の派遣を求めて活動を続けたのである。

カールは、長年の不倶戴天の敵、イスラム教徒のオスマン・トルコ征伐を十字軍の使命としてとらえて闘い続けたが、この闘いにはいくつかの功罪があった。まず、一五二六年、モハーチにおけるトルコ軍との闘いでハンガリー王ラヨシュ二世が陣没し、その後を受けてカールの弟フェルナントがボヘミア・ハンガリー両王位につき、ハプスブルク家の領土を拡大することとなった。しかし、このことによって、対トルコ防衛のすべてをハプスブルク家が担当することになった。また、ハプスブルクの家領がボヘミア、ハンガリーを領有してから、民族的自負の強いチェック族、マジャール族をも支配することになった。このような複雑な民族構成の地域は、カトリック擁護のハプスブルク権力への抵抗としてのプロテスタント信仰が支持され、フェルディナントは個人的にはカトリック信仰をもちながらも、こうした住民の信仰の問題には直接関与しない態度をとらざるをえなかった。さらに、この闘争は、プロテスタント側の伸張に一役買うことになった。なぜなら、皇帝がこの闘争に明け暮れている間、プロテスタントに対する弾圧の手は緩められ、それどころか、トルコ軍撲滅のため、皇帝はドイツのプロテスタント貴族たちの支援も受けなければならなかったからである。さらに付け加えるなら、チュニスでの勝利の際、カールの傭兵たちの乱暴狼藉ぶりはひどかったという。[*9] 異教徒に対する蛮行を、キリスト教擁護者を自任するカールは、いったいどのように説明できるのであろうか。

カトリック教国ヴァロア家との闘争

カトリックを信奉する両王、ハプスブルク家のカールとヴァロア家のフランソワ一世との対立は、長く執拗でかつ莫大な経費をかけて続き、またローマ教皇をも引き込んだ血なまぐさいものであった。紛争の最大の理由は、イタリア問題であった。一四九四年のシャルル八世の遠征以後、フランスの国王は、ミラノ公領とナポリの占領を目的とする戦争を停止し、一五一五年以降、ミラノがフランスの、ナポリがスペインの、それぞれ支配下におかれるところとなっていた。しかし、ミラノ公領を領有し、ナポリ支配への野望ももっているフランソワ一世に対して不安を抱いたイタリア諸侯は、スペインと同盟を結ぼうとした。にもかかわらず、イタリアの弱小諸国家はスペインの覇権も警戒した。

カールとフランソワ一世の敵対関係が始まったのは、皇帝選挙のときであった。一五一九年に皇帝マクシミリアンが亡くなり、その後継者として、イタリアの世俗君主でもある教皇レオ一〇世は、イタリアにおける支配の野望を持つカールにもフランソワ一世にも反対した。しかし、この選挙は、フッガー家の財力にささえられ、またドイツ人の愛国心によって、カールの勝利に終わった。これにより、フランスはハプスブルク家の所領に完全に包囲された形となり、フランソワ一世はカールのさらなる台頭を好まず、ヨーロッパの覇権をめぐって、両者は宿命のライバルとして繰り返し戦うことになる。

カトリック教徒の王であるとはいえ、フランソワ一世の方がより世俗的権力者であったといえよう。一五二五年二月二四日、パヴィアの戦いでフランソワ一世は敗北し、捕らえられてマドリッドに護送された。一五二六年に、マドリッド条約にて、両者は皇帝の優位を確定し、フランソワの釈放の条件として、異端弾圧のために皇帝と協力することを誓約した。しかし、フランソワは東からハプスブルク家の所領を脅かしていたオスマン・トルコと手を結んで、カールに対抗しようとし、一五三六年に通商条約を結び、異教徒トルコと友好関係をもったのである。彼はヴェネチアの大使に「スルタンは不信仰でわれわれはキリスト教徒であるが、皇帝の力を弱め、大きな犠牲を背負わせ、ハプスブルク家のような力ある敵に対して、他のすべての国を安心させることができる、戦争に強いトルコ人に会うことはうれしいことだ[*10]」と言っている。

また、ここでカールの敵にローマ教皇も加わることになる。教皇クレメンス七世は、イタリアにおける皇帝の勢力増大を恐れて、教皇庁の権益を守るために反皇帝イタリア同盟を創設した。そして一五二六年、フランソワはこれに加わり、マドリッド条約を破棄した。その後、一五二九年、フランソワ一世とカールはカンブレーの和約を結

＊9　レーン・プール、スタンリー（前嶋信次訳）『バルバリア海賊盛衰記』リブロポート、一九八一年。
＊10　Knecht, R. J., *Renaissance Warrior and Patron: The Reign of Francis I*, Cambridge University Press, Cambridge, 1994, p. 226.

んだ。この和約で、フランスはブルゴーニュを保有することができたが、イタリアではスペインの覇権が確立した。フランスの教会と国家との関係は、密接に相互に依存しあっていた。フランソワは「篤信王」と呼ばれたにもかかわらず、イギリス、ローマ教皇、プロテスタント諸侯、オスマントルコなどとの同盟を絶えず求めるという点、信仰と現実政治を分けて考えていたのであろう。また一国を支配するフランス王の方が、多くの国を支配下に置いているカールよりも、国王の権力としては強かったともいえよう。

クレメンス七世は、パヴィアの戦いの後、フィレンツェ、フランス、ヴェネチア、ミラノと同盟を結び、その報復として、一五二七年にローマはドイツの傭兵たちに占領され、略奪の限りをつくされることになる。これは「サッコ・ディ・ローマ（ローマの略奪）」と呼ばれている事件である。

カトリックの擁護者であったカールはこうして、皮肉にも、カトリック教皇とも、また同じカトリック教国であるフランスとも戦い続けたのであった。ところで、六五年に及ぶイタリア戦争は、一五五九年フランス王アンリ二世とスペイン王フェリペ二世、イングランド王エリザベス一世がカトー・カンブレジ条約を結び、ハプスブルク家の優位が確立し、フランスのイタリア政策は失敗に終わった。

ドイツにおけるプロテスタントとの闘争

神聖ローマ帝国つまりドイツは、一五二二年以後、カールから弟フェルナントにその権利が譲られていて、カールの支配権に直属した領土ではなくなっていた。ゆえにカールは、皇帝という位だけを保持していた緩い絆で結ばれた連合体の首長であった。一五一九年、カールは神聖ローマ皇帝に推挙されたが、スペイン王であり、ブルゴーニュ公でもあるカールが帝国を留守にする間、だれが治世にあたるかが当面の問題であった。

また、ドイツではルターの教説をめぐって賛否両論が起こっていた。このような政治問題、宗教問題を抱えて開かれたのが一五二一年四月一七日のヴォルムスの国会であった。翌一八日、ルターは自説を撤回せず、教会や公会議の決定に従うのではなく、ひたすら聖書だけをよりどころにすることを弁論した。それに対する返答をカールは翌日、行っている。そこに、彼の宗教に対する考え方がよくあらわれている。「一人の孤独な同胞が全キリスト教世界の意見を否定するとき、彼が過ちをおかしていることは明白である。もしそうでなければ、千年以上もの長い間、キリスト教世界は過ちを犯し続けたことになろう。そこで、私はわが身体と血とわが生命を賭しても、キリスト教を守る覚悟である。もしもわれわれの怠慢によって、異端が、いやそればかりかその兆しさえもが、万が一、人心に入り込むことになれば、崇高なドイツ国家の構成員たるあなたにとっても、またわれわれにとってもそれは大変な恥だからである」[*11]。

ルターは五月二日の勅令で帝国から追放されたが、カールはその後、ネーデルラント、スペインで過ごし、一五三〇年まで帝国を離れていたため、ヴォルムス国会の後、ルターの教説とともに、他の宗教改革者たちの思想も帝国内にますます広がっていったのである。また、カールの不在中、一五二二年の帝国騎士の反乱と、一五二四年から一五二五年にかけての農民戦争という一連の宗教的、社会的危機が起こった。特にドイツ中を戦争に巻き込んだ農民戦争の際、カールは皇帝として自ら帝国内の状況を見極め、平和を回復するための処置をとるために、ドイツに滞在するべきだったであろう。農民戦争の鎮圧によって、諸侯や諸都市はドイツにおける真の支配勢力となった。

これ以後、政治同盟は、宗教改革に対する賛否に基づいて結ばれるようになっていた。ザクセン公ゲオルクの呼びかけに応じた諸侯が、カトリックの同盟（デッサウ同盟）を結成し、この動きに対応して、ヘッセン方伯フィリップとザクセン選帝侯ヨハンはルター派同盟（トルガウ同盟）を組織したのである。さらにプロテスタント内での神学論争も起こっていた。ヘッセン方伯はルター派とツヴィングリ派との一致のために、マールブルク会談を開い

＊11　Atkinson, James, *The Trial of Luther*, B. T. Batsford, London, 1971, pp. 177–178.

たが、聖餐をめぐる問題は最後まで一致をみることはできなかった。

他方、カールは、前にも述べたように対フランス戦争および対オスマントルコ戦争のためにルター派諸侯の援助金と兵員を必要としたため、一五二六年、第一回シュパイアー帝国議会を開き、諸侯の支援を得るために信教の自由を黙認した。しかし、戦争がカールに有利に解決されると、再びプロテスタント抑圧を始めた。一五二九年、第二回シュパイアー帝国議会でカトリック勢力の巻き返しが行われ、カトリック教会の信仰と領地の回復、異端に対する寛容を否定する決議（「ヴォルムス勅令」の更新）といったプロテスタント側に脅威となる決議がなされた。特に「ヴォルムス勅令」の更新は、皇帝に対する抵抗権の剝奪の処置であったことから、ルター派諸侯や一四の帝国都市が加わって Protestatio 文書によって抗議した。

一五三〇年にカールはアウグスブルク帝国議会を召集した。彼の目的はなによりも帝国内の諸侯の宗教の問題を平和的に解決することだった。メランヒトンは「アウグスブルク信仰告白」を起草したが、これはカトリック側との和解を意識したものであったので、カトリック側に反論の余地を与え、他方、ツヴィングリ派は自己の立場を譲らず、シュトラスブルク、コンスタンツ、リンダウ、メミンゲンの四都市は「四市信条」を提出し、またルターもメランヒトンが行った譲歩を認めなかった。このようにしてプロテスタント側も分裂の危機に陥ったのである。

さらに一五三一年、ルター派諸侯・帝国都市はシュマルカルデン同盟を結んだ。一五三二年には、ニュルンベルク和約で、カールは一時的にプロテスタント教徒に信教の自由を許した。彼はカトリック教会とプロテスタント教会の一致を試み、ヴォルムスや、レーゲンスブルクの宗教会談を開いたが、両者の見解の相違が大きく調停は成功しなかった。そこでカールは、宗教の統一を再確立するためにパウル三世と協議して、一五四五年トリエント公会議を開いた。しかし、これに同盟諸侯が出席しなかったことを口実にした皇帝側からの武力行使で、シュマルカルデン戦争が起こった。この戦争は、同盟間の不和もあって皇帝軍が勝利し、事実上シュマルカルデン同盟は崩壊した。シュマルカルデン戦争を起こす前に、カールはハンガリーのマリアに宛てて「私はヘッセンとザクセンに対し戦争を開始する決意を固めました。この両国は、ブラウンシュヴァイク公とその領土を攻撃し、人々の平和を乱したのです。こう申したからといって、そのために問題は宗教問題であるという事実がいつまでも見過ごされてはなりませんが、ともかくこれは、ルター派を分断させるかもしれないのです」[*12]と記している。

戦争には勝利したものの、カールは不安だった。皇帝はアウグスブルク帝国議会にて、カトリックを全領土で再建し、さらに、ルター派に対し、二種聖餐式と司祭の結婚を認める「暫定協定」を一五四八年に可決させたが、ローマ教皇庁はこれを認めなかった。さらに、プロテスタントはマグデブルクなどを拠点として皇帝に抵抗したが、ヨーロッパでハプスブルク家の勢力の増大を恐れたカトリック諸侯までこれに加わったのである。それを指導したのはザクセンのモーリッツで、彼はフランス王アンリ二世とも同盟を結んだ。カールは、この同盟勢力には屈したものの、プロテスタント諸侯との同意はできず、帝国における宗教の問題を弟フェルナントに託した。個人の信仰としてはカトリック信奉者であったフェルナントであるが、ルター派諸侯との妥協を決し、一五五五年九月二五日、アウグスブルク帝国議会にて、宗教和議が結ばれた。これによってルター派の諸侯、諸身分は、カトリックのそれと同権を認められた。帝国における宗教的一致という原則はこれによって崩された。ただしこれは、「教派属地権」(Cuius regio, eius religio)で、君主の信仰に領土全体が従うというものであった。

ドイツにおけるアウグスブルクの宗教和議への長い道のりは、ドイツにおけるカールの統治の歳月とほぼ重なっていた。カールは宗教和議の翌一五五六年に退位したのち修道院に隠退し、一五五八年に死去した。彼はキリスト教界の統一を目標にしていたが失敗に終わった。しかし、その戦いの中で、数々の帝国議会や公会議を開き、プロテスタントとカトリックの一致の方向性模索をしたこと、また、アウグスブルクの宗教和議という解決策へと導か

*12　Lanz, Karl, *Correspondenz des Kaisers Karl V.*, II, F. A. Brockhaus, Leipzig, 1845, pp. 486–488.

れたことも、彼の貢献によるといってもよいであろう。

植民地西インド諸島での宗教政策における問題

カールの支配下に置かれたはヨーロッパ大陸だけではなかった。エルナン・コルテスによるメキシコ征服やフランシスコ・ピサロによるペルー征服は、莫大な金や銀、宝石類をスペインにもたらした。アステカ帝国やインカ帝国から略奪された金・銀が大西洋を越えて本国に運ばれ、その五分の一は国王に献上された。カールはスペインの植民地に関心をもち、またスペインにもたらされる財宝を喜んだ。この富はチュニス遠征のような、カトリックの敵と闘うために使われたのである。

スペイン本国には国王直属のインディアス評議会がおかれ、アメリカ大陸の植民地の裁判や、役人、聖職者の任命も行った。植民地ではアウディエンシアと呼ばれる統治機関が行政を担当し、植民市を建設していき、それを拠点に植民を進めた。しかし、先住民は厳しい労働や生活環境の変化に耐えられず、伝染病も加わって人口が激減したため、エンコミエンダという制度を採ることになった。それは、スペイン人植民者に対して、それぞれの地域の先住民をキリスト教に改宗させ、保護することを口実に、彼らに租税を課し、労役させる権利を認めるというものである。この権利を与えられた植民者は、先住民を事実上奴隷化したのである。宣教は植民支配と一体になって進められ、植民者は宣教者を伴っていた。一五三六年には、スペイン領アメリカにはすでに一四の司教区が存在し、スペインにおけるのと同じように、国王が叙任権を掌握していたので、教会は王権に密接に従っていた。宣教は主に修道士の仕事であり、メキシコではフランシスコ会士、ドミニコ会士、アウグスティヌス会士らが分担して布教の仕事に従事した。ところで、聖職者たちは自分たちが先住民たちの保護者であると考え、そのために植民者との対立が起こった。また、スペインが新大陸を植民地として領有した後、先住民の取り扱いを巡って、アリストテレス論争が起こった。入植者たちは原住民を奴隷的使役を合理化するために、アリストテレスの権威を借りた。インディオは、野蛮人でアリストテレスの政治学にあるように他人から支配され、統治される必要がある奴隷として作られた存在である。それに対してスペイン人は政治生活や文化生活をするようにつくられている。したがって、インディオが奴隷とされるのは当然だというのである。一方、バルトロメー・デ・ラス・カサスが、『インディアスの破壊についての簡単な報告』をカールに送り、エンコミエンダ制廃止を訴えた。彼は、もともと植民者で、後にドミニコ会士となり、さらにメキシコのチャパの司教となった人物であった。カールは、この問題に対して耳を傾け、一五三〇年に「だれも、戦時であろうとなかろうと、インディオを奴隷化してはならない」[*13]と命じた。一五四二年に新法によってエンコミエンダ制は禁じられ、インディオは王の下、保護されることになったが、実際の状況はその法は植民者の怒りを買い、彼らの抵抗を受けることになった。結局、その新法は修正をせざるをえず、エンコミエンダ制は残ったのである。

カールは新大陸においてキリスト教と結びついた理想の社会を打ち立てることはできなかった。新大陸は、政治においても宗教の問題においても、カールが関与するにはあまりに遠かったといえよう。しかし、彼がエンコミエンダ制を禁じ、新法を作ろうとしたことは評価すべきであろう。

総　括

これまでみてきたように、カールは生涯を通してキリスト教界の擁護者として行動し、目標はキリスト教信仰に

＊13　Blockmans, Wim（trans. Isola van den Hoven-Vardon）, *Emperor Charles V 1500–1558*, Hodder Education Publishers, London, 2002, p. 108.

基づく世界平和であったのだが、さまざまな絡み合った抗争の中で策を講じなければならず、結局、一貫した政治上、宗教上のプランをもつこともできなかったのである。彼は生来受けたカトリックの教えとネーデルラント特有の敬虔な宗教感情に根ざした信仰心を守ろうとしたが、世俗勢力と結びついたプロテスタントに押し切られる形となった。他のカトリック教国と手をとりあうこともできず、特にカトリック大国であったフランスとは敵対し、さらにローマ教皇との関係も良好ではなかったのである。

彼は他の宗派に関する知識や他の民族の文化、伝統などを学ぶべきだったのかもしれない。たとえば、彼はキリスト教のみをすぐれた宗教と独善的にとらえ、イスラム教徒を野蛮な、また悪魔のようにみなす、そのような狭量な思想があったと思われる。彼の晩年、一五五五年一〇月二五日、カールがネーデルラントの統治を正式に嫡子フィリップに委譲する儀式において「私が帝冠を得ようとしたのはもっと広い領土を支配するためではなかった。それはドイツと私に属する国々に安寧を与えるためであり、キリスト教世界全体に平和と融和をもたらすためだった。……これまで帝国のため、国家のために身を賭し、全力を傾注してきたにもかかわらず、わが思いは叶わなかった。……これまで私は、若気のため、思考力の未熟のため、わが意のため、しばしば誤りを犯してきた。しかし一度とて、意を含んでだれかに辛くあたったことは決してなかった。それにもかかわらず、そのようなことがあったとしたら、どうか私を許して欲しい」[*14]と述べた。たとえ彼が、彼の独善的宗教観や信念に固執しながら、しかも首尾一貫した政策や計画ももつことができなかったとしても、最後に、彼は一人のキリスト者として彼の今までの罪を悔い、公に告白し懺悔したことを見逃すことはできない。カール五世は宗教改革運動の真っ只中の時代に、雄大なスケールで宗教の問題に真剣に取り組んだキリスト教信奉の君主であったといえよう。

＊14　Armstrong, Edward, *The Emperor Charles V*, Macmillan and Company, London, 1902, p. 352.

第7章 一六世紀ネーデルラントにおける宗教改革運動

はじめに

現在のオランダとベルギーとを分けるのは言語とともに宗教であるといわれるが、宗教に関しては一六世紀に起こった宗教改革運動が大きく関わっている。その運動の影響が低地諸州、すなわち「ネーデルラント」と呼ばれる地域に押し寄せ、ホラントとフランドルの両州で勢力を得たカルヴァン派の主導の下、オランダのスペインからの独立が達成された。このような経過から現在、オランダ北部ではプロテスタントが強いが、一六四八年までカトリック・スペインの支配にあったオランダ南部リンブルフ州とノールト・ブラーバンド州、およびベルギー、ルクセンブルクではカトリックがほとんどを占めている。

本章では、スペイン領ネーデルラントがカルロス一世（在位一五一九―一五五六：神聖ローマ皇帝としてはカール五世、スペイン王としてはカルロス一世。本章では以後、「カルロス一世」とする）の支配下にあった一六世紀前半期とフェリペ二世（在位一五五六―一五九八）の支配下にあった後半期について分け、ネーデルラントにおける宗教改革運動はどのような展開をしたかを考察し、検討したい。

1　カルロス一世の時代

宗教改革運動が侵入する前の教会の状況

まず、一六世紀当時のネーデルラントにおける司教区についてだが、不適切な教会制度から生じる疲弊と混乱と怠慢によって、中世後期以来の教区の見直しは行われず、不均衡で不釣り合いの状態が続いた。当時、全ネーデルラントは、二〇〇万以上の人口をもっていたが、司教管区はユトレヒト、リェージュ、カンブレー、トゥールネの四つだけだった。しかも、この司教管区のうち、カンブレーとトゥールネはフランス語を話す南部の州に属し、オランダ語を話す大部分はユトレヒト、リェージュの司教区であり、両方ともケルンの大司教区の教会管轄の下にあった。さらに、カンブレーは、当時カルロス一世の敵であるフランス王の支配下にあるランスの大司教区に組み入れられていたという具合で、言語的にも地理的にも実に複雑に入り組んでいた。すなわち、司教区と国の区域が不鮮明であったことに加え、人口の増加にもかかわらず、司教区の見直しがなされていなかったのである。こうした状況にネーデルラントの統治者たちは長い間、苦慮していたが、しかし、何も手を打ってはいなかった。

君主は司教叙任権をもっていなかったが、一五一五年、ローマ教皇の親書によって修道院特権を受ける資格者任命に対する審査権を手に入れた。司教は概ね上層貴族出身者が占め、聖職者の訓練不足、聖職者の不道徳も甚だしかった。禁欲と節制の誓いに背いて内縁関係をもつ聖職者も少なくなかった。多くの地域において、信仰に無関心な貴族たちが率いる大修道院や修道院は財力を背景に、政治、社会、文化などすべてに影響力をもち、教会、修道院の世俗化は甚だしかった。また、多くの修道院が建てられ、一五一七年にはユトレヒトの司教区に一九三の修道院と二八四の女子修道院があったという。結局、宗教改革運動前のネーデルラントでは、教会は腐敗、疲弊していたにもかかわらず、自ら改革をしようとする姿勢はみられなかった。実にカトリック教会は、新たに出現したルター派や再洗礼派の運動に積極的に対抗するための主導権をとろうともせず、カトリック信仰をあくまでも保持しようと熱心に企図したのはもっぱら皇帝だったのである。このことからも当時のネーデルラントにおけるカトリック教会のあり方の脆弱さが窺えよう。

宗教改革運動が起こる前提

ネーデルラントで宗教改革運動が起こる素地となったものとしてあげられるのは、何といってもこの地域に培われてきた信仰運動とキリスト教的人文主義である。

一四世紀後半から、ネーデルラントを中心に、「新しい信仰」と呼ばれる個人的で内面的な信仰運動が出現した。ヘールト・フローテはブラバントの神秘主義者ヤン・ファン・リュースブルクの影響を受け、生まれ故郷のデフェンテルに、フローテみずから模範を示して聖職者たちの堕落を告発する説教を行った。その一方、福音書に基づいて原始キリスト教の生活を再現しようと志す平信徒と聖職者とから成る共同体、「共同生活兄弟団」を創設した。

「兄弟団」のメンバーは、祈りと禁欲生活と瞑想によって各自、魂の救いを追求しなければならなかった。彼らは、祈りも儀式への参加も、禁欲も、神への熱烈な愛、すなわち篤い信仰心が生き生きと心に保たれていなければ、すべて空しいものだとし、とりわけ重視されたのは、宗教書とともに行う深い瞑想であった。彼らは書物の中にテーマを見つけ、それについて瞑想しながら自己の魂の中に沈潜していき、やがてイエスが魂の中に宿るのを待った。彼らはこうして読書と瞑想とを信仰のために結び合わせる習慣を人々の間に広めていった。「兄弟団」は特に一五世紀半ばから、青年のための学校教育に熱心に取り組み、その後、この宗教運動はネーデルラント一円および、ライン地方にも広まった。

共同生活兄弟団の影響下に数多くのキリスト教的人文主義者が輩出した。ズウォレ付近のウィンデスハイム修道院もこの運動の一中心であったが、『キリストに倣いて』の著者と推定されているトマス・ア・ケンピス（一三八〇―一四七一）は、この修道院の修道士だった。また、フロニンゲン出身のルドルフ・アグリコラ（一四四三―一四八五）は、ミサや聖職者の禁欲に反対し、同じくフロニンゲン出身ウェセル・ハンスフォルト（一四二〇―一四八九）は、教皇・公会議の無謬聖と教会の罪状消滅宣言の有効生徒に異議を唱えて、宗教改革運動の先駆をなした。

人文主義の最大の担い手となるロッテルダム出身のエラスムス（一四六六―一五三六）もまた、デフェンテルの共同生活兄弟団の徒であった。彼は一五〇九年、親交の篤いトマス・モア邸で『愚神礼讃』を書き上げ、とりわけ教会の形式化と聖職者の腐敗を風刺、批判し、伝統的信仰の純化を主張した彼の名声は全西欧に広がった。彼は一五〇四年に『キリスト教兵士概要』を刊行し、信徒はみなキリストの兵士で、その武器は祈りと聖書であり、しかし聖書の真の精神を理解するにはあらかじめ、ギリシア・ローマの先人の知恵に学ばなければならないとした。また真の信仰生活は福音書のイエスの精神と生き方を模倣することにあり、ローマ教会の外形的儀式や教理はどうでもよいことだ、と宗教改革を予告するような思想を表明していた。エラスムスの示した寛容精神は、後のネーデルラントの宗教的理念の中に生き続けたことも否めない。

さらに、ネーデルラントの宗教改革運動に関わることとして、ルーヴァン大学の創設と印刷術の発達とがあげられよう。ルーヴァン大学は一四二五年の創立以来、約一世紀半の間、ネーデルラントにおける唯一の大学として学問研究の中心であり、カルロス一世の下、カトリック教会擁護のための重要な機関であった。また、一五世紀の後半以降、各地に多くの印刷所が開設され、特に一六世紀の中頃、フランス人クリストフ・プランタンがアントウェルペンに開いた印刷所は国際的にも有名であった。ネーデルラントにおける宗教改革運動には、こうした様々な背景があった。

ルター派の運動の侵入と普及

すでに言及してきたように、ネーデルラントは人文主義の発祥地であった。そして高い識字率をもち、優秀なラテン語学校も有し、比較的高い文化水準に恵まれていた。また、共同生活兄弟団の運動や人文主義者の輩出とその著作の流布によって、すでに宗教改革の精神的前提ができあがっていた。しかも、ドイツとの地理的位置関係と活発な貿易活動、それにドイツ語を話す地域を有していることなどの利点が、ルターの思想の流入を容易にしていた。おそらくドイツ商人を通じて、一五一七年には早くもアントウェルペンにルターの教えは伝播し、ヘント、ブルッヘ、ブリュッセル、トゥールネ、リェージュへと、多くの信奉者を獲得しながら広がっていった。やがてアントウェルペンに加え、北部ではドルトレヒト、デルフト、ユトレヒトなどの都市が宗教改革運動の中心となった。そして信仰生活の刷新を求める機運をもった非常に都市化した地域において、高い教育を受けた者たちが宗教改革者による著作の印刷物を大いに歓迎したのである。すなわち、一五二〇年には、最初のオランダ語訳のルターの著作がアントウェルペンで発行されたが、一五二〇年間から一五四〇年の間に、オランダ語で出版されたルターの著作の中には八五版に達したものもあり、さらに他のドイツ人宗教改革者たちの著作も多く出版された。また六〇版以上の新約聖書や豊富なイラスト入りの完全版聖書も出版された。

ルター派の支持者たちはこれまで教えられていたレントの断食、修道誓願、聖職者の独身主義、告解の義務、イースターの聖餐も聖書に基づいたものではないとした。また免罪符、煉獄、秘密告解を説くカトリック教会の現行のあり方に不信感をもつ聖職者たちは、聖書のみを提唱するルターの教説を支持した。さらに平信徒たちの中には、教皇への要請や教会の権威といった問題よりも、むしろ人が作った魔術的なもの（たとえば化体説）に疑問を感じ、ルターの教えを受け入れるようになる者もいた。これらの人々はルターの神学的挑戦を称賛し、ルターをカトリック教会へ立ち向かうヒーローとして支持したのであろう。他方、脆弱で堕落しきっていたカトリック教会は新しい教義の訴えに抵抗する備えはなく、ルターの教えは迅速にネーデルラントに普及していったと考えられる。

再洗礼派の侵入と展開

一五三〇年頃、ドイツからネーデルラントに、幼児洗礼を否定し、自覚的信仰による再度の洗礼を主張した再洗礼派と呼ばれる運動が入ってきた。最初の伝播はエムデンとされ、この運動はキリストの再臨と千年王国の到来を説くミュンスターのメルヒオール・ホフマン[*1]の思想的感化を受けて、生活に困窮した多くの労働者を集めつつ、たちまち北部諸州から南部まで広がった。一五三一年以降、再洗礼は徐々に現社会秩序の否定という革命的性格を備えていった。同年、執政マリ（執政任一五三〇—一五五五）は再洗礼派の探索を諸州に命じている。再洗礼派は単に福音主義の立場から教会と対立しただけでなく、特有の終末観を持って既成の社会秩序を全面的に否認した。運動はアムステルダムを中心に、ホラント、フリースラントへと急速に広まり、その教義から特に貧民の中に多数の信者を獲得した。

一五三四年、ハールレムのパン職人ヤン・マティスらは、厳しい追及をのがれて、ウェストファリアのミュンスターを「約束の地」と定め、司教を追い出して、ここに「新エルサレム」を建設した。しかし、司教軍の攻囲を受けて、その間にマティスも死に、ライデンの仕立て職人ヤン・ベーケルスゾーンが新エルサレムの王を称したが、一五三五年夏、ついに陥落して多数の再洗礼派が極刑に処された。

それ以後、再洗礼派は社会的、革命的性格を失い、より穏和な諸宗派に分裂、変質しつつ、北部から南部に普及した。なかでも著名なのはフリースラントの司祭メノ・シモンズ（一四九二—一五五九）が始めたメノー派である。メノは幼児洗礼やミサという儀式はそれ自体で人を救う力はない、という理解に達し、誰でも自分の信仰で、自分の決心で洗礼を受けるのだという、いわゆる成人洗礼を主張した。恵みによって洗礼を決意した者は、キリストとともに死んで新しい命に甦り、十字架を背負ってキリストの跡を歩くのであると教えた。極貧生活の中で、メノは当局やその御用神学者たちに、迫害を止めて寛容な政策をとるよう主張したり、また再洗礼派の中の暴力を肯定する指導者たちに議論を挑んだり、誤った道にいる人々を諭したりした。他方、彼は迫害を受けている同信の者を励まし、教会を組織し、指導した。すでに一五三一年三月二〇日、最初の再洗礼派の犠牲者が出ていたが、急進派による悪名高いミュンスター事件以降、その再来を恐れる政府によってさらに厳しく迫害は続けられ、ネーデルラントの反乱初期までのハプスブルク家政府による異端処刑の最大の犠牲者は再洗礼派であった。

カルロス一世による不寛容政策

ドイツ諸侯が領内の教会を服従させることによって領内の管轄権を確立しようとしたように、カルロスもネーデルラント内に彼自身の領域の教会を建て宗教的統一を図ろうと努めた。カルロスは、ネーデルラントにあるユトレヒト、リエージュ、カンブレー、トゥールネの四つの司教管区を見直し、一五二〇年代初期、ローマ教皇庁にライデン、ミッデルブルグ、ブリュッセル、ヘント、ブルージュに司教区を立てる提案を提出した。しかし、その計画は教皇庁によって退けられ、彼の後継者フェリペ二世の治世まで延期されなければならなかった。

カルロスは他の地域では宗教の多元化について寛容であろうと努めたが、彼の出生地ネーデルラントにおいては異端に寛容にはなれなかった。たとえば、彼は妹マリをネーデルラントの摂政として新しく任命した時のその書簡

＊1　Melchior Hofmann（一五〇〇―一五四三）：ドイツの神霊主義的再洗礼派。シュヴァーベンのハルで生まれ、シュトラスブルクで獄死。生業は毛皮商であったが、一五二三年頃からルター主義の信徒説教者として各地を巡回。特に北ドイツやスカンディナビアに影響を及ぼす。一五三〇年代早々、シュトラスブルクに現れ、間近にキリストの再臨を予告したが、捕らえられて十数年間獄中にいて没す。聖書は聖霊の隠された黙示であり、そこから時の予告を読みとり、現代を断念して待望に生きることを説いた。オランダのメノ・シモンズにも影響を与えている。

の中において、「現在、ドイツで許されていること、また、当然のことと考えられていることを、あなたがいるネーデルラントで容認することは決してできません」[*2]と記している。ルター派の流入の当初こそ、執政マルグルート（執政任一五〇七―一五三〇）は強硬な対応に出ることもなく、一五一九年、ルーヴェン大学神学部がルター派の綱領批判を行った際も、ルター派を断罪することはなかったが、ドイツにおける改革運動が激化していく中で、カルロスは次第に強攻策をとるようになった。

一五二〇年、彼は異端に対する最初の「布告文」（プラカード）を出した。一五二一年四月、ヴォルムスの帝国議会でルターを追放にすることに留まったカルロスであったが、ネーデルラントではヴォルムスの勅令厳守を命じ、スペインの異端審問裁判所に範を得た、容赦ない異端撲滅手段の組織化に着手した。すなわち、ネーデルラント内で、ルターの著書を発行することも、読むことも死罪とし、福音主義の秘密集会に出席した者、聖書の翻訳を議論する者、あるいは信仰の問題を議論する者も罰せられることとなった。一五二三年七月、ルター派の嫌疑でアントウェルペン出身の二人のアウグスティヌス会修道士がブリュッセルの大広場で火刑に処せられ、宗教改革運動の最初の殉教者となった。この迫害の知らせはドイツにも伝わった。北部では一五二五年にウルデンの司祭ヨハネス・ピストリウスがハーグで火刑に処されたほか、幾人もの犠牲者が出た。他方、難を逃れるため国外に亡命する者も少なくなかった。一五二四年には教皇クレメンス七世から異端審問官がネーデルラントに派遣されるに至り、以後、プロテスタント関係の書物の焼却や発禁、ルター派の財産没収を命じる布告が次々と出された。すでに述べたように一五三〇年頃、再洗礼派はアムステルダムを中心に入り、やがてホラント・フリースラントに広まったが、彼らもまた迫害の対象となった。ルター派や再洗礼派の犠牲者は具体的には「一五二三年から一五五五年の間にワロン諸州では六三人、フランドルでは一〇〇人、ホラントでは三八四人が死罪にされた」[*3]という。さらに、一五四〇年代、カルロスはルーヴァン大学神学部に異端についての禁書リストを作成させた。一五四三年頃、フランスから南部諸地方に入ってきたカルヴァン派に対しても迫害がはじまり、トゥールネとヴァランシェヌでカルヴァンの教えを説いて回っていたカルヴァン派のピエール・ブリュリィは一五四五年に処刑された。
ルーヴァン司教ハドリアン・フォン・ユトレヒトから厳格な教育を受けたカルロスは、自らをキリスト教界の守護者をもって自任し、教会を分裂させるルター派の改革運動や再洗礼派の運動、また後発のカルヴァン派の運動に対して妥協しなかった。しかし彼は政治状況の悪化から、一五五五年のアウグスブルク宗教和議で、君主の信仰に領土全体が従うという「教派属地権」の原則を認めざるをえず、プロテスタント諸侯領ではルター派が認められた。この和議で、各君主がそれぞれの宗旨をとることが合意されたわけで、ここにヨーロッパを一つのキリスト教＝カトリック普遍帝国とするカルロスの夢は潰えたのである。

一六世紀前半、カルロスによる異端審問や迫害は確かに改革運動を麻痺させた。彼の弾圧は運動の担い手である知識者層、すなわち、聖職者、書店主、教師、行政官などに向けられたが、彼らは自分たちの地位や財産を犠牲にできず、運動をあきらめるか、亡命するか、ニコモデの徒になるかのいずれかであった。具体的には、一五二〇年代にはネーデルラントにおけるルター派は一掃され、運動の指導者たちの多くはそれを捨てるか、ドイツなどに亡命していった。次の一〇年には再洗礼派が出現したが、当時はプロテスタンティズムが社会的に排除されていた時期であった。さらに一五四〇年代になると、いくつかの都市においてプロテスタントの信奉者による小さな秘密集会がもたれ、ネーデルラントにおける宗教改革運動は、息を吹き返しつつあった。カルロスは一五五五年の退位の際、かなりの人的犠牲を払ってカトリック教会を守ったことを自画自賛したが、ネーデルラントの福音主義は完全に消滅したわけではなかった。カルロスがとった非寛容の方針は一六世紀前半におけるすべての宗教改革運動の発

＊2　Rady, Martyn, *The Emperor Charles V*, Routledge, London, 1988, p. 29.
＊3　Ibid., p. 29.

展を阻止したかもしれないが、しかし現に在る教会は旧態依然のまま、その根本的な改革は手つかずであった。

2　フェリペ二世の時代

宗教改革運動と宗教戦争の展開

ここまで述べてきたように、一六世紀前半期、宗教改革運動は、カトリック信奉者でありキリスト教の擁護者を自負していたカルロス一世の治下、迫害や弾圧にさらされながらも、この地方に流入してきたルター派とそこから分枝した再洗礼派の運動を軸に、水面下で進展していった。

さらに、皇帝の宗教政策のある程度の緩和時代である一五四〇年以降、カルヴァン主義がネーデルラントに入ってきて、全土に波及していった。カルヴァンは、ネーデルラントのプロテスタントの微温的態度に激しい非難をあびせ、彼らはニコデモの徒と呼んでいたが、後にネーデルラントからの亡命者たちが頻繁にジュネーブを訪れ、カルヴァンの教説を学ぶようになり、やがて、ジュネーブを手本にして組織された信者数の多い、戦闘的な小教会が国内にいくつも成立していった。当時、この教会へ加入しようとする者にはあらかじめ教皇とローマ教会への絶縁を誓わせていた。一五六一年にフランスの信条を模範にして作られた「ベルギー信条」（Confessio Belgica）は、カルヴァンの承認を得たうえで、一五七一年エムデンにおける第一回教会総会で採択された。その後、宗教改革運動が広範な政治野党勢力と合流し、この運動の成功に決定的な役割を果たしていった。

カルロス一世は一五五五年、彼の息子で後のスペイン王フェリペ二世にネーデルラントを譲った。ヨーロッパにおけるスペイン覇権の開拓者であり、領民と教会に対する明確な絶対主義の代表であるフェリペは、彼の父と同様、カトリック教会を守護し、いかなる手段をもってしても、帝国内における信仰の一致を維持することが支配者たるものの義務であるという信念をもっていた。ところで彼が、父カルロスと違ってネーデルラントの人々に敬愛されなかったのは、彼の人間嫌いのよそよそしさと、この北辺の所領を彼の統治期間である一五五九年以後、一度も訪れたことがなく、またオランダ語も話せなかったからだといわれる。彼は異端審問所の自由裁量にまかせ、父カルロスの諸布告をいちだんと厳しく実行していった。南部フランスとの国境地帯からカルヴァン主義が入ってきたのは、ハプスブルク家とヴァロア家との講和が成立した一五五九年頃からであり、初期のカルヴァン派の運動の中心はワロン州やフランデレン、ブラバンドなどであった。フェリペは南から浸透してきているカルヴァン主義をいっそう有効に阻止するために、新しい教区区分の許可を教皇に求めた。この申し出に対して、パウルス四世（Paulus IV: 在位一五五五―一五五九）は、一五五九年に、従来の四教区に替わって、三大司教区とその下にある一八司教区の設置を許した。

スペインにおける教会再編成の場合と同様、ネーデルラントにおいても、フェリペはそこが政治的、経済的な先進地域であることに顧慮することなく、外国人司教の教会裁治権を一切閉め出し、また司牧を改善することに努めた。さらに彼はすべての教区の聖職禄者推薦権をも握った。多数の修道院が司教区へ編入されたが、その際、これによって作り出される修道院型聖職者禄の管理体制に対して、特にブラバンの大修道院が反対した。反対の理由は、新しい教区の最初の司教たちは王の腹心ばかりであったからである。たとえば、王の贔屓である実績豊かな神学者である異端審問総長ソンニウスは、スヘルトーヘンボスの初代司教となった。この教区再編はさまざまな軋轢を生み、人々はこの再編を、これまでもみられていたネーデルラントの伝統的特権への軽視、実際上の土地搾取、高位叙任におけるスペイン人優遇などと同一線上にあるものとみなしたのである。

ここに、反対運動が起こり、その先頭に立ったのが三人の大領主、すなわち、エグモント伯（Lamoraal Egmont: 1522–1568）とルター主義に共鳴していたナッサウ＝オラニエ公ウィレム（Oranje-Nassau Willem 1533–1584）そして、ホルン伯（Philip de Montmorency Horn, 1524–1568）であった。彼らは領主同盟を結び、地方の権利を尊重することを要求し、スペイン異端審問所のネーデルラントへの導入計画に反対した。総督パルマ公の妃でフェリペの異母姉である執政マルグリート（Margaretha van Parma）は一五六四年、彼女の有能な助言者でフェリペが任命した枢機卿グランヴェル（Antoine Perrenot de Granvelle）を召還させた。しかし、王の体制は相変わらずで、宗教裁判はこれまで以上に厳しく行われ、人々はすべての望みを全国議会の招集に托していたが、議会は開かれなかった。

第一回目の反抗運動には大貴族とともに下級貴族も加わった。その同盟は同志が二〇〇〇人以上となり、その指導者である数名の熱烈なカルヴァン主義者たちは宗教的自由を叫んで、宗教布告にも反対して闘った。彼らは宗教裁判所の廃止と全国議会の招集を求める請願をマルグリートに提出するため、彼女の前で示威運動を起こした。その時、着ていたぼろの服装のゆえに、この下級貴族たちは「ヘーゼン」（「乞食」の意味）と呼ばれるようになった。翌日、マルグリートは請願をとりつぐことを約したので、自体が緩和されることが期待された。ところで、この行動はカルヴァン主義に忠実であるが、いまだ消極的であった多くの平民たちを勇気づけた。そして、これ以降、カルヴァン主義のめざましい活動が展開していった。さらにエムデン、ライン川沿いのドイツ、プファルツ地方へ、またイギリスへと亡命していたプロテスタント信奉者たちがこの貴族たちの運動の成果を信頼して、母国ネーデルラントに戻り、宗教改革運動に合流することになった。間もなく、組織ができはじめ、危険はあったにもかかわらず、宗務局や教会会議を備えたいくつもの教団が作られていき、カルヴァン派は徐々に勢力を増していった。彼らはさらにジュネーブ、フランスおよびドイツから帰国した大勢の説教者たちの激烈な野外説教を聞いて急進化していき、また市民や労働者の不平分子たちも加わって、政府の反抗勢力として大きく成長していったのである。

経済的に危機にあった南部ネーデルラントでは失業と貧困に苦しんでいたが、そのことが宗教的情熱を掻き立て、一揆と宗教改革運動が結びついた形で、ついに一五六六年八、九月はすさまじい聖画像破壊、教会・修道院打ち壊しがネーデルラント全土に広がっていった。特にアントウェルペンとアムステルダムの被害は激しいものであった。多数の地区でカトリックの礼拝は完全に停止した。そして、プロテスタント信奉者の多くはこの狂暴な破壊行為に恐れをなして「乞食」の戦列から離れてしまい、第一回目の反抗運動は失敗に終わったのである。政府は、一応はこの暴動を鎮圧することができた。一方、運動の指導者であったウィレムは、故郷のドイツのナッサウ＝ディレンブルクに隠退したが、ここで公式にルター派に改宗した。

次にフェリペ二世はネーデルラントの秩序回復が急務と考えて、臣下であるアルバ公（Fernando Álvarez de Toledo, Duque de Alba: 1507–1582）を、ネーデルラントに関する全権をもつ総司令官に任命し、この地の制圧を任せた。アルバ公は「騒乱裁判会議」（ネーデルラントの人々がこれを「血の法廷」と名づけている）という特別法廷を設置し、ここで何千という人が逮捕され、また処刑された。この中にはエグモント伯やホルン伯もいた。

一五六七年四月一〇日以降、プロテスタントの説教者は、例外なく追放されることになった。教会と学校は文字どおり徹底的に破壊され、しかも破壊された教会の垂木で絞首台が作られたこともあった。監獄という監獄は判決を言い渡された犠牲者で満員状態となり、道路という道路は避難する者や亡命してきた者などであふれた。商工業の中心であったフランドル、ブラバント両州からは、一万人以上の商工業者が北部ネーデルラントやヨーロッパ各地に亡命した。

一五六八年二月一六日、フェリペはついに、ごく少数の例外を認めるほかは説教者たちを一人残らず死刑にせよ、という宣告まで行った。しかし、ネーデルラントに残ったプロテスタント主義の者たちは一五六八年四月、信望篤いオラニエ公ウィレムを指導者として立て、再び独立運動を展開した。ここに第二回目の反抗運動が起こった。なお、以後八〇年にわたって反乱は続いた。[*4] ウィレムは当初、良心と国家の自由を宣言したが、一五七三年に

＊4　「八十年戦争」と呼ばれる。

至ってカルヴァン主義を公に名乗った。海上においても陸上においても、「乞食」側は、一つひとつ勝利を積み重ねていき、ついにアルバ公は本国に召還された。

一五七六年、「乞食」を中心に抵抗をつづけた各州は「ヘントの和平」で、いったんはスペイン軍の撤退を約束させるのに成功した。その「和平」では、フェリペの君主権は承認された。しかし、スペイン軍はただちに撤収すべきこと、ネーデルラントの公認主教は依然としてカトリックであるが、宗教の迫害は停止すること、ホラント、ゼーラントに限ってはカルヴァン主義も認めること、という双方の見解が一致し、ここに全ネーデルラントがスペインの圧政に対抗して歩調をそろえることになった。しかしながら、これは一時的な妥協にすぎなかった。フェリペがこの「和平」をあっさりと容認するはずがなく、しかも、全国議会の指導権を握るワロン地方の保守的なカトリック貴族層と、現状打破に積極的なカルヴァン主義の民衆と、その間にあって、プロテスタント、カトリック両派の平和共存を模索するウィレムとその一派、これら諸勢力が複雑に錯綜し、対立した。そののち、一五七九年一月に、スペイン軍に占領された南部一〇州は途中でプロテスタント支持から脱落してカトリック護持を旗印に、親スペインのアラス同盟を結成し、国王との協調路線を打ち出した。そしてフェリペから派遣された総督パルマ公アレッサンドロ・ファルネーゼ（Alessandro Farnese：在位一五七八—一五九二）は、今日のベルギーにあたる地域をスペインとカトリック教会のために保全した。ウィレムはネーデルラント全土にわたる宗教和議を企図していたが、代わりに北部七州だけから成るユトレヒト同盟が形成された。そしてこれら七州は一五八一年に独立を宣言した。

ところで宗教の問題については信仰の自由を原則としたが、現実にはホラント、ゼーラントでもカルヴァン主義が優位を占めることになった。ウィレムが総督として指導するこの新しい連邦共和国は、本来は宗教的自由の保障された国となるはずだった。しかし、実際には、カトリックの礼拝は場合によっては死に値する犯罪とみなされた。パリに起こった聖バルテルミーの夜は、ネーデルラントの反スペイン勢力であるカルヴァン派からフランスの同盟者を奪いとった。またケルン大司教区をめぐる戦争はカルヴァン派がドイツの友好勢力と容易に結びつくことを妨げたが、その反面スペインの無敵艦隊の敗北は彼らにとって決定的な勝利を意味した。一五八四年にはウィレムが暗殺され、ネーデルラント解放の最大の指導者を失った。パルマ公は宗教以外の問題では住民の要求に妥協し、宗教問題では迫害を避けてプロテスタントの亡命を公認した。そのために多くのプロテスタント信奉者たちが主として北部に移住した。このパルマ公の政策により南部は完全にカトリック国として宗教的統一を回復することになった。しかしながら、一五八五年のフェリペはパルマ公宛ての書簡において「宗教の寛容は認められない。カトリック信仰の身を認める」[＊5]と述べている。北部ではウィレムの息子マウリッツがホラントとゼーラントの州総督に任命され、一五九七年までフロニンゲン州や北東部もおさえ、北部七州をユトレヒト同盟として一円的にまとめることに成功した。しかし、この戦いはその後も続き、一六四八年のウェストファリア条約においてネーデルラントの独立が認められることによって終わった。こうして、ここに新しいカルヴァン主義の国家が成立した。この国は、強い自信と大きな経済力をもってはいたが、宗教に関しては堅固な統一性を欠いていた。このようなネーデルラントの宗教改革運動を「スロー・リフォーメーション」[＊6]とする学者もいる。一七世紀半ばになるとネーデルラント国内には一層、寛容と信教の自由の精神が幅広く浸透していった。これは一つはこの国にエラスムス的精神が受け継がれていたこと、また他方、国民の経済的利害に対する顧慮がそうさせたのであろう。

＊5　Parker, Geoffrey, *The Dutch Revolt*, Penguin Books, London, 1977, p. 223.

＊6　Duke, A., The Ambivalent Face of Calvinism in the Netherlands, 1541–1618, in: Prestwich, Menna (ed.), *International Calvinism 1541–1715*, Oxford University Press, Oxford, 1985, p. 111.

運動を支える改革派教会

なんといっても一六世紀後半期の宗教運動の担い手はカルヴァン派の運動であった。ネーデルラントでは、カルヴァン主義はすでに一五四〇年代から徐々に伝わっていたが、本格的な流入はフランスから南部ネーデルラントへ浸透していった一五六〇年頃のことであった。すでに整備されていたフランスのカルヴァン主義の信仰箇条や教会組織はトゥールネのギ＝ド＝ブレ（一五二二―一五六七）等に強い影響を与え、その指導によってワロン諸宗はフランドル、特に産業地帯に深く浸透した。そして各地でルター派を圧倒し、再洗礼派を吸収しつつ、北へ向かって普及し、やがてアントウェルペンがカルヴァン主義の最大の拠点となった。

カルヴァン主義がそこで急速に広がり、間もなくルター派を凌駕する理由の一つは、ネーデルラントにおいては民主的な教義が幅広い聴衆を見出したことにあろう。それは当時のネーデルラントで発展していた繊維産業の担い手が、カルヴァン主義の信奉者であるフランス人労働者たちに大きく依存していたことに一因がある。またカルヴァンの最大の著書『キリスト教綱要』も他のカルヴァンの書物も、フランス近くのワロン地方の諸州を通してネーデルラントに入ってきたと考えられ、ゆえにおそらく、人々はカルヴァンの教説を学ぶことに有利であったと思われる。ちなみに『綱要』の一五五九年版のオランダ語訳は一五六〇年、エムデンで発行されている。現実にカルヴァンの教え自体が中産階級の市民や知識者層に支持されたのは、一つには禁欲的に世俗の職業に従事することが神から与えられたこの地上での任務であり、それを果たすことは救いを確信することになる、とする禁欲的職業倫理が受け入れられたことにもあろう。

また、ネーデルラントの改革派教会では、信徒の信仰を養うために『信条』や『信仰問答』を整えたこともカルヴァン派の発展につながるものであったと考えられる。亡命から帰国したカルヴァン主義のプロテスタントたちは、外国での亡命者教会の営みの中にあって、協働しあってきた背景があり、これから結束していて統一した教会組織を作ることを可能にしていた。こうして着実にカルヴァン派の教会が形成されていった。一五七一年にはエムデンにて第一回全国教会会議が開かれ、この会議で、カルヴァン派教会の長老教会主義の特徴が宣言された。すなわち、教会は牧師、長老、執事から成り、統治されなければならないというものであった。そして一五六一年起草の『ベルギー信条』が同意され、カテキズムはオランダ語を話す会衆の下では「ハイデルベルク信仰問答」が、フランス語を話す会衆の下では、「ジュネーブ信仰問答」を利用することになった。また、教会会議では教会規律も重視されることとなった。

ベルギー信条の主なる起草者であるギ＝ド＝ブレは、福音主義の信仰をもつようになり、イギリスに一五四八年に亡命し、その後ジュネーブやロザンスで学んだ後、一五五九年に迫害下のネーデルラントに戻り、ヘントなど南部を中心に福音主義の伝道に努めた。彼は信条の序文に「われわれは（キリストを否むようなことをするくらいなら）、迫害の鞭にあえてその背を向け、刃にその舌を、さるぐつわにその口を、そして火刑にその全身をわたすことをよしとするものである。キリストを信じキリストに従う者は、自分の十字架を担い、自分を否定するものでなくてはならないことを、われわれはよくわきまえている」と記している。当時、国内にはよく組織されたプロテスタント教会があったわけではない。にもかかわらず、彼は一五六一年、フランス語の原案を作成した。一五六二年、これを皇帝フィリップ二世に提出したが、承認されなかった。一五六六年にこの身上はアンヴェルスの総会で採択され、一五七一年に国外であるエムデンで開かれた総会で公認された。これは、「ヴァロンおよびフランドルの改革派教会の信仰告白」という表題になっていて、三七条からなるが、特に、二九条の「真の教会のしるし」、三四条の「洗礼について」、三六条の「為政者について」においては当時のネーデルラントにおけるカルヴァン主義の教会における現況、宗教改革運動におけるネーデルラントにおける分派の実情が生々しく伝わってくる。また、再洗礼派への強い否定とカトリック教会への対抗を意識していることがわかる記述である。そして、改革派教会の教理的特長である、神の言葉としての聖書が権威の座を有することが第一に規定され、またイエス・キリスト、聖書、教会、予定説、教会組織が強調されている。

「信条」とともに、「信仰問答」の採用を行ったが、これも一般の信徒に信仰を理解させるために有意義であった。南部ネーデルラントでは一五六二年以降、カルヴァン派の教会会議が各地に続々と形成されるようになった。一五六八年のヴェーゼル教会会議ではハイデルベルク信仰問答が公的に許可されたが、一五七一年のエムデン大会において再確認され、一五七四年のドルトレヒト大会においても改めて確認された。また、一五八六年、ハーグで開催された教会大会では信仰問答の説教を義務づける新しい教会規定を議決した。迫害にめげずに礼拝を守り抜いたカルヴァン派の者にとって、たとえば、「ハイデルベルク信仰問答」の中の「生きているときも、死ぬ時もあなたのただひとつの慰めはなんですか。わたしが身も魂も、生きている時も、死ぬ時も、わたしのものではなく、わたしの真実なる救い主、イエス・キリストのものであることであります……」という問答集の言葉は、この上ない真理として人々の心に響いたことであろう。

ところで、当時、ルター派もカルヴァン派も抵抗権が問題であった。しかし、両者に基本的な違いがあった。ルター派は絶対的な無抵抗主義を強調し続けた。カルヴァン派は大陸のカルヴァン派によって発展された抵抗権理論を採用した。一五五九年当時のカルヴァン派はローマの信徒への手紙一三章[*7]の解釈を上位行政官とは下位行政官に分け、下位行政官は神によって良い者を守り、悪者を罰する任務が与えられていると主張していた。しかし、現実は否応なしに、政府に対して集団的反抗行為を行ったことは皮肉なことであった。

総じていえば、厳格な組織と規律、独自な政治哲学、社会思想に裏づけされた戦闘的教義にその著しい特徴を持つカルヴァン主義だからこそ、ネーデルラントにおける商人や手工業者などの多くの市民、さらに一部の上流市民や貴族層の強い支持を得ることができ、また、長い抵抗運動を支えることができたと考えられる。

3　ネーデルラントにおける宗教改革運動についての考察

まず、全般的評価を述べよう。すでに述べてきたように、ネーデルラントにおける一六世紀の宗教改革運動は前半と後半に分けられる。前半はカルロス一世の統治下にあたり、宗教的に非寛容な皇帝がカトリック擁護、プロテスタント弾圧政策をとった。しかし、その政策の実施の過程で、国内においても国外においても妥協せざるをえない状況に直面し、非寛容と妥協との間で揺れ動いた時代であった。他方、後半はフェリペ二世の統治下にあり、情け容赦ない皇帝によるプロテスタント弾圧政策とそれに対するプロテスタントの抵抗運動がぶつかり合って、すべての人々を宗教戦争の中に巻き込んでしまった血なまぐさい時代であり、またカルヴァン派の忍耐強い活躍が顕著な時代であった。

次に宗教改革運動の評価であるが、ネーデルラントにおける初期宗教改革は実を結ばなかった。その原因は、カルロス一世による上からの弾圧はいうまでもないが、この地における宗教改革が、早くから普及していた人文主義

＊7　ローマの信徒への手紙一三章一節以下「人は皆、上に立つ権威に従うべきです。神に由来しない権威はなく、今ある権威はすべて神によって立てられたものだからです。従って、権威に逆らう者は、神の定めに背くことになり、背く者は自分の身に裁きを招くでしょう。実際、支配者は善を行う者にはそうではないが、悪を行う者には恐ろしい存在です。あなたは権威者を恐れないことを願っている。それなら、善を行いなさい。そうすれば、権威者からほめられるでしょう。権威者は、あなたに善を行わせるために、神に仕える者なのです。しかし、もし悪を行えば、恐れなければなりません。権威者はいたずらに剣を帯びているのではなく、神に仕える者として、悪を行う者に怒りをもって報いるのです。だから、怒りを逃れるためだけでなく、良心のためにもこれに従うべきです」。

を基盤としていたことも挙げなければならないだろう。確かに人文主義者は、怠惰に身を任せ、贅沢にふける聖職者、権力を求める野心的君主や貴族、そして貪欲に利益を追求する商人を批判したし、キリスト教社会全体に対する道徳的治療によってこの社会を改革しようとした。そしてそれができると信じてもいた。しかし、彼らにはルターの宗教改革運動や再洗礼派の運動にあった社会を改革しようとする徹底さ、既存の制度、秩序に対する容赦のない徹底した批判が欠けていた。つまり、ネーデルラントの宗教改革運動の担い手たる人文主義を基盤とした知識者層は、自らの地位、財産を犠牲にしてまでこの運動を続けることはできなかったのである。彼らがいわゆるニコデモの徒といわれる所以である。

もうひとつ、ルター信奉者にしても再洗礼派にしても、教会の改革や、教会制度をいかに整備するか等の具体的な策についてては未熟だったことが挙げられる。つまり、この間のネーデルラントの宗教改革運動はカトリックへの批判、攻撃に重点が置かれ、その後の教会改革への具体的プランが不十分であった。

こうしたことに加えて度重なるカルロス一世による弾圧があり、改革運動は順調に発展することは困難だったと考えられる。

しかし、改革運動はこれで終わったわけではなかった。ネーデルラントにおけるカルヴァン派の台頭そして活躍は、皮肉なことにカルロス一世の晩年における無常な抑圧の産物であったといえよう。すなわち、多くの福音主義者たちが、異端審問や迫害を恐れて、アントウェルペンからヴィッテンベルクへ、ユトレヒトからシュトラスブルク、ブレーメン、ヴェーゼル、エムデンへ亡命した。この一五四〇年代の迫害によって亡命を余儀なくされた者たちは、急進的ではなく温厚な福音主義者たちであった。しかし、外国で生活するには力のない彼らはスペイン政権に断固として反対する群れと共同生活をせざるをえなくなり、やがて、亡命者たちはそれぞれの亡命地にてカルヴァンの教説やジュネーブの新しい模範的な教会組織について学ぶようになった。こうして一六世紀前半の宗教改革運動は、亡命地にてその火を点され、後半の運動へと引き継がれていくことになったのである。

後半のネーデルラントにおける宗教改革運動は圧倒的にカルヴァン派の主導となる。すでに述べたように一六世紀前半はネーデルラント国内の教会の革新はみられなかった。しかし一六世紀中期になると、カルヴァン派に三つの好機が訪れた。第一はヨーロッパにおけるカルヴァン派の躍進である。それは先に述べたように、福音主義の亡命者たちが直接にカルヴァンの教えとジュネーブでの教会制度を学ぶ機会を得たことによる。第二に、イングランドにおけるエリザベス一世の即位である。すなわち、フェリペ二世の妻でありカトリック信奉者であるイングランドのメアリー一世が亡くなり、後継者としてプロテスタント信奉者のエリザベス一世が即位したのである。これよりフェリペとイングランドの関係が険悪となった。フェリペ二世はイングランドのカトリック教徒を操って、前スコットランド女王メアリー・スチュアートの擁立を企てたが、一五八七年にこの陰謀が暴露され、失敗に終わった。一方、カルヴァン派には好機となり、エリザベス一世はオランダ独立達成に一役買うことになった。第三に、フランスにおける宗教戦争の勃発である。すなわち、一五六二年にフランスにおいてユグノー戦争が起こり、ネーデルラント国境近くのフランス語を話す地域には、たくさんのフランスからの亡命者が避難し、またカルヴァンの教説や著作が多く直接に流入してきたことである。以上、三点の好機をネーデルラントのカルヴァン派は大いに活かしたと考えられる。

また、カルヴァンの思想そのものも、カルヴァン派の運動を励まし支え続けたことはいうまでもない。カルヴァン派を支持する者たちは、自分たちは神の意志遂行のために神の共働者に選ばれていると確信した。そして彼らは争いを厭わない勇気と忍耐をもって、神は聖書において人間の正しい行為と適切な礼拝の指針を与えられたと解釈した。彼らは政府の敵意を前に、各々が忍耐をもって自己鍛錬をし、また教会の組織化に力を入れ、堅固な集団となった。カルヴァンは忍耐について、ヤコブの手紙の注解の中で、こう述べている。「……忍耐の働きを全うしなければならない。私たちのうちにまことにしばしば、一時的な徳やら高潔さやらが生まれるが、たちまち消え去るのである。だから、著者は堅忍を要求する。神は言う、忍耐は終わりまで続いてこそ真の忍耐になる、と。それも、ただ一つの戦闘に勝つのみでなく、生涯を通して耐え抜くのでなくてはならない、この完全は、誠意をつくした心の動き、すなわち、神へのいつわりない誠実な服従ととることもできる。しかし、働きという語が添えられているので、私としては、堅忍が説かれていると考えたい。なぜなら、前に述べたように、ある人々ははじめ英雄的雅量の持ち主とみながら、まもなく卑怯者になりはてる。著者は私たちがすべてにおいて完全な者となろうとするなら、終わりまで忍べというのである。さて、このふたつの語で著者の意味していることは、すぐ後に何においても欠けるところなく、全うしつづけてやまぬ人々と、説明されている。忍耐することができず、打ちひしがれる人々は、気力を次第になくし、ついには全く力尽きるものだからである……」[*8]。このようなカルヴァンの言説の一つひとつが当時のレジスタンス運動ともいえる宗教改革運動を支え続ける力となったことであろう。直接、彼の思想に触れた人々は迫害、亡命生活を体験しながらも、その力強い教えによって忍耐強く勇気をもってこの運動を促進することができたと考えられる。

以上のようにカルヴァン派は、彼に直接学んだ教会制度や教会組織の形成、信条の作成やカテキズムを採り入れつつ、カトリック教会に対抗するだけの実力をつけ、また着実にカルヴァン派の支持者を増やして行った。そこに、ネーデルラントの一六世紀後半の状況をみることができる。

総　括

以上、一六世紀ネーデルラントにおける宗教改革運動について考察してきた。本章の趣旨は、一六世紀ネーデルラントの宗教改革運動の全体を概観したうえで、その特徴について考察するという点にあるため、ルター派、再洗礼派、カルヴァン派、そしてカトリック教会とカルロス一世やフェリペ二世の宗教政策について立ち入って論じることはできなかったことをお断りしておきたい。

＊8　カルヴァン、ジャン（久米あつみ訳）『ヘブル・ヤコブ書（カルヴァン新約聖書註解13）』カルヴァン著作集刊行会・新教出版社、一九七五年、九頁。

第8章 ルターの宗教改革を支えた音楽の役割

はじめに

本章では、ルターの宗教改革運動の中から生まれた自国語による新しい賛美歌について考察してみたい。それまで、グレゴリオ聖歌と呼ばれるミサ曲がラテン語で聖職者たちによってのみ歌われていたことを考慮すると、その果たした役割は限りなく大きいことが想像できるからである。

一五一七年以来のマルティン・ルターの宗教改革運動は、神学と信仰生活の両面の改革を目指していた。まず、神学における具体的な改革目標は、①カトリック教会の考え方に対して、②福音に基づいて新しい礼拝やミサの執行に対して、③カールシュタットなどの急進派に対して、新たな真の教会改革の必要性を説いていくことであった。

次に、信仰生活面において改革が目指したものは、神から人々へ直接に語られるとともに、人々が直接、神へ語りかけることができる、いわば、「我と汝」の生きた御言葉のやりとりによって、各人が主体的に信仰を告白できるようになることだった。言い換えると、ルターは、イエス・キリストのみがその十字架によって各人の罪を贖いそして救ってくださるということを、一人ひとりが御言葉を通して感じとれることを目指していた。しかし、そこでは言葉の問題――教会用語はラテン語であったことや、多くの人々が文盲であったこと等――が障壁となっていた。そこで、聖書主義を掲げるルターは、各人が聖書を読み、それを理解できるようになることを目指して、聖書の自国語への翻訳に取りかかった。さらに、万人祭司主義の下、さまざまな表現媒体が可能な音楽に注目し、自国語による賛美歌集を作成した。礼拝において全会衆が賛美できるようになることを意図したわけである。さらに彼は、賛美歌が教会の中のみならず、教会の外――学校、家庭、社会生活の場等――においても広く歌われることに力を尽くした。これまで、ルターと賛美歌についての研究の多くは、音楽学における音楽史の立場やキリスト教神学における礼拝学の立場に立ってなされてきたが、ここでは歴史神学の観点から、ルターの宗教改革を支えた音楽のはたらきについて考察したい。

1　一六世紀ドイツにおける音楽事情について

まず、教会の音楽についてみてみよう。ミサの中で会衆が最後に歌う賛美歌はラテン語による「サンクトゥス（聖なるかな）」のみであった。当時、教会音楽は芸術的には発展を遂げていたが、ラテン語を知らない一般民衆は礼拝中、沈黙を守らざるをえなかった。すなわち、教会の音楽は専門家の仕事として発展してきたのであって、一般信徒は音楽への参加や典礼の理解は不必要とされていたのである。しかし、いつの時代でも民衆音楽は存在しており、教会の礼拝以外の場では、信徒たち自身の信仰的な歌や聖歌が生まれていた。後にルターはこの民衆音楽に注目し、採り入れることになる。

民衆の音楽としては、ドイツでは、一二世紀中頃から一五世紀にかけて、ミンネゼンガーと称される騎士歌人たちが貴族社会に伝統的な騎士道精神や宮廷の愛を歌詞に盛り込んだ歌を歌って活動していた。時代が下るにつれて、恋愛ばかりとりあげていたミンネゼンガーの歌の内容は変容し、社会風刺などが盛り込まれるようになった。中世貴族の没落に伴って彼らは都市に住み着き、一五、一六世紀になると、各種の定職を持ちながら自作自演の詩を歌い歩くマイスタージンガーに取って代わって活動するようになった。商工業のギルド出身者が多いマイスタージンガーの活動は、自由市民の間に生まれた文学・音楽活動であった。[*1] 彼らの音楽活動は公的な場ではなく、市場や街頭で歌ったり、また日曜日の教会の礼拝の後、集会を開いて、個人的な信仰表現の歌を歌って競いあったりしていた。

2　ルターの音楽への思い

ルターは、自らリュートを演奏することも作曲することもでき、音楽に対する深い関心と理解を持ち合わせていた。彼の音楽との関わりは長く、五歳の時、入学していたマンスフェルトのラテン語学校で、ラテン語の読み書き・文法とともに賛美歌も習い始めた。一五歳で入学したアイゼナハの聖ゲオルク教区学校では、教会や街道で歌う合唱隊に入って活動していた。その後も彼は、エルフルト大学においては基礎課程として音楽を学び、またアウグスティヌス隠修士会の修道士となってからは、「私はまず最初のミサで歌った」[*2] と回顧しているように、祈りを捧げ、詩編を歌い、ミサを守り、また労働、断食など神に仕える修道院生活の中で、音楽に触れる生活を続けていた。このように、彼は幼少以来、音楽に囲まれて生活していたといえよう。

さらにヴィッテンベルクにおいて、ルターは大学教授として神学の教育研究に携わるとともに、ヴィッテンベルクの聖マリア教会と城教会の牧師の職を務めていたので、フリードリヒ賢公が城教会に招いた歌手や音楽演奏家たち[*3]とも交流を深めたことが想像できる。ルターは宮廷音楽師のヨハン・ヴァルター（Johann Walter: 1497–1570）への手紙の中で、「神学者になっていなかったら、私は音楽家になったにちがいない」と述べており、また盛期ルネサンス時代の代表的な作曲家ジョスカン・デ・プレ[*4]（Josquin Des Prez: 1440?–1521）について「他の音楽家たちは音に支配されているのに対し、ジョスカンのみは音を意のままに支配する」[*5]と述べて、ジョスカンの作品に音楽の範として深い賛辞を献げていることからも、音楽に造詣が深かったことが覗える。そしてルターは『卓上語録』の中で、「音楽は最大のもの、真に神の贈り物で、それゆえサタンに嫌われるものである。なぜなら、音楽により多くの、大いなる試誘は撃退されるからである。音楽が奏せられるところには、悪魔は現れない」と述べ、「音楽は不安な人には最大の慰めである」と指摘している。「その人がたとえほんの少ししか歌えないとしても」等と記しているように、神学と同様に人の心を慰めたり、元気づけるものとして、音楽に高い価値を見出していた。

　ルターにとって、言語と音楽との間に矛盾はなく、「話すこと」も「歌うこと」も、罪贖われた者の喜びから生じる表現と理解していたと考えられる。つまり、彼は、音楽は神の賜物であり、生きとし生けるものはみな音楽を

＊1　彼らは親方（マイスター）の下に、詩人（ディヒター）、歌手（ジンガー）、学友（シュールフロイント）、徒弟（シューラー）といった序列をつくっていた。

＊2　Luther, Martin, *Luther's Works*, vol. 54: Table Talk, Fortress Press, 1967, p. 234.

＊3　Schalk, Carl F., *Luther on Music*, Concordia Publishing House, St. Louis, 1988, p. 24.

＊4　Josquin Des Prez ; Josquin des Prés, Josquin des Pres, Josquin Desprez とも綴る。

＊5　Buszin, Walter E., *Luther on Music*, Riedel, Johannes（ed.）, Pamphlet Series No. 3, Lutheran Society for Worship, Music and the Arts, St. Paul, 1958, p. 13.

与えられ、人間は、一人ひとりへの神からのメッセージを、神の賜物である音楽にのせて歌う特権が許されていて、そのことによって福音は生きたものとして、人の心を動かすことができると理解していたのである。彼にとって、信仰生活における音楽の地位は神学に次いで高かった。音楽は礼拝を美化するためにあるのではなく、福音とともに在ると考えていたのである。彼は、すべての信仰者が祭司であると強調するからこそ、すべてのキリスト者がともに神を誉め称え賛美し、そしてともに宣言する（告白する）ことが大事だと考えていたのである。

3　賛美歌創作へ至るまでの背景ときっかけ

ルターが賛美歌を創作した直接のきっかけは、宗教改革運動によって生じたヴィッテンベルクにおける騒擾だったといえよう。

一五二一年、教皇レオ一〇世はルターを破門し、またカトリック国のスペインから新たに神聖ローマ帝国皇帝に迎えられたカール五世は、同年四月末、ルターをヴォルムス国会に召喚してルターに自説の取り消しを命じたが、彼は聖書の権威による以外、自説を変えることはない旨を公言し「われここに立つ。……神よ、助けたまえ」と祈った。そしてその帰途、ルターは彼の身を案じた友人たちによってヴァルトブルク城内に保護され、約一年間（一五二一年五月四日〜一五二二年三月一日）そこに滞在することとなった。その間に彼は新約聖書のドイツ語訳に着手した。

他方、ルター不在のヴィッテンベルクでは大騒動が起こっていた。ルターに同調した者たちがルターの教説に基づく具体的な改革を急速に推し進め始めたのである。ルター自身は『九五箇条の提題』を掲げ、免罪符を厳しく批判したが、一般の人々の生活に対して具体的に策を講じたわけではなかった。ヴァルトブルク城に身を隠していたルターは何もできず、ヴィッテンベルクでの諸改革を実行していた指導者カールシュタットとメランヒトン、そしてアウグスティヌス隠修士会のガブリエル・ツヴィリンク（Gabriel Zwilling: 1487–1558）を支持するしかなかった。しかし、一五二一年末、カールシュタットらが改革の必要性を信徒たちに理解させることをしないまま、福音主義の立場から司祭の生活やヴィッテンベルクの教会の礼拝を、劇的に変えようとしたことを知り、ルターはショックを受けた。

彼らは改革の第一歩として、司祭や修道士の結婚を認めた。ルターは確かに、結婚は神が制定したものであり、司祭が結婚することは神の意にかなうことだと主張してはいたが、実際に神学的検討が不十分なまま、カールシュタットが司祭兼修道士の立場で結婚したことに、彼には居たたまれない思いであったであろう。また、ツヴィリンクが激烈な調子で修道院を攻撃したために、修道士たちが修道院を去り始めた。

ルター不在のなか、カールシュタットによって進められた急激な改革は、人々を混乱させ、暴徒化させた。一三世紀以来、ミサではパンのみによって聖餐が行われてきたのに対し、パンとぶどう酒を受ける二種陪餐の執行を図ったり、司祭が礼服を着ないで平服のまま礼拝を執り行うことや、礼拝でドイツ語による説教を行うことを認めるなど、カールシュタットは思いきった改革を実施しようとしていた。彼は神学委員会の議長に就任し、同年一二月二五日にヴィッテンベルク城教会において、改革されたミサを実際に執行した。また、ヴィッテンベルクの市会は、彼の指導の下で発布した「市条令」により、翌一五二二年一月二四日より物乞いを禁止し、修道院の財産は教会の維持と貧民の救済にあてられ、宗教改革で最初の共同基金協定が制定された。

さらに困ったことに、この頃、熱狂的な預言者たちがザクセンのツヴィカウからヴィッテンベルクにやってきた。ツヴィカウではラディカルな福音主義運動が展開されていて、その指導者ニコラウス・シュトルヒ一派の聖書解釈が聖書の文字よりも、聖霊を重視するところより、ツヴィカウの預言者と呼ばれていた。一五二一年にツヴィカウで福音主義運動が当局に弾圧され、その三人の指導者シュトルヒ、トマス・ドレックセル、マルクス・シュトーブナーがヴィッテンベルクに逃れてきたのである。彼らは神からの直接的啓示を告げ、聖書を必要とみなさず、そして自分たちの無教養と素朴さにこそ、かえって神は自己を啓示されると説いて、人々を惹きつけた。彼らの信仰は熱狂的で、自分たちを支持しない人々を虐殺して神の王国を建設することまで説く始末であった。この一連のツヴィカウからの熱狂主義者たちの騒動と相まって、一五二二年一月二五日にはカールシュタットの意図に呼応した大学の学生たちを中心とする過激なグループによる聖画像の破壊事件が起こり、またその理論的基礎づけになったカールシュタットの『偶像の撤去について』も公にされるなど、ヴィッテンベルクはますます混乱を極めた。

こうした事態に困惑したザクセン選帝侯フリードリヒ賢公は、カールシュタットに急激な改革を中止するように指示すると同時に、彼に説教をすることを禁じた。カールシュタットは賢公の命令に同意し、ツヴィリンクもヴィッテンベルクを去っていった。一方、ヴィッテンベルク市当局はこの大混乱をどう収拾するべきか困窮し、ルターにヴィッテンベルクに戻ってくるように要請した。帝国追放刑に処せられたルターがヴィッテンベルクに戻ることは危険であったが、彼は同年三月に帰還し、熱狂主義者と聖画像破壊とに反対し、忍耐と愛について一週間の連続説教を行い、混乱の中にあった民衆の精神的な平穏を取り戻すべく力を尽くした。ヴィッテンベルクの町に落ち着きが戻ってくると、彼は新しい福音主義教会建設という困難な使命に着手することにした。それが礼拝改革であり、その中で生まれたのが賛美歌の自国語による会衆歌唱の発想であった。

4　礼拝改革の中の賛美歌

急激な改革が招いたヴィッテンベルクの騒動を目の当たりにしたルターは、礼拝の改革を慎重に進め、まずそれまでラテン語で行われていた礼拝の改革を行ったうえで、ドイツ語の礼拝の実践へと移っていった。特に説教に重点をおき、毎回の礼拝には必ず説教が含まれるようにした。同時にさまざまな改革を丁寧に行いつつ、一五二六年に『ドイツ・ミサ』と呼ばれる礼拝改革の手引きを完成するに至った。ルターが改革の中心に据えたのは、イエス・キリストの十字架の救いを宣べ伝える神の御言葉であり、彼は福音に基づいて各人の罪の認識と神による罪の赦しを終始明確化するような形で、礼拝の改革を成し遂げようとしたのである。

礼拝の改革の中で、新しく導入されたのがドイツ語の賛美歌、「コラール」と呼ばれる会衆賛美歌であった。ルターは一五二三年の『会衆の礼拝式について』において、礼拝は三つの点で乱用されていると指摘している。それは第一に、教会の中には朗読と歌唱だけがあって神の言葉が黙していること、第二に、神の言葉が黙していることで、聖者物語や歌や説教の中に多くの非キリスト教的な寓話が入り込んでいること、第三に、信仰のない教会のために、献金が行われていること、であると。[*6] またルターは、中世の教会が人間中心であり、神に犠牲を献げるミサであったのに対して、神を中心とし、御言葉によって神が罪人に働きかける恵みの働きである礼拝を強調している。

彼は主として一五二三年秋から一五二四年夏にかけて、コラール創作に心血を注いだと考えられる。[*7] 全賛美歌のうち三分の二以上がこの期間に創られ、大小四種類の重要なドイツ・コラール集が出版されているのである。礼拝改革と同様、賛美歌による改革も漸次的であり、一五二三年のヴィッテンベルクのための『ミサと聖餐の原則』では、あらゆる伝統的祭服と儀式が保持されたままであったし、すべてはラテン語で唱えられ歌われ、またキリエ、グロリア、昇階唱は聖歌隊によって歌われた。つまり、ルターはこの時点では、全会衆による歌の賛美の機会を設

＊6　ルター、マルティン（青山四郎訳）「会衆の礼拝式について（一五二三年）」ルター著作集編集委員会編『ルター著作集』第一集第五巻、聖文舎、一九六七年、二七五頁。

＊7　Luther, Martin, *Luther's Works*, Vol. 53: Liturgy and Hymns, Fortress Press, 1968, p. 193.

けていなかったのである。続いて一五二四年に、ヴァルターとルターの共編によるヴィッテンベルクの『小賛美歌集』が出版された。これには三八の賛美歌に、二五の四、五声部に編曲した曲が収録されている。この四、五声部のコラールは聖歌隊用のもので、コラールのメロディーはソプラノのパートではなく、テノールに置かれた。二年後に、ヴィッテンベルクにおいて、歌詞に単声メロディーのついた曲と、礼拝での聖歌隊用の多声の曲から成り、また、異なった歌詞に同じメロディーを当てる場合もあるという先例をつくった、ヴァルターの『コラール聖歌集』が単行本として出された。これが真の意味での『ドイツ会衆賛美歌集』の最初のものである。

ヴィッテンベルクの教区内教会で、新しい内容による礼拝が行われたのは、ルターがヴィッテンベルクに戻って約三年を経た一五二五年一〇月二九日のことであった。一般の信徒にはほとんど理解されなかった従来のラテン語による礼拝形式とは異なる、ドイツ語による礼拝がまさにその時に行われたのである。この礼拝での音楽はルターの指示を受けたヴァルターが担当した。新しい礼拝形式は当時の人々に歓迎され、その年のクリスマスから正式に教会で用いられるようになった。翌一五二六年にはルターの序文を伴う『ドイツ・ミサ』が発行された。『ミサと聖餐の原則』が、ラテン語が使われている学校や大学向けであったのに対して、一五二六年の『ドイツ・ミサ』は、各個教会、特に農村部での諸教会に向けられたもの、すなわち学問を受けていない一般信徒たちのためのものであったので、祈りも歌詞もドイツ語が使用された。たとえば、クレド（信条）の代わりに「Wir glauben all an einen Gott（我ら皆、一なる神を信ず）」を会衆が歌うといったように、ミサのラテン語の通常文の替わりに、全会衆によるドイツ語の賛美歌が採り入れられた。ルターは古くからの礼拝、つまり会衆全員が参加できるキリスト教の礼拝の原点に立ち返ることを模索し、そこでたどり着いたのが、礼拝における全会衆による賛美であった。ゆえに礼拝の中で民衆が歌うべき賛美歌の準備が急務であった。彼はまず、一五二三年末の「深いところから私はあなたを呼ぶ」などの自作の賛美歌を示し、ドイツ語の歌詞とドイツ語のメロディーの提供を広く呼びかけた。*8 そのうちいくつかのものは、中世以来ラテン語で歌われていた教会賛歌などをルターが自らドイツ語に翻訳し、古くから使われてきたメロディーを、自分あるいは他の音楽家たちの編曲で使っていった。

以上のように、賛美歌と礼拝改革は一体のものであり、『ドイツ・ミサ』[*9]はプロテスタント教会最初の自国語による礼拝式として重要であり、その対をなすものが、グレゴリオ聖歌とともにドイツ・コラールであったといえよう。

＊8　「私はまたグラジュアルにつづいて、またサンクトゥス・デイにつづいて、会衆がミサの間に歌いうる、できるだけ多くの自国語の歌がほしい。今ではただ聖歌隊が歌うか、あるいは、聖別の時に司教に応答するかだけである、これらの《歌》は以前にはすべての会衆によって歌われていたことをだれが疑うだろうか。このような歌は、ミサ全部が自国語になるまでは、ラテン語の歌の直後に、あるいは一日おきに、自国語の歌がうたわれるよう、司教によって整われるべきである。しかし、私たちは詩人に欠けており、神の教会でいつも用いられるだけの価値がある敬虔な霊の歌（パウロがいっているような）を私たちのために作ることのできる人々が知られていない。しばらくの間、聖餐のあとで、『神をほめたたえ、神に感謝せよ、ご自身をわれらに与えたまいし神を』を歌ってもよい。しかしその中の一部分、『そして聖なるサクラメントは、私たちの死に際して、聖別され司祭の手から』は、その全生涯においてサクラメントをあまり高く評価せず、死に際しては信仰なしに、善き業によって生命にはいることを望んだ聖バーバラの崇拝者によって追加されたものであるゆえに除く。また音楽の拍子と性質の双方とも、それが余分なものであることを証明しているからである。このほかに『今われら聖霊に祈らん』と、『愛らしき幼子』が有益であろう。大きな霊の味わいをもった歌は多くないからである。もしもだれかドイツ人の詩人がいるならば、彼らは刺激されて、私たちのために信仰の詩を備えてくれるであろうと、私は思う」（ルター、マルティン〔青山四郎訳〕「ミサと晩餐の原則（一五二三年）」ルター著作集編集委員会編『ルター著作集』第一集第五巻、聖文舎、一九六七年、二八一頁、二九九頁）。

5　ルターの賛美歌の特徴

賛美歌の父とされる聖アンブロシウスに対して、ルターは「プロテスタント教会の聖アンブロシウス」と称される。彼の賛美歌は宗教改革の歌として有名な『神はわがやぐら』のように、率直で力強く信仰を高らかに歌いあげているのが特徴的である。一五二四年に編集され、ヴィッテンベルクとエルフルトで印刷されたプロテスタント最初の賛美歌集『八歌集』は、ルターによるものが四曲、パウル・シュペラトゥス[*10]によるもの三曲、ユストゥス・ヨーナス[*11]による一曲が収められていて、単旋律の賛美歌が収められたパンフレットのような賛美歌集である。続いて、一五二四年夏、前述したように聖歌隊や音楽の教養をもつ人々のために、ルターの友人で音楽上の協力者であったヨハン・ヴァルターがルターの序文付きの多声コラール曲集である『小賛美歌集』を出版した。そこに収められた三八曲のドイツ・コラールのうち、二四曲がルターによるものである。

ルターによる賛美歌は全部で三七篇あり、伝統的典礼用賛美歌のドイツ語訳や翻案、詩編や典礼用聖句をパラフレーズにしたもの、詩編や典礼用聖句などにとらわれない自由な創作賛美歌、そして信仰問答の歌の四グループに分類することができる。

ルターはもちろん組織神学者であるが、また優れた教会音楽家であり、教会音楽の中世から近代への先導者ともいえよう。彼は「今日、私はドイツ語のミサを持とうとし、それに携わっている。しかし私が欲するのはそれが正しいドイツ語となるようにということ。歌詞と楽譜の両者、拍と節また抑揚は母国の正しい言葉と声からくるものでなくてはならない。そうしなければ、すべては猿真似のようなものだ[*12]」と語っているように、聖書主義に基づいて御言葉を重視し、その御言葉を人々に伝えるために音楽が最も重要な方法であると確信していた。また、「神の御言葉についで、音楽は高くたたえられるべきである。聖霊ご自身も音楽をそのなすべき働きの方法としてたたえ、ご自身の聖書において音楽を通して聖霊の賜物が預言者たちに植え付けられるのである。……このようにして、長老たち、預言者たちが神の御言葉に深く結びつけられるのは音楽以外にはないとごく自然に理解していたのである」[*13]と述べているように、彼は万人祭司という考え方をもち、日頃から関心をもっていた民衆音楽を礼拝に結びつけることで、コラールが生まれたと考えられる。

＊9　ドイツ・ミサの順序は次のとおり。①コラール（詩編三四篇二～二三節をグレゴリオ聖歌の第一旋法で歌う）、②キリエ（従来の九回ではなく、三回になった）、③集禱（牧師は聖壇に向く）、④使徒諸の朗読（グレゴリオ聖歌の第八旋法で歌う）、⑤コラール（聖歌隊の合唱）、⑥福音書の朗読（グレゴリオ聖歌第五旋法で歌う）、⑦信条のコラール、⑧説教、⑨主の祈り、⑩聖餐の勧め、⑪聖別・配餐（この間、コラール〔従来の昇階唱〕の代わりにルター自作の「我ら聖霊を求めてのりまつる」というコラールを用いた。また聖餐式ではボヘミア賛美歌のドイツ語訳『聖なるかな』『神の子羊』が用いられた）、⑫祝禱。

＊10　Paulus Speratus（1484–1551）は、プロイセンの宗教改革者で賛美歌作家である。一五一四年ザルツブルクに始まって各地を紙墨していたが、ヴユルツブルクで一五二〇年頃、結婚したため放逐され、一五二二年に破門宣告を受け一五二三年にヴィッテンベルクに逃れ、そこでルターの賛美歌制作を助け（一五二四年）、その後、ルターの推挙によりケーニヒスベルクへ移って非だしプロテスタントのルター主義宗教改革に尽力した。

＊11　Justus Jonas（1493–1555）は、ドイツの宗教改革者。ルターの同労者。エアフルトで教会法の教授であったが、一五二一年にヴォルムス国会に出席するためエアフルトでルターに初めて出会い、同年にヴィッテンベルクに急遽移り、以後、ヴィッテンベルク大学の教会法教授、また修道院学寮副院長として神学研究を極め、ルターの密接な協力者として改革運動に尽力した。また、初期ルター派の賛美歌と典礼の発展にも重要な役割を果たした。

＊12　Luther, Martin, *Dr. Martin Luthers Werke*（Weimarer Ausgabe）, 50, s. 370.

＊13　Luther, Martin, 'Preface to Georg Rhau's Symphoniae iucundae, 1538', in: *Luther's Works*, vol. 53: Litu gy and Hymns, Fortress Press, 1968, pp. 321–324.

ルターは、聖書本文を構成要素の単位として、聖書を基礎とした音楽を作り上げた。それらは容易に歌うことができるようなものであり、また時代を超えて歌い継がれることが重要であった。ルターの旋律の特色は『神はわがやぐら』のように、階段を上下するような力動感にあふれもので、九音階の範囲の中で音節の設定がなされ、反復を繰り返す音楽的な構成をとっている。親しみやすい曲を生み出す彼の音楽の才能によって、この賛美歌の改革を効果的に展開することができたことは疑いがない。ルターの特筆すべき点は非典礼的な、あるいは非宗教的な音楽を、典礼的な音楽に生まれ変わらせたことであり、そして礼拝において、母国語による賛美歌によって信仰共同体を作りあげたことである。

ルターはコラールを作る際、聖書翻訳の時と同様、歌詞が誰にでもわかること、メロディーが親しみやすいことに殊に意を払った。また、それまで歌われていた聖歌の中から、良い曲をドイツ語に翻訳することも行った。ゆえに、ルターは新作を作ることよりも、古くから歌い継がれ、聞き親しんでいる歌詞やメロディーを土台として、それを一般会衆に覚え易く、馴染み易いように改作することに努めた。彼はローマ・カトリック教会の全否定に立って新しい曲を作ったわけではなく、歌詞によく合うように、グレゴリオ聖歌のメロディーを工夫してつなぎ合わせた。また、彼は良いものは継承するという柔軟さをもって、古くからドイツに歌い継がれてきた多くの民謡や、当時の世俗の歌の中からも、良いメロディーがあれば採用し、それに宗教詩を付けかえたのである。彼のこうした取り組みは、民衆に賛美歌を早期に馴染ませ、覚えてもらうための効果的な工夫であったと考えられる。

6　カールシュタット、ツヴィングリ、カルヴァンの教会音楽への考え

すでに述べてきたように、ルターは礼拝での音楽使用を熱心に推進したが、しかし一六世紀の宗教改革者の音楽

への考え方はさまざまであった。彼に対抗したカールシュタットはヴィッテンベルクを追われた後、オーラミュンデの教会に移ったが、その地ではますます急進的な改革を行った。幼児洗礼を廃止し、聖画像と教会音楽を非難し、ミサにおけるキリストの現在を否定し、牧師に結婚を義務づけた。そもそも、ヴィッテンベルクにおいても彼は音楽を推奨しなかった。一五二四年にカールシュタットはトマス・ミュンツァー（Thomas Müntzer: 1490–1525）に宛て、「私は人々が聖なる歌によって信仰が高められるということを信じない。むしろ、これを過度に行うなら、神聖なる事柄を抑止するものである」[*14]と評している。彼は、福音伝道のために音楽を使用するルターは、人間の内面を軽視し、外面的なものである音楽を過度に重視しているとみなしたのである。つまり、彼にとってルターは偶像崇拝を行っていると見えたのであろう。

ルターと同時期のチューリッヒの宗教改革者ツヴィングリ（Huldrych Zwingli: 1484–1531）の音楽に対する姿勢は、公私を区別したものだった。個人的には音楽を愛したが、公的には彼が指導した宗教改革ではカトリック教会のミサや、聖像廃止を主張し、教会のオルガンを破壊して教会音楽や賛美歌促進のためにはみるべきものはないとした。彼は美術と音楽を宗教から追放し、ミサにおけるキリストの現在を否定し、宗教のためには剣の使用も肯定した。

また宗教改革者の第二世代に属するジュネーブのカルヴァン（Jean Calvin: 1509–1564）は、中世カトリック教会の非聖書的要素を厳しく排除するとともに、礼拝についても新しい様式を示し、それにふさわしい賛美歌の様式を作り出した。彼の特徴は、礼拝において神を賛美する賛美歌としてふさわしいものは、今までに書かれてきた創作賛

＊14　Müntzer, Thomas（Franz, Günther, Kim, Paul（ed.））, *Schriften und Briefe. Kritische Gesamtausgabe*, Gerd Mohn, Gutersloh, 1968, p. 415.

美歌ではなく「神の言」の賛美の記録、すなわち、旧約聖書の「詩編」であるとした。彼は「人間のレクリエーションや楽しみのために適当ないろいろな事柄の中で、音楽はまず第一のものであり、音楽は神がそのために特に取りのけておかれた賜物であるという確信に、われらを導くものである」[*15]としている。しかし、礼拝における音楽の使用について、音楽の美しさや楽しさに酔って神への賛美の要素が二の次になることを厳しく戒め、そのために教会内では合唱を禁じた。

カールシュタットやツヴィングリ、カルヴァンでなくとも、西方教会の初期神学者として著名なアウグスティヌスでさえも、音楽について善にも悪にも、聖にも俗にも、用いられるうることを懸念していたが[*16]、ルターはむしろ、音楽を生きるための滋養物の代わり、神の栄光と神の言葉に命を与えるための手段として積極的に推奨した点が同時代の宗教改革者たちや、それまでの神学者たちと異なっていたと考えられる。

7　ルターの音楽の協力者ヴァルターとラウ

礼拝改革への音楽の採用、いわば神学と音楽の一体化というルターの画期的な試みの裏には、特に彼を助ける二人の有能なアドバイザー、ヨハン・ヴァルターとゲオルク・ラウの存在があった。

まず、ヨハン・ヴァルターからみていこう。「プロテスタントの教会音楽の父」とみなされているヴァルターは一四二九年、イエナの近くチューリンゲンのカーラ（Kahla）に生まれ、一五二〇年からザクセン選帝侯フリードリヒ賢公のザクセンの宮廷楽団でバスの歌い手として、また若い作曲家として活躍した。前に述べたようにルターは、新しい賛美歌集のため、ドイツ語の歌詞とドイツ語のメロディーを提供する者を求めていた。ヴァルターは宮廷楽団長コンラッド・ラプシュ（Conrad Rupsch: 1475–1530）の推薦の下、一五二四年、ルターとともに、ルターの序文付きの多声コラール曲集『小賛美歌集』（既出）を出版した。翌年、ルターの賛同者となった彼は、数ヶ月ヴィッテンベルクに滞在した後、選帝侯の死去もあり、ルターに強く請われて[*17]ヴィッテンベルクに移り、ルターの『ドイツ・ミサ』の中の賛美歌の作曲を担当することになった。彼の尽力によって賛美歌集は一五二五年、一五二八年、一五三四年、一五三七年、一五四四年、一五五一年において発行された。特に彼は受難曲の独唱による福音書著者の朗唱に対して、ドイツ語による会衆の合唱を効果的に用いることに成功した。また、一五二六年から一五四八年まで、当時一七〇人以上の少年を擁していたトルガウのラテン語学校の合唱長となり、ルターと協力して作った賛美歌集を積極的に用いてプロテスタント教会音楽の普及に努めた。さらに一五三四年からはラテン語学校にて、ラテン語と神学の指導や、また、トルガウの市民グループのために歌と音楽指導も行い、プロテスタント教会の音楽によってトルガウの町全体を福音主義の町へ変えていったのである。ルターの死後、メランヒトンの勧めで、ザクセンの新選帝侯のドレスデン宮廷楽長となったが、この間は、宗教的に、音楽的に、礼拝的に思い切った改革ができないことに彼自身、不甲斐なさを感じ、一五五四年に引退した。彼は「私はなぜ、神が天から私たちに音楽を与えたかを示したい。これには、それによって神を賛美すること、私たちを助け、導かせるためという二つの理由があって、それで私たちは天から神が与えた贈り物を使わなければならないのである」[*18]と述べているように、教会での音楽の役割は御言葉を解釈するよりも、御言葉を告白することであると理解していた。ヴァルターは

＊15　Calvin, John（trans. Battles, Ford Lewis）, “Letter to the Reader” in The Form of Prayers and Songs of the Church 1542, *Calvin Theological Journal*, vol. 15, No. 2, 1980, p. 163.
＊16　Luther, Martin, *Luther's Works*, Vol. 57 : Sermons IV, Concordia Publishing House, p. 111.
＊17　Praetorius, Michael, Verbra des alten Johann Walters, *Syntagma musicum I*, Wittenberg, 1614, p. 449–453.
＊18　Walter, Johannes, *Lob und Preis der löblichen Kunst Musica*, 1538, Bärenreiter-Verlag, Kassel, 1938.

ルター派教会の最初の合唱長であるだけでなく、キリスト教の信仰共同体において音楽を使用することへの神学的理解を十分もった音楽家で、ルターの良き音楽協力者であり、ルターの運動に大きく貢献したことは間違いない。

また、ゲオルク・ラウ（Georg Rhau: 1488–1548）もルターの音楽活動に欠かせない重要な人物である。一五〇〇年までにはドイツの六〇都市に印刷所があったといわれ、プロテスタント教会の新しい歌は、小さいサイズから大きな新聞大のようなサイズまでの賛美歌集に編まれて都市の印刷所から発行された。宗教改革運動の中心都市、ヴィッテンベルクは特に福音主義教会の音楽普及で重要な働きをしたが、ヴィッテンベルクの音楽出版活動は主としてゲオルク・ラウによるものであった。彼はフランケン地方のアイスフェルトに生まれ、一五〇八年にエルフルト大学へ入り、一五一二年からはヴィッテンベルク大学で学んだ。一五一四年に卒業して、翌年から叔父の経営していたラウ―グーテンベルクという印刷所で働いており、一五一八年から一五二〇年、ライプチヒの聖トーマス教会付属の音楽学校の合唱長となり、また、ライプチヒ大学では音楽理論を教えた。彼がライプチヒにいた頃、ちょうど、ゲオルク髭公の手配で、ルターとエック、カールシュタットとメランヒトンがライプチヒで会し[*19]、宗教改革の転換点ともなったライプチヒ討論が行われた。この時、ラウは初めて宗教改革運動に直面したのだった。その後、ルターの信奉者となったラウはライプチヒを去り、一五二〇年から一五二二年までアイスレーベンとヒルドブルクハウゼンの学校で校長として務めた。一五二三年にヴィッテンベルクに戻り、印刷業と出版業を営み、ルターの著作やルター派教会の音楽作品を発行した。彼の功績は、『音楽便覧』をはじめ、音楽の手引き書のシリーズ本（イースターやクリスマスのための音楽の紹介、学校に通っている子どものためのドイツ語賛美歌の紹介、ルターの音楽に関する考え方の要約等）を編纂し、賛美歌の普及に大いに努めたことである。また彼はルターの音楽上の相談相手の一人であり、さらに町教会のオルガニストを務め、一五四一年からヴィッテンベルク市会議のメンバーとして活躍したことでラウはルターを公私ともに支え続けた。

8　ルターの宗教改革での音楽採用の評価

ここで改めてルターが宗教改革に音楽を採用したことの成否について考えてみよう。初めにみてきたように、ヴィッテンベルクの騒動により漸次的改革を行っていったルターであるが、その中で生まれた賛美歌は確かに、宗教改革の輪に一般民衆を取り込む効果があった。ルターの賛美歌の採用は、教会内外の隅々にまで福音主義を伝播させるのに有効であり、その点においては成功だったといえるだろう。すでに述べてきたように、他の宗教改革者たちが「御言葉に比べれば音楽には何ら力がない、むしろ排除すべきだ」と考えていたのに対して、ルターは、メロディーは言葉に命を吹き込むものだと考え、常に賛美歌や精神を高める歌を歌うことは礼拝以外にも見出されるべきだと考えていた。このような彼の考え方が、宗教改革の運動を浸透させていくのに効果的だったことは疑いない。たとえば、ヴィッテンベルクから七〇キロも離れたマグデブルクの市の一五二四年五月六日付の『年代記』に「市場で貧しい老人がルターの賛美歌を歌っていた」という報告[*20]があるように、教会以外、学校や家庭で、また市場や居酒屋でも、自国語であるドイツ語の賛美歌が歌われていった。ペテグリー氏によれば、多くの賛美歌集は残存していないが、一六世紀、ルターの賛美歌集は二〇〇〇版以上印刷されたであろうとしている[*21]ことから、かなり

＊19　ここで、ルターは公会議も誤りうること、コンスタンツ公会議が異端としたフスの教えの中にも福音的なものが含まれることを発言した。討論の後、ルターは城内で説教したが、市民には宗教改革に賛同する動きがあったものの、ゲオルク髭公は以後、ルターに反対の立場をとり続け、説教も禁止し、ドイツ語新約聖書を初めルター著作を一切禁止した。

＊20　Hertel, Gustav (Hrsg.), *Die Chroniken des niedersächen Städte: Magdeburg*, vol. 2, S. Hirzel, Leipzig, 1899, p. 143.

＊21　Pettegree, Andrew, *Reformation and the Culture of Persuation*, Cambridge University Press, Cambridge, 2005, p. 46.

の需要があったと考えられる。

上記のように福音主義伝播に有益だったと考えられる賛美歌について、教会内と教会外という視点から、詳細に分析してみよう。まず、ルターの二つの賛美歌『新しい歌（Ein Lied von den zwei Märtyrern Christi, zu Brüssel von den Sophisten von Löwen verbrannt, geschehen im Jahr 1523）』と『神はわがやぐら（Deus noster refugium et virtus）』のそれぞれの作曲目的を比較しつつ、検討していくことにする。『新しい歌』は、神聖ローマ帝国皇帝の直接支配下にあるネーデルランドではヴォルムス勅令以降、ルターの教説は異端とされていたが、ルターの教説を支持し棄てることを断ったために、一五二三年七月一日にブリュッセルで処刑された、プロテスタントで最初の殉教者である二人の若いアウグスティヌス隠修士[*22]のことを知ったルターが、「……神の御言葉のために彼らは血を流し、この世を旅立った。彼らは神の勇敢で敬虔な息子のようであった。忠実でライオンの心を持ち、彼らは殉教者の冠を勝ちえた……」とその死を勝利として誉め称えたものであった。また、二人が火刑に処せられる姿に対して、たとえば「……その若者たちは陽気にアーメンと唱え、躊躇も示さなかった……」と表現するなど、彼の高揚した感情が賛美歌の一二連の詩に生き生きと表れていて、彼らの殉教の死によってルター自身、力が与えられたことがわかる。この賛美歌は今までにない種類の詩であり、明らかに典礼のために作られたものではないといえる。当時は、さまざまな話題はパンフレットとして印刷され、広く売られていたが、現実的に民衆は文盲が多く、歌が一番の情報手段であった。すなわち、マイスタージンガーが流行歌を作って、市場で、道で、酒場で歌うことで情報は伝播していた。二人の殉教の死をとりあげている『新しい歌』は、まさにマイスタージンガーが歌う流行歌のような役割を果したといえよう。また、ルターはこの歌にこめた自分の思いを迅速かつ、広範囲に伝わることを目指したと考えられる。

他方、『神はわがやぐら』は、常に教会内の典礼で使用されることを目的としていたと考えられる。詩編四六編を基にして、それを自国語に訳し、プロテスタントの性格が強く、かつ格調高い表現の礼拝での賛美歌に作り替えている。特に、三番の歌詞[*23]は、ルター自身を含む宗教改革運動に関わるすべての人々への応援メッセージとなっているように思われる。以上のようにルターは賛美歌の曲を、教会内、教会外という二方向性を意識して作ったと考えられる。

教会内の担い手については、ルターが道を開いた新しい賛美歌は、ニコラウス・デツィウス（Nikolaus Decius：1485–1546）、ゼーハルト・ハイデン（Sebald Heyden：1499–1561）、ユストゥス・ヨーナス（Justus Jonas：1493–1555）などの聖職者および、教会音楽の関係者たちによって、教会音楽として多くの曲が作り出されていった。また、教会では礼拝の中で、会衆が歌う前にオルガンのコラール前奏曲が弾かれ、気分を盛り上げてから聖歌隊がコラールに基づくカンタータを歌い、最後に会衆が立ち上がってコラールを歌うようになった。

特筆すべきは、ルターの改革初期の聖歌隊は、それまでの、専門の音楽家で組織され、職業化されていた聖歌隊とは異なっていたことである。ルターはすべてのキリスト者が神の言葉を賛美できることを理想とし、まず、信徒がみずから聖書を読まなければならないと考えていた。しかし、実際には、字の読めない者が多かったことを考慮して、彼は青少年を教育しようと考え、各教会に学校を付設させた。カリキュラムでは音楽が高い位置を占めていて、ほとんど毎日、音楽の時間が設けられ、その教材は賛美歌であった。児童、生徒のうち歌唱に優れた者を選び、それに成人の信徒の有志を加えて、必要に応じて練習し、かなり複雑な合唱曲を歌わせた。それがルター時代の聖歌隊であった。教会にあって、賛美歌は全会衆が一つになって礼拝を支え合う役目を果たしたといえる。

＊22　一五二三年、若いアウグスティヌス修道士、ヘンドリク・フォエスとヤン・ヴァン・エッヤンがルターの改革思想を支持したことでプロテスタントの最初の殉教者としてブリュッセルで火刑に書せられた。ルターはこれを詩にした。

＊23　「悪魔が世に満ちて、私たちを飲み込もうとするときも、私たちは恐れなくてもいいのです。私たちは敵に勝利します。この世を支配するサタン、悪魔がたけり狂って襲ってくるときも、彼の手は私たちに届きません。彼は神の御言葉の一撃で、打ち倒されてしまいます」。

他方、教会の外での賛美歌の担い手たち——平信徒のプロテスタントの歌の担い手たち——については、たとえば靴屋の親方であったマイスタージンガーのハンス・ザックス（Hans Sachs: 1494–1576）は、生涯に四三七四篇のマイスター歌、約二〇〇〇の祝詞歌（Spruch）、一二〇以上の悲喜劇、八五本の謝肉祭劇、七篇の散文対話を残したといわれる。作品の主題は、ルター訳聖書の一節、古い教会制度への風刺、時事的な出来事の記録、道徳的な教訓を盛り込んだ寓話など、多岐に及んでいた。彼はルターの思想に深く傾倒し、一五二三年七月八日、『ヴィッテンベルクの鶯（Die Wittenbergisch Nachtigall）』の詩を発表してルターへの共鳴と新時代の到来を歌い上げた。一五二四年、ザックスは『司教座参事会員と靴屋の対話』、『聖職者の見せかけの善行と誓願について』、『強欲など社会の悪徳に関する対話』、『福音派キリスト教徒とルター派教徒の対話』と一連の作品を発表して教権批判を続けた。

既述のように一五二四年のプロテスタント最初の賛美歌集『八歌集』やその一年後のルターとヨハン・ヴァルターによる『小賛美歌集』はエルフルトやニュルンベルクやヴィッテンベルクなどの印刷業者によって印刷され流布した。また、多くのルター派の賛美歌集の創作活動は、実にルター自身も四〇近くの賛美歌を作ったように、聖職者ばかりでなく、平信徒にまで及んだ。最も顕著な平信徒の詩人としては、先に述べたマイスタージンガーであるハンス・ザックスや、ザックスの同僚であるニュルンベルクの市職員であるラザルス・スペングラー（Lazarus Spengler: 1479–1534）がいた。また、女性の賛美歌創作者も出たが、中でもシュトラスブルクのカタリーナ・ツェル（Katharina Zell: 1497–1562）は一五三四年、ボヘミア改革者たちの賛美歌をチェコ語からドイツ語に訳した賛美歌集を四冊、シュトラスブルクの印刷屋から出した。また、マイスタージンガーとともに、巡回伝道者たちが、商人に変奏してルターの小冊子とともにルターの賛美歌を歌い回ってその普及に努めた。教会の外でのプロテスタントの歌は教会で歌われる歌とともに、聖職者、教会音楽の専門家、平信徒（賛美歌作者、出版業者、マイスタージンガー、学校の生徒、教師、職人、農民、商人など）等の働きにより、隅々にまで伝播することができたのである。

総じてドイツ語で歌えるようになったルター派の賛美歌は教会内外において、人々の間に深く浸透していったのであり、福音は非常に迅速かつ有効に伝播していけたことは疑いのないことである。

総括

ルターでさえも、初めは礼拝改革の一環として音楽を採用したかもしれないが、これまでにみてきたように、人々が歌うドイツ語の歌はルターの宗教改革運動の普及を大いに助け、成功であったことは間違いない。口から口への歌によるルターの賛美歌伝道は、説教運動の一環であり、礼拝改革の一環であったと位置づけられよう。民衆に福音を伝え、理解させたい一方、その改革は慎重に行わなければならなかったルターにとっては、音楽の活用は重要な働きをしたといえる。そればかりか、ドイツ語を用いた新しい賛美歌によって、ルター自身もそうであるが、人々は非常に慰められ、励まされ、元気づけられたことであろう。そしてルターが着手した音楽採用は、教会における礼拝改革を助け、また学校で、社会で、家庭で、民衆にキリスト教精神やキリスト教倫理感を自然に身につけるのに大きな働きをしたことは疑いのないことである。

『ドイツミサと礼拝の順序』において、ルターは礼拝のために「人は聖書を読誦し、歌い、説教し、執筆し、詩作しなければならないし、そのために助けとなり、利益となるならば、私はその上にすべての鐘を鳴らし、すべてのオルガンを奏し、鳴ることの出来るすべてのものを鳴らしたいものである。なぜなら、その点に関しては教皇派の礼拝はまったく呪うべきものであって、彼らは礼拝を律法と、わざと、功績とにしてしまい、それによって信仰を圧迫してきたからである」[*24]と記しているように、音楽を愛したルターは、会衆の歌う賛美歌を「会衆の説教」として大いに期待し、その期待は裏切ることなく、人々の心に宗教改革の信仰を深く浸透させることができた。ヴァルターを始め、ヴィッテンベルクの宗教改革者たち、印刷業者や一般信徒の協力によって、多くの賛美歌が生まれ歌い継がれていった。それに加えて、福音の真理を、人々が自分たちの口でドイツ語で口ずさむことができ、そのような歌を礼拝の時ばかりではなく、日毎夜毎、そして仕事をする時にも口ずさむことができたことなどを考え合わせるとき、宗教改革の一連の運動の中に、プロテスタント（ルター）の賛美歌導入を積極的に実施したことは、高く評価すべきだと考える。ルターの賛美歌中、最後期のものの一つで一五四一年ヴィッテンベルクがトルコ軍の脅威に晒された時に作られた『主よ、御言葉もて』の「主よ、御言葉もて、御民を励まし、主にそむくものを打ち砕き給え……」という歌詞は、まさに、人々を福音のもとへ呼び寄せる、力強い「歌う説教」であり、福音主義伝播への彼の熱い思いがこめられているように思われる。

＊24　ルター、マルティン（青山四郎訳）「ドイツミサと礼拝の順序（一五二六年）」ルター著作集編集委員会編『ルター著作集』第一集第六巻、聖文舎、一九六三年、四一三頁、四二一頁。

第9章

民衆本『ティル・オイレンシュピーゲル』と宗教改革運動

はじめに

ドイツ文学史においては、一五～一六世紀に、内外の古くから伝わる物語や伝説を民衆向けに再構成したり、新たに書き下ろしたりした「民衆本」と呼ばれる娯楽読み物の一ジャンルがある。そうした民衆本の中でも、『ティル・オイレンシュピーゲル』は当時、とくに幅広くもてはやされたとされている。中世ドイツの伝説的ないたずら者ティル・オイレンシュピーゲルを主人公とし、歴史上に実在した人物としては、一三〇〇年にクナイトリンゲン村で生まれ、一三五〇年にメルンで病死したとされるが、この民衆本は一五一〇年ないし、一五一一年頃出版されたと考えられている。

これまで、民衆本については文学史または中世社会史の観点からは論じられてきたが、宗教改革史との関連で論じられたことはない。本章ではこの民衆本と宗教改革運動の接点を見出すことを目標としたい。特に、なぜ、オイレンシュピーゲルとされる人物の没後、一六〇年も経て、著者とされるヘルマン・ボーテ（Hermann Bote: 1463-1520）

が『ティル・オイレンシュピーゲル』（以下、『オイレンシュピーゲル』と略す）を執筆したのか、またこの本を通して、ルターによる宗教改革運動勃発当時の庶民はいったい、教会を含む社会についてどのようなことを考えていたのかを推察しながら、宗教改革との関係を考察したい。

1　『ティル・オイレンシュピーゲル』とヘルマン・ボーテ

『オイレンシュピーゲル』は、一五一〇年ないし、一五一一年頃にシュトラスブルクにおいて『ティル・ウーレンシュバイゲルの退屈しのぎの話』として成立し、その後、版を重ねていった滑稽話九五話を指す。オイレンシュピーゲルの民衆本は、ゲレス（J. Gorres）、ナウマン（H. Naumann）、カドレック（E. Kadlec）、マッケンゼン（L. Mackensen）等の研究者によって文体と内容、低地ドイツ語の用法などについて研究がなされてきたが、長い間、著者は不明であった。しかし、一九七三年にホネガー（P. Honegger）がチューリヒ・フラグメントと称する断片を発見し、それが一五一〇年から一五一一年に、一五一五年版と同じグリーニンガー書店から刊行されたものであることを明らかにしたのに続き、一九七五年にはフッカー（B. U. Hucker）が、ほぼ完全な形の『オイレンシュピーゲル』を発見した。さらに、原本の九〇話以後のそれぞれの話のはじめの文字がＥＲＭＥＮＢとなっているのを発見し、これは明らかに署名であり、またその他の要素をあわせて、ヘルマン・ボーテが著者であることが確定されたのである。[*1] すでに、一四一一年にオイレンシュピーゲルについて語る者がいることから、一五一〇、一五一一年版以前にオイレンシュピーゲルが主人公になっている何らかの書物があったことは明らかであり、また、『オイレンシュピーゲル』の冒頭で、「キリスト生誕から一五〇〇年の後、私Ｎ……はその昔ブラウンシュヴァイク公国に農民の子として生まれ、ティル・オイレンシュピーゲルと呼ばれていた活発で機知に富み、抜け目のない若者がドイツやその他南の国々で、しでかしたことを集めて書き下すように二、三人の人に依頼されました……」とあることからも、執筆者であるボーテがさまざまな話をまとめて執筆したと考えられる。

内容に入る前に、オイレンシュピーゲルについて紹介すると、彼は土地もろくにない貧乏農民の子として生まれ、各地を流れ歩く放浪者で、道化として生きた人物である。ところで、道化師の歴史は古代エジプトまで遡ることができるが、中世ヨーロッパでは、特権階級にある人物が城内に道化としての従者を雇っていたことが確認されており、宮廷道化師と呼ばれていた。しかし、それだけでなく、町や村においても道化は重要な役割を担っていたようである。[*2] 人々が身分という階層で隔てられていた封建時代にあって、道化は特定の身分に属さず、むしろ最下層以下の賤民に近く、ゆえにどのような階層とも一体感を持つことなく、自由につきあう存在であった。彼はある意味では自由人であったといえよう。

次に著者であるボーテについて述べておこう。ボーテはブラウンシュヴァイクのハーゲンの市参事会員でもあった鍛冶屋の親方アルントの子として一四六三年頃生まれた。一四八八年一月には徴税書記であったが、この年、ギルド支配を嘲笑した廉で自宅監禁とされ、父とともにギルドから追放された。一四九〇～一四九三年頃、ブラウンシュヴァイクの北パーペンタイヒの下級裁判所裁判官となり、一四九四～一四九六年には再度、徴税書記に復職し、一五一三年までその職にあった。一五一三年にブラウンシュヴァイクで一揆が起こり、彼は危うく処刑される寸前まで追い込まれるが、一日捕らえられただけで、難を逃れた。一五一六年から一五二〇年には市の煉瓦製造所の管理人となり、一五二〇年に亡くなったとされる。著作には『オイレンシュピーゲル』の他、一二九三～一五一

＊1 Bote, Hermann (trans. Oppenheimer, Paul), *Till Eulenspiegel*, Routledge London, 2001, pp. xlviii–xlix.

＊2 阿部謹也『中世の窓から』朝日新聞社、一九八一年、一一二頁。

六年までのブラウンシュヴァイクの手工業者の蜂起を記した『シヒトブーフ（年代記）』や『車の書』がある。

ボーテは、『オイレンシュピーゲル』の序文でも述べているが、ラテン語も十分ではなく、大学へ行ったわけでもなかった。また、「片足（あるいは足なえ）のボーテ」として人々に嘲笑されていたようであり、身体的に不自由であったため、父の職業である鍛冶屋の仕事に就くことは不可能であったと考えられる。それゆえ、父アルントは息子ボーテを市内のラテン語学校へ通わせ、一生食べていけるように徴税書記という市の官職につけてやったと考えられる。彼は手工業の親方の子として職人の世界に身をおいていたことで、おそらく遍歴職人たちから多くの話を聞き、それが後の『オイレンシュピーゲル』の話の素材になったと考えられる。ところで、徴税書記は市の財政を支える重要な職務であるにもかかわらず、ブラウンシュヴァイクでは一六五二年まで身分は賤民に位置し、市民権すらなかったという。[*3] ボーテは職人の子でありながら親の職を継ぐことができず、生まれながら賤民たる徴税書記の職に就くしかなかった。この自分の人生を、農民の子として生まれながらも不運な星の巡り合わせで、賤民たる道化者、放浪者となるティルの運命に重ねていったと推測される。

2　『ティル・オイレンシュピーゲル』にみられるティルと一六世紀ドイツの民衆の声

次に、『オイレンシュピーゲル』の内容を紹介しながら、ティルという人物と一六世紀ドイツの民衆の声を考察したい。『オイレンシュピーゲル』は、ティルの生誕から死までの一生を描いたものであるが、ホネガーの分類に従えば、第一話から第九話まで、クナイトリンゲン村の農民の子が母親の希望する職人にならず、放浪者へと成長していく過程が描かれている。

物語の冒頭で、著者ボーテは本を書くことになったきっかけと目標を述べている。ボーテは二、三人の人物からオイレンシュピーゲルについて書き下すように依頼を受けたが、はじめは「自分にはそれに見合う知識も学識もないし、ラテン語も解せない」と断っていた。しかし、断り切れずに、「神様のお助け」に頼って引き受け、「一生懸命始めることにした」とし、その後、「この厳しい時代に心楽しく過ごせるように」「この話を読む人や聞く人がしばしの気晴らしができる」ように、そしてできるだけ多くの人々に読んでもらいたい、という希望が述べられ、最後に「多くの人に読んでもらいたいけれども、礼拝の妨げにならない」ことを追記して本文が始まる。この「礼拝の妨げにならない」ようにと気遣っている点に、一六世紀の民衆にとっての礼拝の大切さがあらわれていると考えられる。

本文はまず、ティルが生まれ、一日に三回洗礼を受けたという話から始まるが、これは読者にはじめから衝撃を与えるものであろう。一回目は正式にアンプレーベン村に連れて行かれ、そこで洗礼を受けたことが記されている。そして、洗礼を受けた後、出身地のクナイトリンゲン村[*4]へ戻る途中、小川にふとしたことで落とされたのが、二回目であり、三回目は帰ってから大鍋で洗われた時である。まともな人間が何回も洗礼を受けるということは考えられないので、三回も洗礼を受けたことをわざわざ記すことによって、ティルという人間が社会の秩序や常識、慣例などの枠からはみ出した者であることを印象づけている。ただ、再洗礼主義との関係から考えると、当時の人の洗礼への考え方がどのようであったかについて考えさせられる。とにかく、この三回の洗礼は、「はじめに」において著者が述べていたように、「厳しい時代」を生き抜いたティルの人生にふさわしい、効果的な登場のしかたとなっていると考えられる。

＊3　Danckert, Werner, *Unehrliche Leute*, Bern und München, 1963, p. 266.
＊4　クナイトリンゲン村は現在、ニーダーザクセン州のブラウンシュヴァイク市から車で二〇分ほどのところに位置する。

また、アンプレーベン村とその村の教会は聖エギティウス修道院長のものだったと記されている点から、修道院長が城主になれるという一六世紀初頭の実態も明かされている。さらに、当時、人々は一方で教会に対する不満、不平をもちながらも、他方では彼らの日常生活は教会とともにあったこともわかる。

二話から九話までについてであるが、自由を求めるティルの生き方を象徴する出来事が描かれている。二話で父親が「お前はきっと不運な星のもとに生まれたに違いないな、お前はじっと座っていて誰にも何もしていないのに皆はお前のことをあくたれだというんだからな」と語るが、貧困な村の土地持ちの農民は物乞い、放浪者として各地に流出していた当時の社会情勢をボーテが鋭く観察していたことがわかる。三話では、ティルの母親が、息子が一六歳になっても遊び回っていろいろな道化や綱渡りをしている姿を厳しく叱責している場面がある。当時、大道芸人は放浪者として賤民に位置づけられていた。ティルの父親は零細とはいえ土地を保有し、盗賊騎士[*5]の輩下として農民を下に見るような社会的地位にあり、さらに母親がアン・ヴィプケンという姓をもっていることから、母親の出身が低くなかったことを暗示している。だからこそ、母親は家を継がないのなら、唯一の出世の道である手工業職人になることを息子に望んでいたのであろう。他方、一六世紀初頭当時の若者は、新しい時代を自由に生きようとしていたことを垣間見ることができよう。五話からはまさに、当時の人々にとって教会行事は生活の一部になっていたことがわかる。「この四週間、家にはひとかけらのパンもないんだよ」と歎く母親に、ティルが「そいつはおれのいったこととは関係ないけど、何も食べるものがない貧乏人は聖ニコラウスの日には立派に断食できるさ。もし貧乏人に食べるものさえあればいつだって聖マルチン祭の日のように食べるものだ」と答えている。ここでは、聖ニコラウスの日も、聖マルチン祭も日常的に話されている点、いかにキリスト教が生活の中に浸透していたかがわかる。ニコラウス一世は節制を守った人として名高く、生まれた時から一週間ののち、水曜日と金曜日は母親が授乳しようとしても飲まなかったという伝説があるほどの人で、だから食べるものがない貧乏人にとっては毎日がニコラウスの日だとティルは言っているのであり、他方、聖マルチンは貧民に施した人として有名で、その祝日はあひるを屠ってごちそうをし、ニコラウスの日にそなえた教会の行事があり、マルチン祭はたっぷり食べる日で、貧乏人にとっては、食べることさえできればいつでも、マルチン祭だとティルは言っているのである。

一〇話から二一話まで（二〇、六四、一一、一二、一三、一四、一五、一八、二一話）はティルの少年期となっている。彼は両親の家を離れて貴族、市民、僧侶、農民の下で働くことになる。一〇話では故郷を離れて一人で放浪することになるが、一番目に選んだ仕事が父親の職業の延長上にある盗賊騎士の小姓となっている。次に商人の下で料理人兼暖房係として雇われているが、商人が「わしは教会へ行くからもう顔を見せるなよ」とティルに話している。ここで、当時の人々が教会へ日常的に通っていたことがわかる。さて、いたずらをした彼は「やれやれ、あっしはいつも命じられたとおりのことしかしてないのに、いつも有り難うの言葉一つ聞かれないとは奇妙なことだ。こればっかりは確かなことなのだから、あっしはどうせ不運な星の下に生まれたんだ」と言って、商人の家を後にしているが、ここには商人の社会進出も窺える。彼が「不運な星の下に生まれた……」というのは、著者自身の思いであるように受けとられる。一一話から一三話は彼がブラウンシュヴァイク公国のマグデブルク司教区のブーデンシュテテットという村の司祭館の下男として雇われ、その後、聖堂世話人となることが記されている。ここでは、表向きは敬虔な信仰が貫かれていたとみられる社会とは裏腹に、料理女とオイレンシュピーゲルの馬鹿馬鹿しくちぐはぐなやりとり、そして神聖で厳格な聖職者のイメージからほど遠いが、憎めない愛すべき脳天気な司祭の姿

＊5　盗賊騎士とは、中世ヨーロッパにおいて騎士の身分を持ちながら強盗や盗賊を行っていた者たちである。彼らは騎士であることが通常の盗賊や強盗との大きなちがいであり、フェーデという決闘制度を悪用して自分たちの強盗行為を合法化していた。多くは、戦時には傭兵として戦い平時には強盗を行って生計を立てていた。中世ヨーロッパでは、盗賊騎士の多発により交易商人は騎士の縄張りを通るローマ街道を避けて通らなければならなくなった。フェーデを禁止したラント平和令の施行により、盗賊騎士は衰退して消えていった。

に、人々はおそらく大笑いしたことであろう。一四、一五話では、愚か者と評されているティルが、マグデブルク市民全体や学者の方がずっと愚かであることを発見する話である。一四話は、ティルが町の人々に空を飛んでみたいと宣言したとき、町は大騒ぎとなるところから始まる。彼が市参事会堂の屋根に登っていくと、大勢の人々がその前に集まってくる。そこで、彼は出窓から今にも飛び出そうとするが、その時、自分は阿呆だと思っていたが、この町の多くが自分よりも阿呆だ、自分には羽がないので飛べるはずがない、自分は飛んでみたいと言っただけだと大演説をする。一五話は、自分には学があって賢い人間だとうぬぼれ、「阿呆は阿呆を好み、賢者は賢者を好む」という持論をもっていたマグデブルク司教の博士に対して、ティルが一杯食わすという話である。最後に、阿呆と一緒にいると賢者も馬鹿になると言っていたが、阿呆によって利口になることもあり、愚かな者を知る必要がないほど賢い人はいない、という結びの言葉に一般民衆である読者はどれほど痛快な思いだっただろう。

ティルは成長していくが、八八話、二二話を経て一七話までを含む六九の話（八八、二二、六三、二三～三八、一六、三九～四一、四三、四六～六二、一九、二〇、六五～七〇、七二、七三、四五、八七、七四、四四、七六～八六、七五、七一、一七話）は、彼の成人期の話となっている。ティルは、皇帝と選帝侯、諸国王、公、ラントグラーフ（方伯）、博士、聖職者、市民、農民、物乞い、盗人など広範囲の人々と関わりながら、当時の各階層の人々の腐敗や堕落、また不平や不満、矛盾などを巧妙ないたずらである行為と言葉によって浮き彫りにしていく。しかも、論駁や口論ではなく、笑いによって展開していく。

六三話ではティルが眼鏡作りになったものの、どこの国でも仕事がなかったという話になっているが、選帝侯たちが互いに争っている当時を風刺しているものとなっている。彼がトリーア司教に次のように話す場面がある。「恵み深い司教猊下、あっしは眼鏡作りでしてブラバント[*6]からきたんですが、あちらでは仕事がないので、仕事を探して遍歴の旅に出たのでさあ。あっしらの仕事は全くのお先真っ暗でね。……全く滅んでしまうかもしれないんですが、それは皆様方、つまり、教皇、枢機卿、司教、皇帝、国王、諸侯、顧問、統治者、町や村の裁判官たちが、今では時には賄賂を受け取って不正をみのがしているためなんですよ。むかしは多くの君主や諸侯が何人にも不正が生じないように法学書を読んで勉強したので、眼鏡がたくさん必要だったと物の本には書いてあるんです。あの頃あっしらの仕事は繁盛していました。その上、聖職者たちまでが今よりはずっと勉強をしていましたから、眼鏡はどんどん売れたんですよ。……こうしてあっしらの仕事は左前になってしまって、あっしもあちこちの国を回ってみても仕事にありつけないのでさあ。こうした悪弊は今では農村にまで及んでいて、農夫たちまでが不正を見逃すようになっているんです……」。これは痛烈な教会を含む社会批判となっている。また、眼鏡の売れ行きを通して、宗教改革勃発が経済と無縁なものではないこと、上から下まで皆、愚かな者に成り下がっているという現状をユーモアを交えて示している。

二八話はティルがボヘミアのプラハ大学で学生と議論し、やりこめたことが記されている。ウィクリフによってイングランドから異端の教えがボヘミアに伝えられ、それをヤン・フスが広めたボヘミアのプラハ大学で、ティルが頓知で学長たちを打ち負かしたことが記されている。著者ボーテにとっては、フス派は単に異端という認識だけであったのであろうか。とにかく、この話の中で、ボーテが宗教改革運動の先駆者たちであるウィクリフやフスに言及していることは興味深い。ちなみに、ルターはフスについて『卓上語録』の中で「ヤン・フスは霊的に激しく奮い立ち、多くの国、イタリア、ドイツ、スペイン、フランス、英国などに対して、ただ独りで力強い言葉で立ち向かった。彼らの叫び声にただ独りで対抗した。フスの死は報復されていると思う。同じように私も神の思し召しにより生前よりも死後になって真剣に取り上げられよう[*7]」と言っているが、ボーテも、ティルを通して、フスのよ

＊6　ブラバント公国は、低地諸国にあったかつての公爵領。現在のベルギーのフラームス＝ブラバント州、ブラバン・ワロン州、アントウェルペン州およびブリュッセル首都圏地域、オランダの北ブラバント州を含んでいた。

うに独りで叫び声をあげたといえよう。

三一話にはルターが教会の悪弊に公然と抗議の声をあげるきっかけとなったテッツェル（Johann Tetzel: 1455?–1519）が贖宥状（免罪符）を売ったことを想起させるような話が記されている。ティルが聖遺物を持ち歩く説教師となって、ポンメルン[*8]に行った。彼は村で教会献堂式や結婚式や寄り合いがあると司祭のところへ行き、自分が代わりに説教をして農民たちに聖遺物に触れさせ、お布施を受けたら半分は司祭に進呈すると申し入れる。無学な司祭はお金さえ入れば、それで結構ということで話が決まる。ティルは、教会で旧約聖書について話し、さらに新約聖書の話も付け加えながら、言葉巧みにノアの箱舟と天のパンの入っている金の壺の関係を告げ、さらに世にもまれな聖遺物として聖ブランダーヌスの頭蓋骨について語った後、実は自分が今、それを持っていることを語る。そしてこれをもって新しい教会を建てるための基金を集めるよう自分は命じられていると言って、人々から献金を集めるという話である。ここでは、ルターの『九五箇条の提題』の直接の発端となったテッツェルの贖宥状販売を想起させる如く、ティルが行く先々で説教をするたびに大金が入ってきたことを記されている。ただし、テッツェルはライプチヒの正式のドミニコ会修道士であり、教皇レオ一〇世が一五一七年に発行した贖宥状の販売をマインツの大司教アルブレヒトが請け負い、この販売をアルブレヒトから任されたのであった。テッツェルは、教皇の紋章の入った十字架を先頭に立て、大々的に贖宥状を売り歩き、その際、民衆の罪意識と煉獄における刑罰に対する恐怖感を煽る言葉巧みな説教により実績を上げていった。

ところで、三四話と八四話に、ティルがローマへ行き、教皇に拝謁した話がある。彼は「ローマへ行け。信仰あるき者よ。戻ればすなわち、役立たず」という昔のことわざを思い出して、ローマへ向かったとある。中世のローマは教会統治の中心であっただけではなく、芸術と学問の中心でもあったが、それ以上に享楽の舞台でもあったようである。現にルターも一五一〇年から一五一一年にかけて修道会の要務を帯びて、ローマに行っているが、そこで贖宥について疑いを持ち始めたといわれている。彼は『卓上語録』の中で、「大金を支給されてローマへ行きたくなかった。自分の目で見なかったら、信じなかったろう。というのは、ローマは背徳や不正が蔓延し、恥知らずで、神も人間も敬われず、罪も恥も無視されていたからである。これは、ローマに滞在したすべての立派な人々が堕落して、イタリアから故郷へ帰った背徳の人々を見れば納得がゆくであろう。私のローマ旅行の主要な目的はエアフルトで告解はすでに二回済ませているが、若い時代の総告白をして、正しい人になりたかったからである。ローマの無学の人々の所へ来てしまった。ああ、主なる神よ、多くの公務と国事で目が回るほど忙しい枢機卿もこの憂うべき状態を知るべきではないだろうか。（これに比べて、）日々学び、つねに行を積んでいる私たちの努力は賞するに足るであろう」[*9]と述べている。教皇は聖なる年を定め、ローマ巡礼者に贖宥を与えた。このことによって、ローマに多数の人が押し寄せた。教皇は四週間に一度、ミサをあげていたが、この話の中では教皇がミサをあげる日に、ティルは聖堂に入り教皇の傍へ行き、教皇が読誦ミサ[*10]をはじめると、彼は聖体に背を向け、次に教皇が聖杯を祝福すると、また背を向けるという行為をした。そのために、教皇は彼を異端の徒ではないかと疑い、審問した。そこで彼は自分は善良なるキリスト教徒であって、哀れな大罪人であるから、罪を告白するまで聖体を見ることは許されないと考え、背を向けているのだと、嘯いている。当時の異端審問では、審問官が告発者でもあり裁判官でもあった。ゆえに、異端の疑いがあるとされた者は弁護人を期待することはできず、一方的な裁判となり、多

＊7　ルター、M（植田兼義訳）『卓上語録』教文館、二〇〇三年、三八八頁。
＊8　ポンメルンは、ポーランド北西部からドイツ北東部にかけて広がる地域。伝統的、あるいは地勢的には北にバルト海、東西をオーデル川とヴィスワ川にはさまれた地域である。ちなみに、ルターの協力者で北ドイツおよび、北欧の宗教改革に尽力したブーゲンハーゲンはポンメルン出身である。
＊9　ルター、前掲注7、二三一―二四頁。
＊10　従者なしで歌もなしであげられるミサのことで、通常は非公開で行われるので、ティルの異常な振る舞いが目立った。

くの者が審問を受け処刑されていた。ここでは、ローマ巡礼の軽薄さを暗に示しつつ、また、異端審問についてのあり方についてのボーテの不信が語られているといえよう。

さらに、「こうしてローマ巡礼を有終の美で飾らなくっちゃ」とある八四話は、ローマ巡礼から直後の話となっているが、これはボーテの当時の裁判のあり方についての異議がユーモアを交えながらも唱えられている箇所だと考えられる。すなわち、あくたれだのやくざだのという評判はそれが噂にとどまる限りたいしたことではない。しかし、自分の目で確かめたわけでもない人物についての悪評をうのみにすることへのボーテの憤りが窺える。ここでの登場人物である旅籠の女主人にティルは、オイレンシュピーゲルについて問う。すると彼女は、会ったことはないけど、とびきりのやくざ者だということは聞いていると言う。そこで、彼は「会ったこともないのにどうしてやくざ者と言えるのか」と言って反論し、最後に彼女にいたずらをしてから、「さあ、オイレンシュピーゲルはやくざ者だといってもいいよ」と伝える。当時、ブラウンシュヴァイクでは七名の者が「あの男はやくざ者だ」と言いさえすれば、それが何の証拠に基づいていなくても裁判にかけて有罪判決を下すことができた。この訴訟手続きはまず放浪者やよそ者に適用され、オイレンシュピーゲルなどはその代表的な犠牲者であった。このような状況の中で、ティルは何よりもまず自分で目撃し、体験したことについて語るように女主人との出来事を通じて訴えているとみられる。このように当時、人々に賤しまれていた道化となって、時には宮廷の道化として諸国の国王に一杯食わせたり、司祭や親方、学者、果てはローマ教皇至るまでからかいの的とする自由奔放なティルの行動は、変化への焦燥感をもった一六世紀の人々には痛快だったのだと思われる。

八九話から九五話まではティルの老年期と死とに至る話になっていて、舞台はメルンである。[*11] ティルは生まれるとき、悲惨にもどぶ川におちて泥まみれになったが、死ぬ時も、彼の棺は豚によってひっくり返されるという滑稽さと悲惨さが同居しているように描かれている。九三話から九五話までに埋葬について三つの異なった叙述がみられるのも、三回洗礼を受けたティルの出生時に呼応しているように思われる。九三話にはティルの遺産を三つに分け、ひとつは友人に、ひとつはメルンの市参事会に、ひとつはそこの司祭に与えるという遺言状を作ったことが記されている。財産は皆、ティルが大きな箱に仕舞っていて、彼が死ぬまでだれも開けてはならないことになっていた。埋葬が済むと、人々は彼が多くの国を旅していたことを知っていたので、さぞや多くの貨幣や装飾品が入っていると期待した。しかし、箱のふたを開けると、中には灰色の石ばかりであった。ティルの友人たちは市参事会員が貨幣をこっそり盗んで代わりに石を入れておいたのだと考える。他方、市参事会員はティルの友人たちが夜の間に金を盗んだのだと考える。さらに、司祭はティルの友人たちと市参事会員が自分をだましてからかおうとしているのだと考える。三つ巴の争いとなり、皆、朝になるまでののしりあい、殴りあったと記されている。以上、この話は道化であるティルがこの世を去る最後の最後まで人々をからかい続けたという話になっている。

ついでながら、一三話は教会での復活祭劇の練習風景を大勢の者が見学していたことがわかり、当時の人々が復活祭をいかに楽しみにしていたかが推察できる。また、一八話ではマタイによる福音書一三章一二節「持っている人は更に与えられて豊かになるが、持っていない人は持っているものまで取り上げられる」という箇所を用いて話が展開している。これはティルを通して、ボーテが、商業によって富の増殖が可能になった当時の市民の経済生活の原理をあらわしたものであろう。すなわち、市民権をもっていない職人、徒弟や財産、資本を持たない者には富を積む可能性はない、ことを示している。ティルはもちろん、市民権をもっていない者の部類の者であり、ここでは買ったパンを犬に取られてしまう。「さあ、パンを持てる者にはパンが与えられんというあの格言が嘘だということがよく分かったぞ。俺はパンを持っていたが、それまで取られてしまった』」と彼は結ぶ。しかし、さらにティルの聖書理解がマタイによる福音書一三章一二節の後半部分、「持っていない人は持っているものまで取り上げ

＊11　北ドイツにあり、リューベックからリューネブルクへ行く途中の小さな町である。

られる」というところまで、読みこなしていないという愚かさと、市民権を持っていない者の二重の現状を表すことを著者ボーテは意図していたのではないかと考えさせられる。

ところで、ボーテ自身の本音がわかる箇所がある。二一話で、ティルは人々と一緒にいるのを好んだが、子どものいるところは好まなかったとあり、その理由として、子どものいたずらの方が可愛らしいので人々がティルよりも子どもの方に注目するからとある。おそらく、ボーテ自身も子どもが苦手だったのではないだろうか。すなわち、彼は足なえ、あるいは片足であったことで、遠慮ない子どもたちの嘲笑の的になっていたのではないか、だからこそ、このような叙述がなされているのではないかと考えられる。

このように、民衆本『オイレンシュピーゲル』からは、一六世紀初頭のドイツの人々の生活の座に根ざした生の声が、そして著者ボーテの矛盾に満ちた社会への不満や不信の叫びが聞こえてくるように思われるのである。

3　『ティル・オイレンシュピーゲル』と宗教改革運動の接点

次に、『オイレンシュピーゲル』と宗教改革運動の接点という視点から考察を進めてみよう。まず、ヘルマン・ボーテの出身であり、ティルの生誕地であるブラウンシュヴァイクという町と宗教改革運動の接点を考えてみよう。ブラウンシュヴァイクは一二世紀に北ドイツ一帯を支配したハインリヒ獅子公[*12]の居住地として栄えた。獅子公は早くから商業のもたらす富に着目し、はじめから商業目的で都市を建設していった。彼は住民には税を低く抑え、一時的利得よりも都市繁栄による領内経済向上をねらう長期的展望にたって北ドイツ各地に都市建設をしていったので、ブラウンシュヴァイクでも都市の発展と商業は抜きにできない関係にあったといえる。ゆえに、都市建設の原動力となったのは商人層であった。

一般に手工業者層の地位は低かったが、中世末には彼らも政治参加を求め、暴動が発生するようになり、いわゆるツンフト闘争が起こった。ブラウンシュヴァイクでは早くも一三七四年から一三八六年にツンフト闘争が起こっている。そして、一四八八年にはボーテ自身もその犠牲となったリュデケ・ホラント率いる一揆が発生している。この一揆は、流入してくる悪貨からブラウンシュヴァイク全市の経済を守るために、市参事会が外貨に対して新しい交換比率を設けた貨幣条令を突然出したために起こったものであった。この条令の内容をまったく知らされていなかった市民から不満の声があがり、毛皮商でザック市長であり、全市の市参事会員であったリュデケ・ホラントが中心となって、いくつかのツンフトが一揆を起こしたのだった。そしてこのような状況下で手工業の親方たちが市政を掌握することになったのである。

他方、ヴィッテンベルク大学でルターとメランヒトンに学んだ聖エギディウス聖堂の若い修道士ゴットシャルク・クルーゼ（Gottschalk Kruse）が一五二二年より、ブラウンシュヴァイクにおいてルターの教説を説いて回り、人々の強い支持を得ていった。彼は特に一般の人々にわかりやすく語りかけていた。これに対して市参事会員たちは、ブラウンシュヴァイクでの騒乱と大変革を恐れ、ルターの教えを積極的に学んだ。他方、統治者である厳格なカトリック支持者のハインリヒ二世（Heinrich II: 1489–1568）はこの運動を阻止しようとしたが、運動の盛り上がりを止めることができなかった。ついに、一五二八年に、ブラウンシュヴァイクの都市では宗教改革を行うことにな

＊12　ハインリヒ獅子公（Heinrich der Löwe: 1129–1195）は、神聖ローマ帝国の領邦君主の一人で、ザクセン公（ハインリヒ三世、在位：一一四二–一一八〇年）、バイエルン公（ハインリヒ一二世、在位：一一五六–一一八〇年）。一一八〇年に従兄の神聖ローマ皇帝フリードリヒ一世に二つの公領を奪われるまでは当時最も権力を持ったドイツの君主の一人だった。最盛期には北海及びバルト海沿岸からアルプス山脈まで、ヴェストファーレンからポンメルンまでの広大な領土を統治した。ハインリヒは自身の政治的、軍事的な洞察力と四人の祖父母の遺産によって強大な権力と領地を獲得した。

った。ブラウンシュヴァイクでは神学的指導をしてもらうために、ルターの同労者で、ヴィッテンベルクの牧師でもあったブーゲンハーゲンを招聘した。同年、ブラウンシュヴァイク市参事会の牧師であったH・ヴィンケル（Heinrich Winkel）により、ブーゲンハーゲンは「市のすべての教会の共通の牧師、説教者」に任じられた。本書の第1部で詳述したように、彼は同市で説教者、聖書解釈者、牧会者、教育者、法律問題の助言者、共同審理者、組織作成者として多方面の活動をしたが、特に彼が行い、またこれ以降の彼の活動の核となった仕事は、教会規定作りだった。彼が作成した教会規定は市参事会員、市参事会員に選ばれうる一四のギルドの長たちと五市の行政区民の二八人の代表等による確認を経て、一五二八年九月六日、全市の教会で導入されることになった。こうしたブーゲンハーゲンの尽力もあり、ブラウンシュヴァイクでは、宗教改革が市参事会と牧師の協力の下で組織的に進められ、またそれを行政に組み込んで、制度化しながら実践していった。

では、『オイレンシュピーゲル』から読み取れる宗教改革運動と一般民衆の接点はどのようなものであったのだろうか。『オイレンシュピーゲル』は一六世紀を通して、ドイツだけで少なくとも三五版が出版されている。[*13] この点からみても、どれだけ多くの人から支持され、また広く普及したかがわかる。また、グリーニンガーという印刷所から出されたものが初版とされている。グリーニンガー（Johannes Grüninger）はグーテンベルクの下にいた印刷職人であり、シュトラスブルクのグリーニンガー印刷所は当時、有力な印刷所であった。[*14] 一六世紀初頭、グリーニンガー印刷所では三年から五年、通常四年おきに各出版物の版を重ね、初版部数は少なく抑え、売れ行きが良ければすぐに二刷を出していくという販売方法だった。この点からも三五版まで版を重ねた『オイレンシュピーゲル』の人気のほどが想像されよう。では、なぜそれだけの支持を得られたのだろうか？

既述のとおり、一般庶民のつぶやきを代弁しているとみられる箇所は多々ある。たとえば、二二話では一兵卒としてティルが伯のお供をすることになるが、彼はできれば逃げたいという気持で、敵に向かうときはいつでもビリ、帰る時は先頭というありさまだったから、伯は彼を解雇してしまう。この時彼は喜び、毎日敵と渡り合うのは性に合わないと記されている。当時、一般の者は戦いがあると駆り出されていたと思われるが、この徴兵に対する人々の本音が語られていることがわかる。ティルはさまざまな階級の人々にいたずらをしているが、ティルが引っ掻き回しているのは、彼らがそれぞれの階級ごとに持っているちっぽけな矜持やプライドであり、彼らがしがみついている知識であった。ティルは、彼らを散々な目にあわせながら、「それが、どれほどのものだっていうんだ」と啖呵をきっている。それほどまでに、人々は自分が他の人と少しでも違うというところを見せたがり、わずかばかり手にしているものをさも自慢そうに見せびらかしたがるのである。ティルは、そういった人々の鼻っぱしらを次々と折っていくのだが、常々そういう人々に苦い思いをさせられている庶民たちにとっては、ティルの行った数々のいたずら話は、どれほどか痛快に思えたことだろう。

この他、すでに述べたように、宗教改革が行われる当初、庶民たちはそれぞれ、上に立つ権威者——ローマ教皇、聖職者、領主、学者、貴族、等——の腐敗、不誠実に対する不満、不平、怒り等があったことがわかる。彼らの叫びが、ルターの宗教改革運動の普及の一端を支えていったのだと考えられよう。

ここで、『オイレンシュピーゲル』を信仰との点から考察してみると、疑いなく当時の人々にとって、キリスト教信仰と生活の座である教会は切り離せないものであったことがわかる。そこで、ブラウンシュヴァイクなど当時の都市のあり方を考えてみよう。都市は商業と手工業を基盤とする政治・経済の共同体であると同時に、キリスト教共同体でもあった。『オイレンシュピーゲル』の話が、ティルの生まれた時の教会で始まり、ティルの死ぬ時の教会で終わっていることからも、このことが裏づけられる。当時の人々は自分の魂の救いを求めて、ローマ巡教、

＊13　Bote, Hermann, *Till Eulenspiegel*, Insel Verlag, Frankfurt am Main, 1978, p. 17.
＊14　Bote (trans. Oppenheimer), op. cit., p. lxxiv.

ミサ出席、免罪符購入等行いはするものの、一向に自分の今いる状況は良くならず、だからこそティルの滑稽な話によってお互いの現状を笑いあい、共感しあったのではないだろうか。当時の人々には、一方では貨幣を媒介にして進展していく商品経済の論理があった。従来、教会は商業活動そのものを蔑視し、商人が天国へ入るのはラクダが針の穴をくぐるよりも難しいと主張してきたにもかかわらず、その教会が腐敗し、貨幣経済に組み込まれていった。その中で、人々の倫理観は崩れていき、不安定な心理状態にあったのであろう。それをティルの話を読み、共通の話題にしたりして、笑って紛らわせていたのかもしれない。もちろん、商業都市では、商人の地位は高く、市参事会を構成する商人の家柄がほぼ独占的に市政を掌握していた。しかし、彼らも、一般の人々と同じく、キリスト教共同体の中に組み込まれていた。つまり、当時の人々は、世俗生活と霊的生活の二つの次元に身を置いていた。こうした状況を見事に描いたのがこのヘルマン・ボーテの『オイレンシュピーゲル』の世界であると考える。

上記で述べたように、ブラウンシュヴァイクでは市参事会員たちがルターの教えを学び、普及に努め、ついには、市参事会が正式にルター派に移ることを決定している。商人として有能であっただけでなく、政治家としても辣腕を振るっていた彼らは、人間の力、経験、富だけに頼っていたかもしれない。彼らはツンフトによる一揆により民衆の力を知り、他方、権威者や聖職者の腐敗、堕落、強欲を目の当たりにし、ルターの教説を学ぶことで、人間というものが信じがたい存在であること、欲にとらわれ神を見失っていたことに目覚めた。彼らは信仰義認を説くルターの新しい教えを支持し、不安、不満、不信の中にある民衆の先頭に立っていったのではないだろうか。

さて、宗教改革の結果、ハンザ圏の大部分はルター派を採り入れた。興味深いのはティルの遍歴旅行先[*15]がハンザ同盟の大部分と重なり、かつルター派に改宗した都市と重なっていることである。この地域の宗教改革運動は一四世紀以来の市民闘争と絡んで進展した。当初、都市支配層はプロテスタントに敵意を示したが、手工業者を含めて中・小市民層はプロテスタントを支持した。プロテスタントは急速に普及し、都市支配層も結局はこの情勢に妥協するほかなかった。一五二五年のリューベックにおけるハンザ総会ではルター派禁圧が決議されたものの、この決定に従う都市は少なく、改めて同年二回目の総会が開かれ、宗教問題は各都市の自由な決定に任されることとなった。たとえば、ティルも訪れたリューベックは宗教改革によって大きく動揺した都市であった。リューベックの支配層がプロテスタント化を恐れたのは経済的理由にも基づいていた。彼らの一族からは教会有力者も出ていて、その地位や収入が失われるからであった。しかし、プロテスタント化は勢いを増し、一五二八年にはプロテスタントの信徒の市民委員会が成立し、市当局もプロテスタントの説教を許すほかなかった。折しも一五三一年にはブラウンシュヴァイクを指導したブーゲンハーゲンがリューベックで布教に努め、プロテスタント教会を確立した。他方、東方ではドイツ騎士団が宗教改革を機としてプロテスタント教国家として再出発した。ハンザ圏で広まったの

＊15　ティルの旅した都市は、ブラウンシュヴァイク（一、一六、五六、一九、四五話）、ザーレ川付近（二〜五話）、シュタスフルト（六〜一〇、八三話）、ヒルデスハイム（六四話）、ブーデンシュテット（一一〜一三話）、マグデブルク（一四、一五、一八、二一話）、アインベック（八八、四七話）、ヴィッテラウ（六三話）、デンマーク（二三話）、ポーランド（二四話）、ツェレ（二五、二六話）、ヘッセン国（二七話）、ボヘミアのプラハ（二八話）、エルフルト（二九、六〇、六一話）、チューリンゲン（三〇話）、ポンメルン（三一話）、ニュルンベルク（三二、七七、一七話）、バンベルク（三三話）、ローマ（三四話）、フランクフルト・アム・マイン（三五話）、クエドリンブルク（三六話）、エゲルスハイム（三七話）、リューゼンブルク（三八話）、ロストック（三九、四〇、五〇、八一、八二話）、ヴィースマール（四一、四三、四六、六五話）、ベルリン（四八、五四話）、ブランデンブルク（四九話）、シュテンダル（五一話）、アッシャースレーベン（五二、五三話）、ライプチヒ（五五話）、リューベック（五七、五八話）、ヘルムシュテット（五九話）、ドレスデン（六二話）、ユルツェン（二〇、六八話）、リューネブルク（六六、六七、九六話）、ハノーファー（六九、七一話）、ブレーメン（八七話）、ハンブルク（七四、四四、七六話）、アイスレーベン（七八話）、ケルン（七九、八〇話）、ある町（八四、七五話）、フランクフルト・オーダー（八五話）、アントワープ（八六話）、マリエンタール（八九話）、メルン（九〇〜九五話）である。

は主としてルター派であるが、プロテスタント教会各派でも不寛容は著しかった。ルター派は本質的な社会革命をねらうものではなく、カルヴァン派や再洗礼派を危険分子として敵視した。ブレーメンで一五六三年にカルヴァン派が勝利を占めたとき、ハンザ総会は同市を除名している。

上記のように『オイレンシュピーゲル』と宗教改革運動の接点を考察してきたが、宗教改革が起こる原因となる一六世紀初頭のドイツにおけるキリスト教共同体の中でのさまざまな問題を『オイレンシュピーゲル』は私たちに再現しているといえよう。また、ハンザ都市と宗教改革運動の普及、そしてハンザ都市と『オイレンシュピーゲル』の関係は注目に値すると考えられる。著者ボーテはハンザの中でも重要な位置を占めるブラウンシュヴァイクの出身で、同市の徴税書記である。さらに『オイレンシュピーゲル』の舞台となるものも主としてハンザ都市であり、デンマーク、ポンメルン、アントワープなどハンザにとって重大な利害関係をもつ都市であった。また、カトリック教会に関係する都市ローマ、フスの宗教改革に関係する都市プラハ、ルターに関係するアイスレーベン、エルフルトにもオイレンシュピーゲルが出向いていることからみても、この話と宗教改革運動の接点は非常に関係が深いものと考えられる。

総　括

ルターが宗教改革運動を始める同時期に、主として北ドイツで、自由で彼なりの正義を貫くティルの物語『オイレンシュピーゲル』が出版された。以来、この民衆本が多くの者に支持されたことには、当時の人々が本当は何をどのように考えていたか、その本音を知ることができる有力な手がかりの一つが含まれていると考えられる。さらに、ボーテの描き出した世界は、風刺と笑いを巧みに使いながら、宗教改革勃発当時の一般社会を生き生きと描き出しているといえよう。

ルターが民衆の福音理解のために、聖書のドイツ語訳を行い、ドイツ語の讃美歌を作ったように、『オイレンシュピーゲル』は民衆のために書かれた。それはボーテが「この話を読む人や聞く人がしばしの気晴らしができますように私は心から願っています。……この書物はできるだけ多くの人々に読んでいただくために書かれたものです」と記しているように、一六世紀初頭のドイツの社会における不条理、不満、怒りを多くの者と分かち合おうとした意欲作であったといえよう。ルターのローマ教会との闘いはそれまでの教会のあり方を根底から揺るがすものであったが、本稿では、民衆本『オイレンシュピーゲル』および、その著者ボーテの生涯を検討していくことで、政治的、社会的、経済的な一六世紀ドイツ初頭におけるさまざまな現実問題を浮き彫りにでき、他方では当時の人々の変化への焦燥感が信仰的な運動であり新しい教説を説く宗教改革運動へ期待し、かき立てていったのではないかという一考察ができたと考える。

［史料・参考文献］

【第１部第１章】

《第一次史料》

Cramer, Daniel, *Das Grosse Pomrische Kirchen Chronicon*, Barthelt, Stettin, 1628.

Eby, Frederick, *Early Protestant Educators*, McGraw-Hill, New York, 1931.

Graepp, L. W., *Johannes Bugenhagen*, C. Bertelsmann Verlag, Gütersloh, 1897.

Heyden, H., Bugenhagen im Schrifttum Luthers, in: Rautenberg, Werner, *Johann Bugenhagen, Beiträge zu seinem 400. Todestag*, Evangelische Verlagsanstalt, Berlin, 1958, p. 40.

Holfelder, Hans Hermann, Evangelica veritas und iudicium dei,（1521）, in: *Tentatio Et Consolatio: Studien Zu Bugenhagens "Interpretatio in Librum Psalmorum"*（*Arbeiten Zur Kirchengeschichte*）, Walter de Gruyter, Berlin, 1974, p. 89.

Meinhof, H., *Dr. Pommer Bugenhagen und sein Wirken*, Halle, 1890.

Rogge, J., *Johannes Bugenhagen*. Quellen. Ausgewählte Texte aus der Geschichte der christlichen Kirche, hrsg.v.H. Ristow u W. Schultz, Heft 30–II, 1962.

Sehling, E., *Die evangelischen Kirchenordnungen des XVI. Jahrhunderts*, IV, Leipzig, 1911.

Vogt, Karl August Traugott, *Johannes Bugenhagen Pomeranus*, Friderichs, Elberfeld, 1867.

Vogt, Otto（Hg.）, *Dr. Johannes Bugenhagens Briefwechsel*, Stettin, 1888.

Walch, Georg（Hrsg.）, *Dr. Martin Luthers Sämtliche Schriften*, XLVI, Lutherischer Concordia-Verlag, St. Louis, 1883.

ルター、マルティン（ルター著作集編集委員会編）『ルター著作集』第一集第五巻、聖文舎、一九六七年

ルター、マルティン（ルター著作集編集委員会編）『ルター著作集』第一集第九巻、聖文舎、一九七三年

《参考文献》

Dingel, Irene und Rhein, Stefan（Hrsg.）, *Der späte Bugenhagen*, Evangelische Verlagsanstalt, Leipzig, 2011.

Garbe, Irmfried und Kröger Heinrich（Hrsg.）, *Johannes Bugenhagen（1485–1558）: Der Bischof der Reformation*, Evangelische Verlagsanstalt, Leipzig, 2010.

Hendel, Kurt K., Johannes Bugenhagen, Organizer of the Lutheran an reformation, *Lutheran Quarterly*, vol. 18（1）, 2004, pp. 43–75.

Heyden, Hellmuth, *Kirchengeschichte Pommerns*, 2nd, ed, Köln-Braunsfeld, 1957, I.

Lindberg, Carter H. *Beyond Charity: Reformation Initiatives for the Poor*, Fortress Press, 1993.

Lohrmann, Martin J., *Bugenhagen's Jonah*, Lutheran University Press, Minneapolis, 2012.

Rautenberg, Werner（Hg.）, *Johann Bugenhagen, Beiträge zu seinem 400. Todestag*, Evangelische Verlagsanstalt, Berlin, 1958.

Sehling, E., *Die evangelischen Kirchenordnungen des XVI. Jahrhunderts*, V, Leipzig, 1913.

Volk, Ernst, *Dr. Pommer, Johannes Bugenhagen*, Verlag der Lutherischen Buchhandlung, Harms, 1999.

金子晴勇『ルターとその時代』玉川大学出版部、一九八五年

倉松功『宗教改革、教育、キリスト教学校』聖文舎、一九八四年

倉松功『ルターとバルト』ヨルダン社、一九八八年

小林政吉『宗教改革の教育史的意義』創文社、一九六〇年

シュトゥッペリッヒ、R（倉塚平訳）『メランヒトン』聖文舎、一九七一年

ボンヘッファー、ディートリヒ（森野善右衛門訳）『告白教会と世界教会〔ボンヘッファー選集Ⅵ〕』新教出版社、一九六八年

ルター、マルティン（ルター著作集編集委員会編）『ルター著作集』第一集第二巻、聖文舎、一九六三年

ルター、マルティン（ルター著作集編集委員会編）『ルター著作集』第一集第三巻、聖文舎、一九八一年

ルター、マルティン原著（徳善義和訳著）『キリスト者の自由』新地書房、一九八五年

【第1部第2章】

《第一次史料》

Bugenhagen, Johann, *Epistola Apologetica ad Daniae et Norvegiae Regem, Gloriosissimae memoriae, Christianum III & c., Contra Scriptores adiaphoristicos, aliosque Obtrectatores,*（*the first of October, 1550*）, Heylius & Liebezeitius, 1709（Hendel, Kurt K., *Johannes Bugenhagen: Selected Writings*, Vol. 1, & 2, Fortress Press, Minneapolis, 2015）.
Dingel, Irene und Rhein, Stefan（Hrsg.）, *Der späte Bugenhagen*, Evangelische Verlagsanstalt, Leipzig, 2011.
Lanz, Karl, *Correspondenz des Kaisers Karl V.*, II, F. A. Brockhaus, Leipzig, 1845.
Vogt, Otto（Hg.）, *Dr. Johannes Bugenhagens Briefwechsel*, Stettin, 1888.

《参考文献》

Dunkley, E. H., *The Reformation in Denmark*, S.P. C.K., London, 1948.
Garbe, Irmfried und Kröger Heinrich（Hrsg.）, *Johannes Bugenhagen*（*1485–1558*）*: Der Bischof der Reformation*, Evangelische Verlagsanstalt, Leipzig, 2010.
Lockhart, Paul Douglas, *Denmark, 1513–1660: The Rise and Decline of a Renaissance Monarchy*, Oxford University Press, Oxford, 2007.
Lohrmann, Martin J., *Bugenhagen's Jonah*, Lutheran University Press, Minneapolis, 2012.
Pettegree, Andrew（ed.）, *The Early Reformation in Europe*, New York, 1992.
Ruccius, Walter M., *John Bugenhagen Pomeranus: A Biographical Sketch*, Forgotten Books, 2015.
石原謙『宗教改革者ルターとその周辺』新教出版社、一九六七年
ウォーカー、ウィリストン（塚田理・八代崇訳）『宗教改革〔キリスト教史3〕』ヨルダン社、一九八三年
角田文衛編『北欧史〔世界各国史6〕』山川出版社、一九五五年
ブリックレ、P（田中真造・増本浩子訳）『ドイツの宗教改革』教文館、一九九一年

【第1部第3章】

《第一次史料》

Bugenhagen, Johannes, *IONAS PRO / PHETA EXPOSITVS / IN TERTIO CAPITE, TRA / ctatus de uera poenitentia, quam Chri= / stus commendat nobis in Niniuitis, & de falsa poeni / tentia, quam doctrinae daemoniorum post Apo / stolos inuexerunt, tantum per opera / nostra, excluso*

Christo. / Ibidem, Historia certa, ex probatis Scri= / ptoribus, diligentia & iudicio collecta, quwmadmon= / dum post defunctum hac unita Iohannem Euangeli= / stam, coeperint defectuines a fide, doctrinae daemonio= / rum sub specie uerbi Dei, prohibitions nuptiarum & / ciborum, uota coelibatus, pulchrae ordinations & spi= / ritualitates, quae vocabantur perfections Eccle= / siae, quae adhuc regnant, solae faciunt Spi / rituals sine Spiritu sancto, per Spiritu sancto, per Spiri= / tum nouum & Paracletum / Montanistarum & c. / Idem caput repurgatum ab impiis / & blasphemis dubitationibus, Creutzer, Wittenberg, 1550.

Vogt, Otto（Hg.）, *Dr. Johannes Bugenhagens Briefwechsel*, Stettin, 1888. Reprint. 1992（no. 206, Nov. 29, 1547）.

Scriptorum Publice Propositorum A Professoribus in Academia VVitebergensi, Ab anno 1540, usque ad annum 1553, TOMUS PRIMUS, Haered Georgij Rhau, Wittenberg, 1560.

ルター、マルティン（岸千年訳）『ルターの預言者ヨナ講解』グロリヤ出版、一九八二年

『ワイマール版ルター全集』第四一巻

『ワイマール版ルター全集』第五六巻

《参考文献》

Brecht, Martin, *Martin Luther*, Minneapolis, 1946.

Bugenhagen, Johannes, *Wie es vns zu Wittemberg in der Stadt gegangen ist / in diesem vergangen Krieg / bis wir / durch Gottes gnaden / erlöset sind / Vnd vnser hohe Schule / durch den Durchleuchtigsten / Hochgebornen Fuersten vnd Herm / Herrn Moritzen / Hertzogen zu Sachssen / des heiligen Roemischen Reichs Ertzmarschahl vnd Churfuersten / Landgrauen in Doeringen / vnd Marggrauen zu Meissen / vnsern gnedigsten Herrn / widerumb auffgericht ist. Wahrhafftige Historia / beschrieben durch Johan Bugenhagen Pomern / Doctor vnd Pfarherr zu Wittemberg*, 1547.

Dingel, Irene und Rhein, Stefan（Hrsg.）, *Der späte Bugenhagen*, Evangelische Verlagsanstalt, Leipzig, 2011.

Dunkley, E. H., *The Reformation in Denmark*, S.P. C.K., London, 1948.

Garbe, Irmfried und Kröger Heinrich（Hrsg.）, *Johannes Bugenhagen*（*1485–1558*）*: Der Bischof der Reformation*, Evangelische Verlagsanstalt, Leipzig, 2010.

Graepp, L. W., *Johannes Bugenhagen*, C. Bertelsmann Verlag, Gütersloh, 1897.

Hendel, Kurt K., Johannes Bugenhagen, Organizer of the Lutheran an reformation, *Lutheran Quarterly*, vol. 18（1）, 2004, pp. 43–75.

Heyden, Hellmuth, *Kirchengeschichte Pommerns*, 2nd, ed, Köln-Braunsfeld, 1957, I.
Lockhart, Paul Douglas, *Denmark, 1513–1660: The Rise and Decline of a Renaissance Monarchy*, Oxford University Press, Oxford, 2007.
Lohrmann, Martin J., *Bugenhagen's Jonah*, Lutheran University Press, Minneapolis, 2012.
Meinhof, H., *Dr. Pommer Bugenhagen und sein Wirken*, Halle, 1890.
Pettegree, Andrew（ed.）, *The Early Reformation in Europe*, New York, 1992.
Rautenberg, Werner（Hg.）, *Johann Bugenhagen, Beiträge zu seinem 400. Todestag*, Evangelische Verlagsanstalt, Berlin, 1958.
Rogge, J., *Johannes Bugenhagen*. Quellen. Ausgewählte Texte aus der Geschichte der christlichen Kirche, hrsg.v.H. Ristow u.W. Schultz, Heft 30–II, 1962.
Ruccius, Walter M., *John Bugenhagen Pomeranus: A Biographical Sketch*, Forgotten Books, 2015.
Sehling, E., *Die evangelischen Kirchenordnungen des XVI. Jahrhunderts*, V, Leipzig, 1913.
Vogt, Karl August Traugott, *Johannes Bugenhagen Pomeranus*, Friderichs, Elberfeld, 1867.
Volk, Ernst, *Dr. Pommer, Johannes Bugenhagen*, Verlag der Lutherischen Buchhandlung, Harms, 1999.
石原謙『宗教改革者ルターとその周辺』新教出版社、一九六七年
ウォーカー、ウィリストン（塚田理・八代崇訳）『宗教改革〔キリスト教史３〕』ヨルダン社、一九八三年
エルトン、Ｇ・Ｒ（越智武臣訳）『宗教改革の時代１５１７―１５５９』みすず書房、一九七三年
金子晴勇『ルターとその時代』玉川大学出版部、一九八五年
倉松功『ルターとバルト』ヨルダン社、一九八八年
シュトゥッペリッヒ、Ｒ（倉塚平訳）『メランヒトン』聖文舎、一九七一年
角田文衛編『北欧史〔世界各国史６〕』山川出版社、一九五五年
徳善義和『マルチン・ルター――生涯と信仰』教文館、二〇〇七年
徳善義和ほか訳『ルターとその周辺Ⅰ〔宗教改革著作集３〕』教文館、一九八三年
徳善義和ほか訳『信仰告白・信仰問答〔宗教改革著作集14〕』教文館、一九九四年
徳善義和・伊藤勝啓訳『ルターとその周辺Ⅱ〔宗教改革著作集４〕』教文館、二〇〇三年
林健太郎編『ドイツ史〔世界各国史３〕』山川出版社、一九七七年

ブラシュケ、K（寺尾誠訳）『ルター時代のザクセン――宗教改革の社会・経済・文化史』ヨルダン社、一九八一年
ブリックレ、P（田中真造・増本浩子訳）『ドイツの宗教改革』教文館、一九九一年
ルター、マルティン（ルター著作集編集委員会編）『ルター著作集』第一集第二巻、聖文舎、一九六三年
ルター、マルティン（倉松功訳）「教会の教職の任命について（一五二三年）」ルター著作集編集委員会編『ルター著作集』第一集第五巻、聖文舎、一九六七年、三四七頁
ルター、マルティン（ルター著作集編集委員会編）『ルター著作集』第一集第三巻、聖文舎、一九八一年
ルター、マルティン原著（徳善義和訳著）『キリスト者の自由』新地書房、一九八五年
ルター、マルティン（ルーテル学院大学ルター研究所編）『ルター著作集』第二集第四巻、リトン、二〇〇七年

【第1部第4章】

《第一次史料》

Bugenhagen, Johannes, *Von dem Christlichen glauben und rechten guten Werken wider den falschen Glauben und erdichtete gute Werke, dartz, wie man's soll anrichten mit guten Predigern, dass solch Glaube und Werke geprediget warden, an die ehrenreiche Stadt Hamburg*, Rhaw, Wittenberg, 1526.

Bugenhagen, Johannes, *Wie es vns zu Wittemberg in der Stadt gegangen ist / in diesem vergangen Krieg / bis wir / durch Gottes gnaden / erlöset sind / Vnd unser hohe Schule / durch den Durchleuchtigsten / Hochgebornen Fuersten vud Herrn / Herrn Moritzen / Hertzogen zu Sachssen / des heiligen Roemischen Reichs Ertzmarschahl vnd Churfuersten / Landgrauen in Doeringen / vud Marggrauen zu Meissen / vnsern gnedigsten Herrn / widerumb auffgericht ist. Wahrhafftige Historia / beschrieben durch Johan Bugenhagen Pomern / Doctor vnd Pfarherr zu Wittemberg*, 1547, Herzog August Bibliothek Yv1754 Helmst. 8°.

Bugenhagen, Johannes, *IONAS PRO / PHETA EXPOSITVS / IN TERTIO CAPITE, TRA / ctatus de uera poenitentia, quam Chri= / stus commendat nobis in Niniuitis, & de falsa poeni / tentia, quam doctrinae daemoniorum post Apo / stolos inuexerunt, tantum per opera / nostra, excluso Christo. / Ibidem, Historia certa, ex probatis Scri= / ptoribus, diligentia & iudicio collecta, quwmadmon= / dum post defunctum hac unita Iohannem Euangeli= / stam, coeperint defectuines a fide, doctrinae daemonio= / rum sub specie uerbi Dei, prohibitions nuptiarum & / ciborum, uota coelibatus, pulchrae ordinations & spi= / ritualitates, quae vocabantur perfections Eccle= / siae, quae adhuc regnant, solae faciunt Spi / rituals sine*

Spiritu sancto, per Spiritu sancto, per Spiri= / tum nouum & Paracletum / Montanistarum & c. / Idem caput repurgatum ab impiis / & blasphemis dubitationibus, Creutzer, Wittenberg, 1550.

Bugenhagen, Johannes, *Antwort D. Johannis Bugenhageij. Ob man desz Evangelii halben moege Krieg fuehren / dasselbe mit dem Schwerdt zuvertheidigen?* Herzog August Bibliothek 388 Theol. 2, 289–292.

Bugenhagen, Johannes, *Ehesachen / Vom Ehebruch / vnd heinlichen weglauffen, An Koenigliche Maiestat zu Dennemark*, et. Geschriebwn im MD. XXXIX.

Hendel, Kurt K., *Johannes Bugenhagen : Selected Writings*, Vol. 1 & 2, Fortress Press, Minneapolis, 2015.

Rogge, J., *Johannes Bugenhagen*. Quellen. Ausgewählte Texte aus der Geschichte der christlichen Kirche, hrsg.v.H. Ristow u. W. Schultz, Heft 30–II, 1962.

『ワイマール版ルター全集』第四一巻

《参考文献》

Amsdorf, N., *Antwort auff Doct. Pommers scheltwor t / so er auff der Cantzel aussgeschütt hat*, Rödlinger, Magdeburg, 1549.

Benert, Richard R., Lutheran Resistance Theory and the Imperial Constitution, *Il Pensiero Politico*, Vol. 6, 1973, pp. 17–36.

Bugenhagen, Johannes（trans. Dinda, Richard J.）, *The Public Confession of Johannes Bugenhagen of Pomerania*（*1528*）, Repristination Press, 2015.

Cramer, Daniel, *Das Grosse Pomrische Kirchen Chronicon*, Barthelt, Stettin, 1628.

Dunkley, E. H., *The Reformation in Denmark*, S.P. C.K., London, 1948.

Garbe, Irmfried und Kröger Heinrich（Hrsg.）, *Johannes Bugenhagen*（*1485–1558*）*: Der Bischof der Reformation*, Evangelische Verlagsanstalt, Leipzig, 2010.

Graepp, L. W., *Johannes Bugenhagen*, C. Bertelsmann Verlag, Gütersloh, 1897.

Hendel, Kurt K., Johannes Bugenhagen, Organizer of the Lutheran reformation, *Lutheran Quarterly*, vol. 18（1）, 2004, pp. 43–75.

Heyden, H., Bugenhagen im Schrifttum Luthers, in : Rautenberg, Werner, *Johann Bugenhagen, Beiträge zu seinem 400. Todestag*, Evangelische Verlagsanstalt, Berlin, 1958, p. 40.

Lohrmann, Martin, Bugenhagen's Pastral Care of Martin Luther, *Lutheran Quarterly*, vol. 24（2）, 2010, pp. 125–136.
Lohrmann, Martin J., *Bugenhagen's Jonah*, Lutheran University Press, Minneapolis, 2012.
Pettegree, Andrew（ed.）, *The Early Reformation in Europe*, New York, 1992.
Ruccius, Walter M., *John Bugenhagen Pomeranus: A Biographical Sketch*, Forgotten Books, 2015.
Sehling, E., *Die evangelischen Kirchenordnungen des XVI. Jahrhunderts*, VI / I, Niedersachsen, 1955.
Vogt, Karl August Traugott, *Johannes Bugenhagen Pomeranus*, Friderichs, Elberfeld, 1867.
Vogt, Otto（Hg.）, *Dr. Johannes Bugenhagens Briefwechsel*, Stettin, 1888. Reprint. 1992.
Zietz, J. H., *Johannes Bugenhagen*, Erscheinungsjahr, Leipzig, 1829.
石原謙『宗教改革者ルターとその周辺』新教出版社、一九六七年
伊勢田奈緒「宗教改革者ブーゲンハーゲンの目指した教育改革についての一考察――ブーゲンハーゲン自身の生き方を支えたもの」『キリスト教研究年報』第二号、二〇一四年、一七―二八頁
ウォーカー、ウィリストン（塚田理・八代崇訳）『宗教改革〔キリスト教史3〕』ヨルダン社、一九八三年
倉松功『ルター――その信仰と神学』福音と現代社、一九八二年
倉松功『ルターとバルト』ヨルダン社、一九八八年
シュトゥッペリッヒ、R（倉塚平訳）『メランヒトン』聖文舎、一九七一年
蝶野立彦『十六世紀ドイツにおける宗教紛争と言論統制――神学者たちの言論活動と皇帝・諸侯・都市』彩流社、二〇一四年
ブリックレ、P（田中真造・増本浩子訳）『ドイツの宗教改革』教文館、一九九一年
ユング、マルティン・H（菱刈晃夫訳）『メランヒトンとその時代――ドイツの教師の生涯』知泉書館、二〇一二年
ルター、マルティン（ルーテル学院大学／日本ルーテル神学校ルター研究所編）『ルター著作選集』教文館、二〇〇五年
ルター、マルティン（倉松功訳）「教会の教職の任命について（一五二三年）」ルター著作集編集委員会編『ルター著作集』第一集第五巻、聖文舎、一九六七年、三四七頁

【第1部史料】

《第一次史料》

Bugenhagen, Johannes, *Einer christliche Predigt / vber den Leich vnd begrebnis / des Ehrwindigen D. Martini Luthers / durch Ein Johan Bugenhagen Pomern / Doctor / vnd Pfarhen*, Georg Rhau, 1546.

【第2部第5章】

《第一次史料》

Burgher *Elementa ad Fontium Editions*, Carolina Lanckorońska（ed.）, rome, 1980, XLIX, no. 440, p. 42, Cracow, 27. 12. 1542.

Schramm, G., 'Reformation und Gegenreformation in Krakau', *Zeitschrift für Ostforschung*, 19, 1970, pp. 1–41.

《参考文献》

Greengrass, Mark, *The European Reformation, c. 1500–1618*, Longman, Harlow, 1998.

McNEILL, John T., *The History and Character of Calvinism*, Oxford University Press, Oxford, 1954.

Pawlak, Marian, *Studia uniwersyteckie młodzieży z Prus Królewskich w XVI–XVIII w.*, Toruń, 1988.

Scribner, Bob, Porter, Roy, Teich, Mikuláš（ed.）, *The Reformation in National Context*, Cambridge University Press, Cambridge, 1994.

Tschackert, Paul, *Urkundenbuch zur Reformationsgeschichte des Herzogthums Preussen*, S. Hirzel, Leipzig, 1890.

Zamoyski, Adam, *The Polish Way*, John Murray, London, 1987.

伊東孝之『ポーランド現代史』山川出版社、一九八八年

間瀬啓允「宗教多元論——宗教における寛容の基礎づけ」竹内整一・月本昭男編『宗教と寛容』大明堂、一九九三年

【第2部第6章】

《第一次史料》

Armstrong, Edward, *The Emperor Charles V*, Macmillan and Company, London, 1902.

Atkinson, James, *The Trial of Luther*, B. T. Batsford, London, 1971.

Bérenger, Jean (trans. Simpson, C. A.), *A History of the Habsburg Empire 1273–1700*, Routledge, London, 1994.

Blockmans, Wim (trans. Isola van den Hoven-Vardon), *Emperor Charles V 1500–1558*, Hodder Education Publishers, London, 2002.

Knecht, R. J., *Renaissance Warrior and Patron: The Reign of Francis I*, Cambridge University Press, Cambridge, 1994.

Lanz, Karl, *Correspondenz des Kaisers Karl V.*, II, F. A. Brockhaus, Leipzig, 1845.

Rady, Martyn, *The Emperor Charles V*, Routledge, London, 1988.

《参考文献》

Brandi, Karl (trans. Wedgewood, C. V.) *The Emperor Charles V*, Jonathan Cape, London, 1939.

Duke, Alastair, 'The Netherlands', in: Pettegree, Andrew (ed.), *The Early Reformation in Europe*, Cambridge University Press, Cambridge, 1992.

Pettegree, Andrew, *Europe in the Sixteenth Century*, Blackwell, Oxford, 2002.

レーン・プール、スタンリー（前嶋信次訳）『バルバリア海賊盛衰記』リブロポート、一九八一年。

【第2部第7章】

《参考文献》

Darby, Graham (ed.), *The Origins and Development of the Dutch Revolt*, Routledge, 2001.

Duke, A., The Ambivalent Face of Calvinism in the Netherlands, 1541–1618, in: Prestwich, Menna (ed.), *International Calvinism 1541–1715*, Oxford University Press, Oxford, 1985.

Duke, Alastair, *Reformation and Revolt in the Low Countries*, Hambledon Press, London, 1990.

Greenglass, Mark, *The Longman Companion to the European Reformation, c. 1500–1618*, Longman, London, 1998.

Parker, Geoffrey, *The Dutch Revolt*, Penguin Books, London, 1977.

Pettegree, Andrew, *Emden and the Dutch Revolt: Exile and the Development of Reformed Protestantism*, Clarendon Press, 1992.

Prestwich, Menna (ed.), *International Calvinism 1541–1715*, Oxford University Press, Oxford, 1985.

Rady, Martyn, *The Emperor Charles V*, Routledge, London, 1988.

Van Gelderen, Martin, *The Political Thought of the Dutch Revolt 1555–1590*, Cambridge University Pressm Cambridge, 1992.

カルヴァン、ジャン（久米あつみ訳）『ヘブル・ヤコブ書〔カルヴァン新約聖書註解13〕』カルヴァン著作集刊行会・新教出版社、一九七五年

キリスト教文書センター『信条集　前後篇』復刻版、新教出版社、一九五七年

出村彰ほか訳『再洗礼派〔宗教改革著作集8〕』教文館、一九九二年

出村彰ほか訳『カルヴァンとその周辺II〔宗教改革著作集10〕』教文館、一九九三年

【第2部第8章】

《第一次史料》

Hertel, Gustav (Hrsg.), *Die Chroniken des niedersächen Städte: Magdeburg*, vol. 2, S. Hirzel, Leipzig, 1899.

Jenny, Markus (ed.), *Luther, Zwingli, Calvin in ihren Liedern*, Theologischer Verlag, Zürich, 1983.

Luther, Martin (Bacon, Leonard Woolsey (ed.)), *Dr. Martin Luther's Deutsche geistliche Lieder*, Charles Scribner's Sons, New York, 1883.

Luther, Martin, 'Preface to Georg Rhau's Symphoniae iucundae, 1538', in: *Luther's Works*, vol. 53: Litugy and Hymns, Fortress Press, 1968, pp. 321–324.

Luther, Martin, *Dr. Luther, Martin Werke* (Weimarer Ausgabe), 50, s. 370.

ルター、マルティン（ルター著作集編集委員会編）『ルター著作集』第一集第五巻、聖文舎、一九六七年

ルター、マルティン（ルター著作集編集委員会編）『ルター著作集』第一集第六巻、聖文舎、一九六三年

《参考資料》

Brown, Christopher Boyd, *Singing the Gospel: Lutheran Hymns and the Success of the Reformation*, Harvard University Press, 2005.

Buszin, Walter E., *Luther on Music*, Riedel, Johannes (ed.), Pamphlet Series No. 3, Lutheran Society for Worship, Music and the Arts, St. Paul, 1958.

Calvin, John (trans. Battles, Ford Lewis), "Letter to the Reader" in The Form of Prayers and Songs of the Church 1542, *Calvin Theological Journal*, vol. 15, No. 2, 1980, p. 163.

Luther, Martin（Ulrich, S.（Hg.））, *Luther's Works*, vol. 54 : Table Talk, Fortress Press, 1967.

Luther, Martin（Ulrich, S.（Hg.））, *Luther's Works*, Vol. 57 : Sermons IV, Concordia Publishing House.

Müntzer, Thomas（Franz, Günther, Kim, Paul（ed.））, *Schriften und Briefe. Kritische Gesamtausgabe*, Gerd Mohn, Gutersloh, 1968.

Oettinger, Rebeeca Wagner, *Music as Propaganda in the German Reformation*, Ashgate, 2001.

Pettegree, Andrew, *Europe in the Sixteenth Century*, Blackwell, Oxford, 2002.

Pettegree, Andrew, *Reformation and the Culture of Persuation*, Cambridge University Press, Cambridge, 2005.

Praetorius, Michael, Verbra des alten Johann Walters, *Syntagma musicum 1*, Wittenberg, 1614, p. 449–453.

Reuning, Daniel, Luther and Music, *Concordia Theological Quarterly*, vol. 48, no. 1, 1984, pp. 17–22.

Schalk, Carl F., *Luther on Music*, Concordia Publishing House, St. Louis, 1988.

Schalk, Carl, *Music in Early Lutheranism : Shaping the Tradition*（*1524–1672*）, Concordia Academic Press, St. Louis, 2001.

Schrade, Leo, The Editorial Practice of George Rhaw, Hoelty-Nickel, Theodore（ed.）, *The Musical Heritage of the Church*, vol. 4, Concordia Publishing House, St. Louis, 1954, pp. 34–44.

Sooy, Mark S., *Essays on Martin Luther's Theology of Music*, Blue Maroon → Booklocker.com, Inc., 2006.

Walter, Johannes, *Lob und Preis der löblichen Kunst Musica, 1538*, Bärenreiter-Verlag, Kassel, 1938.

ヴァイタ、V（岸千年訳）『ルターの礼拝の神学』聖文舎、一九六九年

原恵『賛美歌――その歴史と背景』日本基督教団出版局、一九八〇年

フォーリー、エドワード（竹内謙太郎訳）『時代から時代へ――礼拝、音楽、建築でたどるキリスト教の変遷〔改訂新版〕』聖公会出版、2006年

皆川達夫『中世・ルネサンスの音楽』講談社、二〇〇九年

横坂康彦『教会音楽史と賛美歌学』日本基督教団出版局、一九九三年

ルター、マルティン（青山四郎訳）「ドイツミサと礼拝の順序（一五二六年）」ルター著作集編集委員会編『ルター著作集』第一集第六巻、聖文舎、一九六三年、四一三頁

ルター、マルティン（青山四郎訳）「会衆の礼拝式について（一五二三年）」ルター著作集編集委員会編『ルター著作集』第一集第五巻、聖文舎、一九六七年、二七五頁

ルター、マルティン（青山四郎訳）「ミサと晩餐の原則（一五二三年）」ルター著作集編集委員会編『ルター著作集』第一集第五巻、聖文舎、一九六七年、二八一頁。

【第2部第9章】

《第一次史料》

Bote, Hermann, *Till Eulenspiegel*, Insel Verlag, Frankfurt am Main, 1978.
Bote, Hermann, *Till Eulenspiegel*, Tredition Classics, Hamburg, 2012.
Bote, Hermann（trans. Oppenheimer, Paul）, *Till Eulenspiegel*, Routledge, London, 2001.
ボーテ、ヘルマン原著（藤代幸一訳）『ティル・オイレンシュピーゲルの愉快ないたずら』法政大学出版局、一九七九年
ボーテ、ヘルマン原著（阿部謹也訳）『ティル・オイレンシュピーゲルの愉快ないたずら』岩波書店、一九九〇年

《参考文献》

Blume, Herbert, *Hermann Bote: Braunschweiger Stadtschreiber und Literat, Studien zu seinem Leben und Werk*, Verlag für Regionalgeschichte, Bielefeld, 2009.
Buddée, Gisela, *Braunschweig*, Ellert & Richter, Hamburg, 2009.
Danckert, Werner, *Unehrliche Leute*, Bern und München, 1963.
Diestelmann, Dieter, *Braunschweig: Kleine Stadtgeschichte*, Friedrich Pustet, Regensburg, 2006.
Dieter Diestelmann, *Braunschweig*, Büge Cell, 1999.
Pape, Sven-Friedrich, *Hermann Bote: Das Schichtbuch - Aufstände im mittelalterlichen Braunschweig*, Norderstedt, 2010.
阿部謹也『中世の窓から』朝日新聞社、一九八一年
阿部謹也「民衆本『ウーレンシュピーゲル』を読む」大江健三郎ほか編『歓ばしき学問〔叢書文化の現在11〕』岩波書店、一九八〇年、九一—三四頁
阿部謹也「民衆本『ウーレンシュピーゲル』を読む」『社会史とは何か』筑摩書房、一九八九年
阿部謹也「民衆本『ウーレンシュピーゲル』を読む」『社会史とは何か／歴史と叙述〔阿部謹也著作集8〕』筑摩書房、二〇

〇〇年
シュトリッカー、デア原著（藤代幸一編訳）『司祭アーミス』法政大学出版局、一九八七年
高橋理『ハンザ「同盟」の歴史——中世ヨーロッパの都市と商業』創元社、二〇一三年
藤代幸一『記号を読む旅——ドイツ中世文化紀行』法政大学出版局、一九八六年
ルター、マルティン（松田智雄編）『ルター（世界の名著23）』中央公論社、一九七九年
ルター、M（植田兼義訳）『卓上語録』教文館、二〇〇三年

[初出一覧]

第1部　ルターとともに歩いたブーゲンハーゲンが辿った宗教改革への道

第1章　「宗教改革者ブーゲンハーゲンの目指した教育改革――ブーゲンハーゲン自身の生き方を支えたもの」
『静岡英和学院大学キリスト教研究年報』二号、一七―二八頁、二〇一四年（「宗教改革者ブーゲンハーゲンの目指した教育改革についての一考察――ブーゲンハーゲン自身の生き方を支えたもの」改題）

第2章　「ブーゲンハーゲンの苦悩――デンマーク王クリスチャン三世に宛てた書簡から」
『静岡英和学院大学キリスト教研究年報』四号、七―一八号、二〇一六年（「デンマーク王クリスチャン三世宛ての書簡を通して見られる宗教改革者ブーゲンハーゲンの苦悩についての一考察」改題）

第3章　「ブーゲンハーゲンがヨナ書から学んだこと――ルターの『ヨナ書』から学び、さらに発展させたブーゲンハーゲンの『ヨナ書』理解」
『静岡英和学院大学キリスト教研究年報』五号、一一―二五頁、二〇一七年（「宗教改革者ブーゲンハーゲンがヨナ書から学んだこと――ブーゲンハーゲンがマルティン・ルターの『ヨナ書』から学び、発展させた「ヨナ書」理解」改題）

第4章　「ルター亡き後のブーゲンハーゲンの抵抗」
二〇一六年度日本基督教学会関東支部会（二〇一七年三月一六日開催）研究報告原稿（「宗教改革者ブーゲンハーゲンのルター死後の抵抗に関する一考察」改題）

史料1　「ブーゲンハーゲンからクリスチャン三世への書簡」
初訳

史料2　「敬愛するマルティン・ルター博士に向けた、ポンメルン博士ブーゲンハーゲン牧師によるヴィッテンベルクにおける告別説教」

初訳

第2部　ルターの運動の影響

第5章　「ポーランドにおける宗教改革運動の受容」
『和泉短期大学研究紀要』二五号、一〇三―一一三頁、二〇〇五年（「ポーランドにおける宗教改革運動の受容についての一考察」改題）

第6章　「キリスト教擁護者としての皇帝カール五世についての一考察」
『和泉短期大学研究紀要』二六号、一―一〇頁、二〇〇六年

第7章　「一六世紀ネーデルラントにおける宗教改革運動」
『和泉短期大学研究紀要』二七号、一―一二頁、二〇〇七年（「十六世紀ネーデルランドにおける宗教改革運動の一考察――A study of the Dutch reformation in the sixteenth century」改題）

第8章　「ルターの宗教改革を支えた音楽の役割」
『静岡英和学院大学キリスト教研究年報』一号、九―二〇頁、二〇一三年（「ルターの宗教改革運動を支えた音楽の働きについての一考察」改題）

第9章　「民衆本『ティル・オイレンシュピーゲル』と宗教改革運動」
『静岡英和学院大学キリスト教研究年報』三号、一三―二三頁、二〇一五年（「民衆本『ティル・オイレンシュピーゲル』と宗教改革運動の接点について一考察」改題）

あとがき

「はじめに」にも書いたが、今年（二〇一七年）はプロテスタント教会にとって、宗教改革五〇〇周年という記念すべき年であり、宗教改革を研究してきた私にとっても気持ちが高揚する年となった。今年の夏もまた、ドイツへ赴いた。ヴィッテンベルクを初めて訪れた頃は、駅の周辺はなにもなく、寂しいところだと感じたが、毎年訪れるたびに、駅周辺が変わっていっているように思える。やはり世界遺産となった場所であるからだろうか？　今年はさらに、駅周辺が賑わっていた。駅からバスに乗って、旧市街へ向かうと、城教会はもちろん、旧市庁舎の周りも、ルターハウスも、市教会（聖マリエン教会）も、メランヒトンの家も、多くの観光客で溢れ、五〇〇年のお祝いムード一色であった。また、旧市庁舎の前にあるルターやメランヒトンの像の前では次から次へと写真を撮る人が後を絶たず、人々の関心のほどがうかがえた。

ところで、私の研究しているブーゲンハーゲンはといえば、彼が牧会をしていた聖マリエン教会の裏の木陰にひっそりと――ルターやメランヒトンとは対照的に――彼の胸像は立っていた。優しく穏やかで語りかけるような表情のブーゲンハーゲンの像は、まるで、今なおルターを支え続け、また教会を守り続けているかのように思えた。私がブーゲンハーゲンを研究するきっかけとなったのは、ヴィッテンベルクへ訪れた時に、この像を見たことによる。いったい、彼はどういう人物なのかと気になって、帰国してから研究を始めた。そして調べれば調べるほど、彼への興味が尽きることはなかった。

さて、今年は、キリスト教史学会では「宗教改革五〇〇年を記念して――カトリックとプロテスタントが共存する今」と題して公開討論が行われ、その司会進行を務めたり、また、日本キリスト教学会では研究発表の司会や私自身「宗教改革期の女性統治者ブラウンシュヴァイクのエリーザベトの信仰」と題して研究発表を行ったりと、自分にとっての「カイロスの時」ではないかと思うほどの年であった。この年に二冊目となる著書を出すことができたことは誠にうれしく、感謝している。

最後に、いつも励まし続けてくれている母・壽満子に、弟・建に、叔父・高尾隆三郎に、生前私を支え続けてくれ、心の中でまだ生き続けている故父・哲也、故叔母・梅谷多鶴子に、また学年は全く離れているにもかかわらずいつもエールを送ってくださる津田塾大学の先輩、大塚シゲさんに、心から感謝する。

末尾になったが、史料をいろいろと入手してくださった静岡英和学院大学の司書荒川通子氏に、そしてなによりもこの本のために熱意をもって全力で校閲してくださった日本評論社高橋耕氏と駒井まどか氏に、心から感謝する。

二〇一七年一〇月

伊勢田　奈緒

著者略歴――――

伊勢田 奈緒（いせだ なお）

静岡英和学院大学人間社会学部教授、静岡産業大学非常勤講師。日本キリスト教団牧師。日本キリスト教学会、キリスト教史学会、キリスト教教育学会所属。

2000年、ジョン・ノックスの研究のためスコットランドのセント・アンドリュース大学大学院宗教改革研究所において学び、宗教改革運動の奥深さを知る。現在は大学でキリスト教学の講義を担当。16世紀ヨーロッパを揺るがせた宗教改革運動を多面的に研究しており、当時の人々についてより多くの人に紹介したいと考えている。
毎年夏にドイツに行き、宗教改革者たちの足跡を辿っている。
著書に『女性宗教改革者アルギュラ・フォン・グルムバッハの異議申立て』（日本評論社、2016年）。

ヨハネス・ブーゲンハーゲン
もうひとりの宗教《しゆうきよう》改革者《かいかくしや》

2017年12月25日　第1版第1刷発行

著　者――伊勢田奈緒
発行者――串崎　浩
発行所――株式会社 日本評論社
〒170-8474 東京都豊島区南大塚3-12-4
電話 03-3987-8621　FAX 03-3987-8590
振替 00100-3-16　https://www.nippyo.co.jp/
印刷所――精興社
製本所――牧製本印刷　装　幀――レフ・デザイン工房

ISBN 978-4-535-56363-6　Printed in Japan